尼采传

[法] 丹尼尔·哈列维 著
黄露 译

图书在版编目（CIP）数据

尼采传 /（法）哈列维著；黄露译 . -- 北京：北京联合出版公司，2014.12
（2023.8 重印）
（中小学生必读丛书）
ISBN 978-7-5502-4054-4

Ⅰ . ①尼… Ⅱ . ①哈… ②黄… Ⅲ . ①尼采，F.W.（1844 ~ 1900）—传记—青少年读物 Ⅳ . ① B516.47-49

中国版本图书馆 CIP 数据核字 (2014) 第 258856 号

尼采传

作　　者：[法] 丹尼尔·哈列维
译　　者：黄　露
责任编辑：喻　静
封面设计：张瀚尹

北京联合出版公司出版
（北京市西城区德外大街83号楼9层 100088）
北京新华先锋出版科技有限公司发行
三河市宏达印刷有限公司印刷　新华书店经销
字数244千字　787毫米×1092毫米　1/16　17印张
2014年12月第1版　2023年8月第3次印刷
ISBN 978-7-5502-4054-4
定价：59.00元

版权所有，侵权必究
未经许可，不得以任何方式复制或抄袭本书部分或全部内容
本书若有质量问题，请与本社图书销售中心联系调换。电话：（010）88876681-8026

目 录

THE BIOGRAPHY OF NIETZSCHE

英译本序 /1

第一章　童幼时光 /001

第二章　年轻时代 /019

第三章　尼采和隐居于特里伯森时期的瓦格纳 /043

第四章　尼采和居住在拜洛特时期的瓦格纳 /074

第五章　险机与康复 /128

第六章　查拉图斯特拉的分娩 /153

第七章　最终的孤寂 /206

后　记 /255

英译本序

尼采和文明之间的对抗已经过去很久了，当这样一个傲慢的诗人与不幸的哲学家出现在宁静的历史中的时候，我们对他的审判已经开始了，尽管所谓的历史对于尼采而言是不值一提的。这些同样为他所不齿的普通百姓、底层人民已经用一种我们早已熟知的宽宏大量为死者做了定论，而这种定论恰好能够被看作一种对他的报复。他们承认尼采在文学上的辉煌成就，却把他的哲学思想视为一派胡言，而且他们认为这类胡言乱语最多也只能让听到的人耸耸肩膀而已。他们故意不去理睬尼采的思想，反而去赞美尼采的个人形象。尼采这个离经叛道者试图对一切存在的价值进行重新评估，对世间的一切清规戒律进行摧毁，但结局却是他的思想只是被敷衍性地写在了《收获》或是其他为年轻人而编的选集里。德国的批评家们普遍认为，他比叔本华甚至歌德都要出色。就像福斯塔夫评价的那样，尼采教会了德国的散文家如何成为世界级散文家中的一分子，他使得原来德国散文中层层堆砌的笨拙句子变得短小、简洁、明快。民众们有着很敏锐的直觉，他们可以欣赏尼采那种真正的具有大师风范的文风。尼采写信告诉彼得·加斯特说："我们必须让德国音乐都变得'地中海化'。"毫不夸张地说，他甚至"地中海化"了整个德国文学的文体风格。那些他所师从的法国能工巧匠们，比如拉·罗什福科、伏尔泰和司汤达,造就了他笔下那种峭拔、绝妙的句子。然而总有些东西是属于他自己的。尼采在更深的程度和更广的范围内把这种才能发挥得淋漓尽致,以求达到尽善尽美的程度。尽管尼采对浪漫主义瞧不上眼,可他是一个具有天赋的诗人和真正的浪漫主义者。富于创造力的意象、隐喻、象征和神话总能掀起汹涌的波涛,接连不断地出现在他的作品中。正是这两种倾向自发地要求他用格言警句的形式进行创作,这种创作形式在《查拉图斯特拉如是说》的每一页纸上狂欢、舞蹈着。尼采具有一种所谓的"居心不良"的洞察力,这种"居心不良"不是让他耗费工夫去遮遮掩掩,而是令他能够表达得更加简洁明快。德国批评家们把海涅对席勒的描述用在尼采身上,反而更加恰当:"思想通过他抽象的理念转化为头顶葡萄树叶,挥舞着手杖,像酒神一样狂舞的形象。这是一种醉醺醺、有些模糊的思想。"也许尼采把他自己个性中的许多方面都想得太好反而显得不够理智与清醒,但是在语言方面他并没有对自身过分夸大。"在路德和歌德之后,"在给罗德的信中他这样写道,"还有待于跨出第三步……我想,我已经通过查拉图斯特拉让德语达到了尽善尽美的境界。"对于这样一个狂妄得近似追求虚荣的人,德国文学界迄今为止都没有说过"不"。由此可见,弗里德里希·尼采在德国文学史上占据着一个不可动摇甚至是至高无上的地位。

人们又是如何评价他在哲学史上的地位的呢?霍夫丁承认他具有某种较高的"征兆性价值",可是仅此而已,并无其他。尼采的作品当中上演着充满悖论、生机盎然、激情勃发的现代性思想,具有戏剧的特点。这些狂暴的思想互相冲突、互相碰撞。然而很不幸,它们没有找到出口。M.阿尔弗雷德·富耶在其著作《尼采和非道德主义》中把尼采与那位最显赫的"现代性"思想家居友进行比较,得出一堆正面论点和反面论点,肯定的部分和否定的部分互相抵消掉了,其结果看上去显然就像是零。事实上,与其说尼采是一个有条理的思想家,不如说他是一个狂热的直觉主义者,这是因为他几乎不在消除自身思想的自相矛盾上下工夫。他作为作家的第一部作品就对苏格拉底的理性主义发动了猛烈攻击,他认为就是这种理性主义使古希腊蓬勃的生命力消逝了。人类的预言家从来都不做论证,很明显尼采就是属于先知、预言家那一类人。海因里希·冯·斯坦因把自己的处女作命名为《诗性哲学论》，就是用其老师的思想方式在说话。

叔本华的书早已暗示过尼采，解开生存谜底的那把钥匙在于意志，而不在于理智。可尼采故意抛弃了理智，同时被抛弃的还有善与恶、原因与结果等范畴。启蒙精神告诉他现象伪装下隐藏的不是理性而是意志抗争，这种意志像老俄狄浦斯一样盲目而又可怕。但是最后尼采还是抛弃了叔本华和悲观主义。他用"一种乐观的情绪去解释"生命意志，但这种意志隐藏于另一种神秘的强力意志之中，同时变得更加晦暗不明、更加嫌恶有害。问题是能不能找到一种乐观主义的根基，一条通向和谐的线索，通向我们所知道的真实存在的韵律和模式。也许尼采具有个人特点的思想就是这样诞生的。宇宙不是意志的一种现象，而是艺术的一种现象。"在我那本关于瓦格纳的书的前言里，"1886年，尼采这样写道，"我已经把艺术，作为人类基本的形而上学的活动，而不是道德；在这本书的创作过程中，我又用不同的形式重新表达了这样一个思想，即应该把世界作为一种特定的艺术表象。"这样的解释对于这位乐观主义者来说无论如何都是有利的。既然世界可能是糟糕透顶的一个世界，同时又可能是相当精彩的一幕悲剧，那么残酷、忧伤、灾难就再也不能使他感到沮丧。这位抒情诗人和迷乱的哲学家后来又写道："也许，我的查拉图斯特拉应当按照标题音乐归类。"这两段话，连同其他上百页的文字，写出了作者所创造出的艺术氛围。我们要面对的不是一个详细对某种体系进行阐述的思想家，而是一个对启示进行宣讲的预言家：尼采并不是基督教的维护者，而是新异教的神秘主义者。

如果更深地接触到尼采的书，我们就会对他论战性著作中的大部分内容置之不理。它们是一团永恒燃烧着的野火，尼采用它们来焚烧他曾经崇拜过的东西。它们是他高傲、独立的精神见证，或者人们愿意把这种独立称为"残酷的孤立"。这是他灵魂里的先天气质。"没有人愿意听他的，他不是人类中的一员。"尼采这样描述叔本华，这句斩钉截铁的话表达的恰恰是他自己的理想和实践。那些带有侮辱性话语的小册子被尼采视作一种解放方式，尽管这并不是一种让人感到幸福的方式。他自己在创作的时候似乎也并不喜欢它们；他强烈地渴求能够摒弃掉自己灵魂中的仇恨和否定，从而把它们提升到一个重要的肯定价值的高度。"我曾经是一名斗士，"查拉图斯特拉声称，"为的是有一天我能够腾出双手去礼赞生命。""临死之前我会把我所有礼物中最珍贵的一项奉献给人类。我从太阳那里懂得了这个道理，当它沉落之际正是它光芒积淀得最为丰富之时。太阳从它取之不尽用之不竭的丰富宝藏中把纯金般的光芒投向了大海，以至于最卑微的渔夫也能摇起金色的船桨。"在这里，靠说话表达思想的不是强力意志，而是那种更为古老、更为神圣的文明源头——爱的意志。可是如果尼采确实具有这样的灵感，人们甚至也愿意引用他对勒南所说的话来形容他自己："他在爱的时候是最危险的。"尼采具有的傲视群伦、令人不可企及的天才气质是使他变得虚荣的另外一个因素。在他批判性的作品背后，没有幽默，也没有对事物形成完整的观点，还犯了主观主义的毛病。而且就某种心理倾向来说，查拉图斯特拉与其说是阴沉邪恶的，还不如说是逗人发笑的。没有什么比《一个心理学家的露天学校》中的一些描述更恰如其分了："塞涅卡、英勇的斗牛士……卢梭，在不道德的自然主义中回归自然……约翰·斯图尔特·穆勒，令人受伤的洞察力。"当他告诉我们人类真正的堕落就在于救赎；当他攻击的矛头直指人们生活的避难所的时候；当他对反女权主义的强调达到一种极致，甚至完全超越了以路德的《席间闲谈》为典型代表的粗俗的德国传统的时候，人们对他所能做的最好怀念就是要记住他注射了太多的氯醛。不是每一个喇叭都会吹奏尼采的音乐，但是每一个超人都应当知道这种音乐，而且还应当知道大无畏的查拉图斯特拉讥笑保罗，还有赫伯特·斯宾塞，被他视为眼中钉的不仅仅是马太福音……也许在这些国家里，尼采思想的崇拜者们最感兴趣的正是他思想倾向的这些方面。

这个思想暧昧的预言家究竟信仰的是什么？正如尼采自己所说，他追求的是"生存的标记"。他的亲身经历告诉自己，生命的特征达到最顶点的时候将会焕发出令人难以想象的活力。生命的流逝过程变成了突如其来的狂喜和陶醉。关于这种被艺术家、情人和圣徒所体验过的令人陶醉的心境，他曾写过一些文章，这些文章散发出一束奇特的纯净之光。正是基于这一点，他公正地批判了那种没有调节什么东西的机械调节论和那种并不适应任何东西的机械适应论，那种被达尔文、斯宾塞和所有英国学院通俗化了的一整套对生活的外在阐释。生命个体是具有生命强力的源泉，不是自然选择中无关紧要的环节，它们源源不断地向外散发出生命的力量。"生命就其一般方面而言不是空乏和贫穷，而是丰饶、富裕，甚至是一种荒唐的奢侈。"跟学究们一样，对尼采而言，去做自我运动的中心才是真正的活着；跟实用主义者一样，尼采主张生活应当居于首位，而不是思想。然而这种意识的紧张状态，这种狄俄尼索斯似的迷狂只是一个基础，还不能算是哲学。哲学，或者至少道德哲学，始于意识到世界上还有其他人存在。你的迷狂和扩张的自我与其他人的同样迷狂、同样扩张的自我发生尖锐的冲突，这就成为构建人类个体之间关系的必然法则，跟道路上的交通规则产生的基础一样。那么个体自身的自主力和生命强力的源泉是通过爱的渠道还是通过强制力向其他人扩张呢？

　　查拉图斯特拉曾经和德国人一起向衰弱的法兰西进军，他带着膨胀的自我意识嚣张地说道："如果真的存在诸神，我怎么能够容忍自己不是其中之一呢？因此根本不存在所谓的上帝。"富耶说，如果哥特人和野蛮人读过黑格尔的形而上学，他们一定会像尼采一样回答。为了对其他个体施加强制力和发泄自身力量，生命个体不得不积聚超强的力量。强力意志就是人类活动的唯一源泉。强者必须像武士和征服者那样活着，把骄傲、享乐和对征服的热爱定义为三种基本品德。怜悯是在受难者的痛苦之上再加上怜悯者的痛苦，是最无法忍受的道德败坏。如果你帮助过别人，你就必须把你施以援助的双手清洗干净。十字军骑士带回家园的仅仅只有这一种财富——"没有什么是真实的，一切都是被允许的"。科学只是一种幻象和错觉，而知道如何变得强大的武士们能够把他们自身的价值强加于万物之上，能够使生活变得如此美好，这一切都使他们渴望这种生活能够永远重复下去。查拉图斯特拉就是这样说，以这个作为规则的大地将诞生出超人，超人会跃出自己的时代，他消失后就会在永恒轮回中再次被创造。

一个人要真诚地接受这样一种学说是非常困难的。倾向于相信任何回忆都是一种启示的尼采绝不像他自认为的那样富有创新精神。毕竟，在查拉图斯特拉之前也存在过许多的怀疑论者、乐观主义者、暴君和诗人。"庸众"也许没有权利讨论伦理道德，但是他们知道，自从有了社会就有了两重法律，一重是针对富人的，另外一重就是针对穷人的。对于人类价值——不管是道德的还是理性的——客观性的怀疑并不是什么新的异端邪说，而是像科学甚至像信仰一样古老的传统。柏拉图的思索将永恒轮回的观念具体化，这一观念早就影响了许多具有现代性的思想家。人们只需要举出海涅、布朗基、冯·内格里、居友、陀思妥耶夫斯基这些例子就足够了。诚如施莱格尔所写的一样，在尼采所处的世纪之初，浪漫主义者早就"超越了生活的所有目标"，并且出于对纯粹强力的迷恋，他们在欧洲思想界注入了海水和风暴，他们在思想界咆哮仅仅只是为了咆哮本身。以前没有一个学者编纂过一本关于伦理的教科书，但是道德却被作为一个问题提了出来，居于问题首要位置的就是究竟是否存在一门关于善与恶的科学。超人形象早就被艺术爱好者勒南高深莫测的想象力创造出来了，尼采满怀激情、大声疾呼的超人不过是一个翻版。"超人"就其名字而言已经跟歌德一样古老，还需要提及的是，墨菲斯特把这个名词作为嘲讽和诱惑力运用到了浮士德身上。查拉图斯特拉不是先知，甚至都不能算是一个先驱。他带来的只是一种新的凯歌高奏、舞之蹈之的言语方式，他那种言语方式把上千个幽灵鬼怪卷进了词语间的旋涡里。人们是怎样看待尼采学说的呢？也许对尼采而言，最恰当的回答来自居友。他们两位都是沉迷于哲学领域的诗人，都同样把生活作为通往现实的钥匙紧紧抓住。但是居友在个体生命的流逝中发现生命本身是友善以及情爱之源。"要是没有慷慨给予和存在，人们就会从内部枯萎并最终死亡。精神必须成长开花，道德和利他主义就是从人类生活中盛开的花朵。"把全部意识形态还原成一种模式——对尼采而言，这种模式就是强力意志——既不新奇，也不困难。生物越友爱就越完美，没有更大的广度就没有充分的强度。拉·罗什福科在所有动机中找寻出了最基本的动机，即自利的动机，现代的大师们则兴味盎然地把激情分解为无意识思想。圣·奥古斯丁告诉我们，要在部分中见到整个灵魂。强力意志并不足以明确到能够解释道德者甚至非道德者的变化。强力有很多种。既然同一个自我总是在场，显然它也有可能以这样那样的方式把它生活中的任意一种情绪转换成另外一种。这种方法并不是科学的心理学，它认为可以对那些精确微小的细节忽略不计，却同样能够吸引我们。爱所取得的胜利比恨更为著名。帕斯卡说过，要是克莉奥佩特拉的鼻子稍短一点，历史就会不一样了。而在法国，有一句话讲的就是埋伏在达利拉头发里的征服总是远远比参孙的多。尼采本人认为有根据强力的不同表现来建立一套价值的等级制度的必要，但是这种对一切价值的重新估价既从未实现过也永不可能实现。衡平法庭所要求的合理的特殊性并不存在，那么查拉图斯特拉的福音就只能变为不满的声音和愤怒。我是不是超人——或者确切地说，是不是超人的某个可能的祖先。我是否像超人一样拥有把自己的生活建立在骄傲、享乐和对强力的酷爱之上的权利？或者我是不是仅仅只能作为一个奴隶，我能享有的唯一权利就是继续做一个奴隶？而我们却无法区分究竟谁是超人或者谁是奴隶。如果你能驱使别的星球以你为中心环绕运行；如果你表现出一种鸿蒙初开的混沌状态，并即将生出一颗闪耀的星星，那么你无疑就是产生超人的一粒种子。查拉图斯特拉为了取悦势利小人而嘲笑大众，这使他身不由己地成了跨国财团的溜须拍马者，沦为了游手好闲的富人们的诡辩家。

弗里德里希·尼采是一个充满了悖论的乐观主义者。他拒绝用痛苦的迷雾把太阳遮挡，就这一点而言，思想史上没有比他更为高尚或更为勇敢的了。"任何一个不幸者都没有权利去做一名悲观主义者。……我要让他们明白，我的生命力降到最低点的那些岁月正是我抛弃悲观主义的时候。"这种说法是高尚的，但这并不是哲学。如果被失眠和眼疾所困扰的尼采是出于维护自尊的目的而发誓去做一名乐观主义者，那么有稳定收入和良好的消化能力的叔本华为什么不能同样地发誓去做一名悲观主义者？可是查拉图斯特拉的乐观是值得肯定的，而且还令人感到喜悦：他为了表达出自身的满足就创造出永恒轮回这一法则。他拍着手，对生命高喊着"再来一次"。就像酒店中的人被高粱酒或者葡萄酒灌醉了一样，他真的是被狂喜的心情灌醉了，所以他高叫着"再来一杯"。

以数理物理学和光谱分析的形式，这种永恒轮回呈现在了我们面前。继亚里士多德之后，圣·托马斯·阿奎那教导我们说：星宿是由比地球更高贵的物质组成的，这种物质不生不灭，因而不会腐蚀。而佛劳恩霍菲及其后继者们却用棱镜和望远镜在其他星球中发现了与构成地球的元素相同的八十一种或八十二种元素。我们所拥有的只是数目有限但却不可毁灭的元素和自然的力量，以及无限的空间和时间——或者说至少是一个空间和我们能够想像到的没有限度的时间——元素间相同的组合将在时空里无限重复着自身的形成过程。这里面存在的不仅是永恒轮回而且是无限制的重复。而且要是如尼采所设想的那样，思想只是同物质间的某种排列组合共同发生作用而产生的磷光的话，那么同样的意识生活也必然会重复再现它自身。人们并没有停下来去讨论这种数学上的妄想，他们只会说不管是谁被允许来考虑这种问题，查拉图斯特拉也绝不会是其中之一。因为正是他坚持认为科学只是被联结起来的单纯的幻想，可如果真是这样的话，科学又怎么可能提供如此确凿的预言呢？对尼采而言，这不过是他回想起古时候希腊人的沉思时而突然冒出的念头罢了，也并非就是最后的结论。这一念头乔装成灵感的火花，埋伏在苏莱附近的那块锥形岩石下面，"高出人类和时间六千英尺"。尼采之所以接受这种观点，无非就是因为在他看来，这似乎就是乐观主义的最高原则。叔本华在那些文章里声言，如果你想要去敲击坟墓，用强力来把死者唤醒，那么没有人会搭理你。这些文字使尼采对永恒轮回的观念感到激动与兴奋。

基督教与叔本华的学说如出一辙。尽管基督教是乐观主义的，但它却建立在悲观主义之上。它的乐观主义静静地高居于时空之外的某个中心点上。基督教为了调整旧世界的平衡，把一个新世界召唤进了尘世。要是这个旧世界就是一个封闭的循环，一个旋转的整体，也许查拉图斯特拉就会手舞足蹈。他穿越所有的墓地，可是几乎找不到追随他的幽灵。

尼采被引向了这样不实际、不合节拍、不合时宜的结局。……就某种自然关系来说，查拉图斯特拉是无政府主义的先知，但是他却憎恶无政府主义。波兰的德国官员也许还能在他身上找到一种货真价实的作为压迫者的行动指南；为了庆祝征服法兰西，他手舞足蹈，穿过大街小巷，但是他却嘲笑德国政府和德意志帝国。他轻视妇女，却赞美不渝的婚姻；他提倡享乐，却用高尚的圣歌赞美简洁。他追求权力和不平等，按理他应当如富耶所说，"不相信教皇的约瑟夫·德·迈斯特尔，只相信刽子手"，但是当他看到受审的罪犯时，却宣称除了法官以外，他要宣判一切人无罪。他公开指责俾斯麦和德国皇帝追求民主；同样，他视科学的民主为洪水猛兽，因为它让所有不管高低贵贱的现象都服从于同一条法则。意志是他的上帝，但是他看到了这个世界正在穆罕默德决定论观点的统治之下，于是他采取了逆来顺受的态度。这种态度与生存本身相矛盾，是一种斯多葛主义者会认为是奢侈浪费的对命运的关怀。他是一名德国无产者，却充满着德意志民族的偏见。他又自认为是波兰贵族，并且以自己是一名无国籍的人和上等的欧洲人自夸。查拉图斯特拉谴责一切文明的礼仪：同情、慷慨、自我牺牲，但这些礼仪却通过他自己的行动得到了实践。尼采具备钻石的光芒，却不具备钻石的硬度，而硬度才是他所愿选择的自身的象征。

但是要是认为如此热烈的思想只能表现为不真实，就是非常浅薄的想法。查拉图斯特拉是当今时代最严重的疾病——感情主义——的解毒剂。他是道德上的士的宁，大剂量地服用它可以致命，但是少量服用却是无可比拟的滋补品。他是一个英雄生活的讴歌者，他使那些在宗教里获得可怜安慰的人感到不安。德国人极易把自己迷失在学术的丛林里，他们需要有人提醒：博学是为了生活而存在，而不是生活是为了获得广博的知识。M.哈列维以福斯特—尼采夫人的传记为蓝本创作了本书。这里向我们展示的尼采比他本人要更美好，比那些自称是他的信徒的文明的破坏者们也好过百倍。

T.M. 凯特

第一章　童幼时光

卡尔·路德维希·尼采出生在一个牧师世家，这个宗教世家的家庭成员都是虔诚的路德教派成员。和他的父亲、祖父以及他妻子的父亲、祖父一样，卡尔·路德维希·尼采义无反顾地从事了牧师这一职业。这样的工作决定了卡尔·路德维希·尼采不会像当时的年轻人一样关注时代潮流的方向，也不会关心身处于时代之中的那些民众的焦虑，他只会在宗教这条传统而又稳重的道路上前进。在这条道路上，上帝能够给予其信徒启示，君主会为其臣民指引。上司们对他赞许有加，普鲁士国王弗里德里希·威廉四世给予他王权上的庇护。要是没有头痛症和神经质的毛病，卡尔·路德维希·尼采应该会有一个锦绣的前程，但是由于病痛的折磨，他不得不把大量的时间都花在了休息上面，从而耽误了自己的晋升。

卡尔·路德维希·尼采提出了申请，要求去负责一个乡村教区，因此他被派遣到洛肯任职。洛肯是一个位于普鲁士和萨克森边境的辽阔平原上的贫穷乡村，这里的环境十分荒凉，村里都是些低矮的小房子，但是卡尔·路德维希·尼采对这里的孤独幽暗还算满意，因为对于他羸弱的身体来说，这很适合。卡尔·路德维希·尼采在洛肯表现出了自己在音乐方面的天分。每到黄昏时分，他就把自己关在教堂里，在粗糙的风琴上即兴演奏。他弹奏的音乐总会吸引他所属教区里的村民，他们会站在教堂外，静静地倾听，脸上满是羡慕的神情。

在卡尔·路德维希·尼采牧师婚后的第四年，他的年轻妻子生下了他们的第一个孩子，这是一个男孩，出生于1844年10月15日。获得儿子本来就让父亲十分愉悦，但更为特殊的是，孩子出生的日子恰巧与国王的生日是同一天。这种巧合令这个备受国王关照的牧师父亲更加高兴，他在教区的登记簿上记录下了自己初为人父的喜悦，卡尔·路德维希·尼采写道："哦，10月，受到祝福的10月。在过去的日子里，我沉浸在你带给我的无尽欢乐当中，但是在你带来的所有欢乐中，最深沉、最重要的莫过于我为我的头胎子洗礼……我的儿子，我给予你弗里德里希·威廉的名字，并以此来纪念和你同日诞生的我们高贵的恩主。"

不久以后，卡尔·路德维希·尼采牧师的妻子生下了他们夫妻的第二个儿子，很快，弗里德里希·威廉又有了一个妹妹。此时，弗里德里希·威廉过着幸福快乐的日子。他学说话很慢，直到两岁半的时候才说出了第一句话，同时，他是个沉默的孩子，总是用严肃的目光安静地注视着周围的一切。小威廉的这些特点并没有影响到父亲对他的疼爱，牧师深爱着这个沉默安静的儿子，每当出去散步时，他总要把小威廉带在身边。虽然那时的威廉年纪还很小，但在他的记忆中，父亲牵着他的手散步的情景总是清晰而又深刻，他和父亲走在村外广阔的平原上，平原上有很多的小池塘，钟声从远处飘来，在平原上回荡。此时，威廉总是紧紧地握着父亲那双强有力的大手，这让他感觉到了温暖。

那些幸福的日子，小威廉没有经历太久，很快，不幸便降临在了这个家庭。1848年8月，卡尔·路德维希·尼采从自家门口的石阶顶上重重地摔了下去，在倒下的过程中，他的头部猛烈地撞到其中一级石阶的边缘上。这次撞击并没有立刻夺走卡尔·路德维希·尼采的生命，但是它却招致了一场可怕的疾病，头部严重的撞击加剧了他的头痛症和神经质的毛病，卡尔·路德维希·尼采完全失去了理智，而随之而来的神志不清和体力衰竭的并发症终于在一年之后夺去了卡尔·路德维希·尼采的生命。父亲去世时，威廉只有四岁，在这段时间中，他经历了父亲的生病和去世，而且这其中发生的各种事件都在他心灵里留下了深刻的印象。无论是深夜中突然响起的报警声、房子里传来的哭泣声，还是密室里的恐怖、死一般的寂静、尽情宣泄的悲伤，甚至是教堂的丧钟声、赞美诗以及葬礼上的布道、深深埋在教堂石板底下的灵柩，这些都深深地刻在了这个四岁孩子的心头。虽然让一个四岁的孩子来面对这些实在是有些残忍，但是命运的车轮还是将威廉推到了这场悲剧的面前。从此之后，威廉总是从梦中惊醒，他总能在梦中预感到某些灾难，这是威廉在十四岁的时候记录的一个梦：

当一棵树的树冠被毁坏，树上的鸟儿就会离开树枝，而树木最终也会枯萎。现在，我们家的树冠已经遭到了毁坏，欢乐像鸟儿一样离开了我们的心灵，只给我们留下了深深的悲哀。然而，就在我们的伤口快要愈合的时候，痛苦再次来临，将伤口重新撕裂。大约就在这个万分痛苦的时期，我做了一个梦，在梦里，我听到忧伤的风琴声从远处飘来，这和我在父亲葬礼上听到的声音一模一样。我四处张望着，想打探到这声音的来源。这时，一座坟墓突然裂开了，我看到父亲从坟墓里面走了出来，他穿着下葬时的那件寿衣，向教堂走了过去，等到他穿过教堂重新走回来时，我看到他的怀中抱着一个小孩，紧接着坟墓再一次裂开，父亲走了进去，在我面前消失了，随后墓石又重新挪回了原处，好像一切都没有发生过似的。此时，哀伤的风琴声也停了下来。我从梦中惊醒了。第二天早上，我把这个梦原原本本地告诉了我亲爱的母亲。紧接着没过多久，我的小弟弟约瑟夫就生病了，经过几个小时的折腾，他最终还是死了。弟弟的死让我们全家悲伤至极，我的梦完全应验了，因为小弟弟的尸体就被安放在父亲的怀里，这和我梦中看到的情景基本一样。在经历了父亲和弟弟的死亡之后，我们对生活不抱任何期待，天父和天堂成了我们唯一的安慰和活下去的希望。这件事发生在1850年1月底。"

在威廉弟弟死去的这年春天，卡尔·路德维希·尼采的遗孀带着全家人离开了洛肯，移居到萨勒河畔瑙姆堡附近的小镇上，这个可怜的女人选择这里是因为亲戚们就住在相邻的乡间，在这里她可以和她们离得近一些，互相有个照应。没过多久，她的婆婆和丈夫的姐姐也搬过来跟她一起住在一幢小房子里，亲戚们的到来使还处在悲痛当中的孩子们渐渐从悲伤中走了出来，并且习惯了一大家人的生活。

临近的瑙姆堡的统治阶级由官僚和牧师组成，他们受到霍亨索伦王室的眷顾，因此虔诚地效忠于他们的王朝。这些资产阶级上流社会的成员都住在高大的城墙内，城墙上长满了绿草并设有五道城门，一到夜晚城门就紧紧关闭。统治阶级和整个瑙姆堡居民的生活都是刻板严谨、井井有条的。都市教堂里的钟声洪亮悠远，响彻整个小镇，控制着居民的生活作息，它或将人们从睡梦中叫醒或者催促人们入眠，甚至还可以召集人们去参加国家和宗教的节日典礼。尼采作为居民中的一员，他的生活同所有人一样，虽然他还只是一个孩子，但他的生活也是刻板严谨、井井有条的。尼采生命中的特质与瑙姆堡十分契合，这让他很快便适应了这里的生活节奏，同时孩子天性中的好奇也让尼采不断发现新生活里的美好。这里有洛肯没有的，雄壮的阅兵仪式，还有风琴伴奏和合唱的宗教典礼。周年庆典是如此的盛大，这让从小村庄来的尼采赞叹不已。最打动尼采的便是每年一度的圣诞节的来临。相较之下，他自己的生日虽然不能像圣诞节那样深深地打动他，但仍然能给他带来巨大的快乐，他在纸上这样写道："我和我们敬爱的国王同一天生日，每到那一天的早上，军乐声总是能将我从睡梦中唤醒，庆祝国王生日的仪式就在这会儿开始，我也把这个仪式看作庆祝我自己生日的集会，因此整个仪式中的各个活动也便是我的生日礼物。庆祝仪式很短，等到它一结束，我们一家就会一块儿去教堂。我知道教堂里牧师念的布道词是献给国王的，并不是给我一个人的特别祝福，但我却喜欢把其中最好的句子挑出来献给我自己，作为给自己的生日礼物。随后我要和我的同学们聚集在学校来庆祝这个重大的日子……集会在一首优美的爱国歌曲中结束了，接下来的时间就是我一天中最快乐的时光，我的朋友们将陪伴我度过快乐的一天。"

在弗里德里希的心中，父亲的形象依然深刻，他将父亲的形象牢牢地记在了心中，并且把父亲当作自己前进的榜样。很小他就立下了志向，希望自己能够和父亲及家族中的其他叔叔一样，成为一名牧师，来向信徒们传达上帝的讯息。在这个孩子的心里，还没有更为崇高的职业存在，他甚至也想不出还有别的什么更适合自己的职业。尽管他还很年轻，但在他的身上却表现出了严谨的作风，他做事高度严格、一丝不苟，即使只是受到了些许的责备，弗里德里希的自尊心都会受到强烈的打击。弗里德里希喜欢自己一个人做事，从不接受别人的帮助，当他焦虑不安时，他会将自己藏起来，躲在某个偏僻的角落内审查自己的行为。这个时候的他不会再跟妹妹一块儿玩耍，直到他通过深思熟虑对自己的行为做出明确的对错判断。有一天，他像平常一样从学校迈着缓慢的步伐回到了家中，此时天空正下着倾盆大雨，他母亲看到他虽然没有带雨伞或斗篷，却没有丝毫慌乱的样子，便将他叫住了，弗里德里希不慌不忙地稳步走到她的面前，母亲问他为什么下大雨还不赶快回家，弗里德里希答道："老师总是教导我们，不要在街道上随便奔跑。"他还告诉母亲，他的伙伴们给他取了个"小牧师"的外号，因此每当他大声地给同学们朗读《圣经》里的某一章节时，同学们就会安静下来，带着敬意去倾听。

"只有当一个人成为自己的主人时，他才能成为世界的主人。"这是弗里德里希经常讲给妹妹听的话，因为他在对待自己的声誉时从不马虎。他骨子里有着天生的骄傲，并且深信尼采家族拥有非常高贵的血统。年迈的祖母总是热衷于给他讲述家族的传奇历史，这让尼采和妹妹伊丽莎白对家族的过去充满幻想。家族的远祖住在波兰，名叫尼兹克，他拥有伯爵的封号。在宗教改革运动时期，先人们反抗宗教迫害，并与天主教会断绝了关系。从此之后，他们就开始了悲惨的流浪生活，在整整三年的时间中，他们无家可归，只能从一个村落被驱逐到另一个村落。在流亡前夕，他们的儿子出生了，先人们只能带着这个新生儿一块儿踏上流浪的旅程。在流浪的过程中，虽然这个孩子经历了各种各样的磨难，但是由于母亲全心全意、始终不渝的看护，这个孩子终于奇迹般地长大了，并拥有健康的身体。这个孩子成了家族的传承人，他活了一大把年纪，最终将自己的强健和长寿传给了自己的后代，令这个家族最终有了欣欣向荣的景象。

没有感到过厌倦，他还经常主动要求别人给他讲述波兰民族的历史。说故事的人告诉他，当年贵族们聚集在辽阔的平原中央选举国王，这是一个平等的选举，因为即使是那些地位最低下的人也有权利按照自己的意志投上一票。弗里德里希为他听到的这一切而感动，他十分羡慕当时的生活。这些故事让他深深地相信，这个民族是世界上最伟大的种族。弗里德里希总是向妹妹宣称："这个尼兹克伯爵绝不会撒谎。"

童年的这些故事深深地刻在了弗里德里希的心里。他做事虎虎生风，和他的祖先毫无分别，即使在三四十年之后，这些故事和传奇依然是尼采工作中强有力的激情和愿望的鼓动之源。但另一方面，每当他在家里时，他总是被家中那几个相依为命的妇人抱入怀中，百般爱抚。

等弗里德里希长到九岁的时候，他的兴趣范围便扩大了。教堂里听到的汉德尔的合唱曲音乐向这个孩子打开了另一扇通往音乐的窗户，他开始学习弹奏钢琴，并且可以即兴演奏，他甚至可以和着《圣经》的朗诵来进行伴奏。弗里德里希这些过人的能力并没有让他的母亲感到高兴，反而让她感到不安。她在儿子的进步中回忆起了丈夫的命运，他和弗里德里希一样喜欢弹奏风琴，在洛肯时他也常常即兴演奏。

此时的弗里德里希已经被身体中的天性紧紧地抓住，这种天性开始表现为某种专横和残暴。弗里德里希开始尝试去创作优美的旋律，他谱写了狂想曲及许多马祖卡舞曲，他把他的这些作品献给他伟大的波兰祖先。同时他也创作诗歌，每当纪念日来临时，他便将他的配乐诗作献给自己的祖母、母亲、姑姑和妹妹。他还起草了包括各种原则和建议的说教性的论文，并将这些作品分发给伙伴们看。一开始，弗里德里希教伙伴们建筑学。1854 年，塞瓦斯托波尔被围，弗里德里希在被困期间研究了弹道学和设防地的防御。而等到塞瓦斯托波尔被占领以后，弗里德里希难过地哭了。他在心里深深地热爱着所有斯拉夫人，他打心眼儿里憎恨革命中的法兰西。在被围困期间，他还和两个朋友共同创办了一个艺术剧院，剧院里上演着古代戏剧和早期文明剧，他自己还为剧院创作了《奥林匹斯山诸神》和《奥卡达尔》两个剧目。

小学毕业后，弗里德里希去瑙姆堡上了中学。一进中学，他那惊人的天赋和才华就显露出来，由于弗里德里希具有超乎常人的智商，中学老师们便向他的母亲提议，让她把她聪明的孩子送到质量更高的学校去学习。这个可怜的妇女在这个问题上犹豫不决，母亲的本性让她更愿意让孩子离自己近一点，因此她拒绝了老师们的建议。

此时已经是 1858 年。尼采在这一年度过的假期注定会不同寻常。跟往常的假期一样，尼采在布莱的乡间度假。那里绿树成荫、群山起伏，而村庄坐落在萨勒河畔。萨勒河缓缓流淌，河水清冽，每天早上，尼采都要到清澈的河里去洗澡。此时，尼采和他的外公、外婆以及他的妹妹伊丽莎白住在一起，他对这种充实丰富的生活感到十分满意，但他的内心中却在为未知的前途暗暗担心。

尼采渐渐地长大了，很快他便要到外面去闯荡，也许他就要离开自己的亲人，住在另外的地方，去结交新的朋友了。面对未知的人生道路，他有些许的焦虑。他总是回忆自己整个漫长的童年以及自己的孩子气。在他看来，没有人可以对此报以嘲笑。在那渐渐远去的十三个年头里，有父亲的慈爱及家人去世的悲伤，也有对家族传奇的骄傲和深深的向往，还有对音乐和诗歌卓绝的发现。这些情景统统涌上了尼采的心头。它们栩栩如生、扣人心弦。突然间，尼采沉醉于自己所经历的丰富人生当中了，他拿出钢笔，在短短十二天的时间中写出了一部自己的童年史。当这部回忆录写完之后，他高兴极了。他这样写道："此刻，我已经恰到好处地结束了我的笔记，对于我过去的工作，我感到满意。在我写作的过程中，巨大的喜悦充满了我的心间，这让我感觉不到丝毫疲倦。我认为，对早年的生活历程和灵魂的发展轨迹进行回顾是件很有意义的事情。我已经如实地记述了所有的事实，不带诗意，不加修饰，还原了生活的本貌。但愿我以后还能再多写一些像这样的东西。"

这段话之后是尼采自己写的一首四行小诗：

生活如镜，

首当其冲，

便是认识自己，

千万要努力求索。

位于萨勒河畔的普尔塔学校距离瑙姆堡有五英里远，这是一所历史悠久的学校，自德国存在之日起，普尔塔就被建起来了。早在 12 世纪的时候，许多教团僧侣从拉丁西部来到了这片斯拉夫人聚居的土地，他们试图改变斯拉夫人的宗教信仰。他们获得了河岸两边土地的所有权，并开始在土地上修建房子和教堂，在四周筑起了高高的围墙。他们还在此地建立起了一套传统，这套传统历经风霜，传承至今。僧侣们的好日子只持续到了16世纪，很快他们就被萨克森君王驱逐出境，路德派教的信徒们定居在他们修建的教堂和房子里。信徒们保留了僧侣们创办的学校，一同被保留的还有僧侣们那一整套的教学方法。1540年，学校的管理者在学校的教育指导中写下了这样一段话："要培养孩子们，让他们适应去过宗教生活。他们要接受为期六年的文学知识和道德戒律的训练。"在这所学校中，学生们必须住校，同老师们待在一起。学校一直坚持禁止任何带有安闲逸乐行为方式的规章制度。学校中还有一套明确的等级制度：每个老师指导二十名学生，最大的学生要照管最小的学生。学校开设了宗教、希伯来文、希腊文和拉丁文的课程。

在这所古老的修道院式的学校里，新教的伦理和德国民族所特有的一丝不苟、人道主义精神水乳交融，形成学校里一种独特的生活方式和精神风格。这里培养出了许多非凡卓绝的人物：诺瓦利斯、施莱格尔兄弟，以及兼哲学家、教育家于一身，被学校引以为荣的费希特。长久以来，尼采一直被普尔塔深深吸引着，渴望能够获得去普尔塔学习的机会。1858年10月，他的愿望终于实现了，他被授予了一份奖学金，从此离开家进入了这所历史悠久的名校。

自从进入学校起，尼采在好长一段时间里都没有做出惊人的事情，唯一一件轶事发生在第一学年，事件的过程极富英雄色彩和孩子气。事情的起因是因为尼采的同学们都不相信穆奇乌斯[1]的故事。他们认为"没有一个人会有勇气把手放进火里"。因此这个故事是不真实的，面对这些年轻批评家们的言论，尼采不屑于争辩，他只是伸手从炉中抓出一块燃烧的煤，把它放在了自己的手掌里。最后的结果便是，这个烧灼的疤痕跟随了尼采终生，为了让这块荣耀的疤痕历久如新，

---

[1] 穆奇乌斯：传说中的罗马英雄，在伊托鲁里亚的克鲁西姆王波尔杉纳亲征罗马的时候，他自告奋勇去行刺波尔杉纳，并在行动失败后被捕。在波尔杉纳面前时，他为了显示自己的无畏精神，将右手放进了燃烧的火堆里，并亲眼注视着火焰把手烧焦而没有缩回。波尔杉纳为其勇气所动，将他放回了罗马。后来穆奇乌斯的右手残废，他也因此被市民尊称为"左撇子穆奇乌斯"。

尼采甚至让融化的蜡流过伤疤，来使疤痕变得更加显眼。对于尼采来说，接受这种新生活很困难，他需要花上很长的时间去学会忍受。他很少把时间花在玩乐之上，同时，他还特立独行，不轻易地和学校里的陌生人接触。再者，从很小开始，尼采就是整个家庭中唯一的男性，因此他身上具有在女性环境中形成的温柔气质，这种气质让他很难适应普尔塔的清规戒律。每个星期天下午，他的母亲、妹妹和他在瑙姆堡的两个朋友都会到校门口接他，这时他才会外出，与家人和朋友们在学校附近的小酒馆里消磨剩下的时光。

1859年7月，尼采获得普尔塔学校提供给学生最长的假期——一个月。在这难得的自由时间中，他重访了自己喜爱的故人旧地，还到耶拿和魏玛匆匆旅行了一趟。在学校里那长达一年的时间里，功课剥夺了他大量的时间，使他没办法发挥自己写作的才能，可是现在，写作的灵感和乐趣又重新在他身上得以展现了，于是他把自己旅行的夏日印象写成了一篇略带悲怀的抒情散文。

他在文中这样写道："太阳下山之后，我们离开了暗黑的围场。此时，我们背后的天空沐浴在金色的霞光里，而在我们头顶的上空，云彩闪耀着玫瑰色的光芒。夜晚的和风轻轻吹拂着，静静的城市在我们眼前。啊，威廉，我对我的朋友说，还有什么事情比我们结伴漫游全世界更令人感到快乐呢？哦，快乐的友谊，忠诚的友谊！呵，呼吸一下这夏夜里美丽的气息吧，这花香，还有这绯红的晚霞！难道你没有感觉到你的思潮正在翻越飞升吗？它就像纵情欢唱的云雀，栖息在金光璀璨的云端。看看这夜晚中的胜景！我自己的人生展现在自己的面前。我自己的命运如此安排：暗黑的阴影里一部分被封锁其中，其余的则飞升于自由的空中！就在那一刻，路旁的疯人院内传出了一声尖锐的叫喊，将我们的耳朵都撕裂了。我们感到好像有某个恶魔正在扇动着邪恶的翅膀触及到我们的皮肤，因此我们把手握得更紧。滚开，你这邪恶的势力！即使是在如此美丽的世界里，依然还存在着痛苦的灵魂！但是痛苦究竟是什么呢？"

8月初，尼采短暂的假期结束了，他重新回到普尔塔，此刻他心感悲哀，和初到那里时的感觉一样。他开始连续记载详细的日记，日记中记叙了他无法接受学校对学生粗暴约束的心情，还有他对自身的反省。这些日记告诉我们他如何支配自己的时间以及每一天他的情绪变化。我们可以看到，日记以他改写老师们所说的鼓舞士气的格言警句开始，这些是用来对抗尼采的厌倦无聊的，接下来他记叙了自己的学习、娱乐、阅读和令人沮丧的病痛。他充满童真，时而反抗学校的清规戒律，时而痛苦地服从规定。每当内心的情感澎湃激涌时，他便放弃写散文，在他看来，只有音乐才能够宣泄自己内心的忧郁，而散文却不具备这样的功能，因此在灵感的驱使下他便写一些韵文、四行诗或是六行诗。尼采从不主动寻求这种充满诗情的时刻，他总是泰然处之，等到它出现时才去跟随它，一旦发现诗情减弱，他就会选择散文来替代，用莎士比亚戏剧对白一般的语句来表达自己的情感。

然而，普尔塔并不总是充满了刻板的条约，学校有时也会拥有片刻的快乐。比如说学生们可以外出散步、合唱、洗澡。尼采参加了这些愉快的活动，并详细地记录了过程。每当天气过于炎热时，学生们就会走出书斋，把大部分的时间花在水中生活里面，学校里两百多个学生齐声唱着歌，踏着拍子来到河边站好队，然后跳入水中，学生们经常顺流而下，兴高采烈地游着，直至游得筋疲力尽，当老师的口哨声传来时，孩子们便爬上岸，一只尾随其后的渡船给孩子们送来校服，这些孩子穿好校服，又唱着歌，秩序井然地回到学校，继续各自的功课。尼采很喜欢这种活动，他在日记中写道："这实在是棒极了！"

时光如白驹过隙，转眼就到了8月底。尼采的日记开始中断，先是中断了八天，接着是六天，后来又是整整的一个月。等他又重新开始记日记的时候，他的这本日记已经快要结束了。

自从开始写这本日记以来，我的心境就已经和从前完全不同了。那个时候还是夏末，世界一片葱茏，而现在，唉！我们已经来到了深秋。那时我还是一个只会疯玩的小孩子，而转眼间我已经快要变成大人了……我的生日来了又去，在这个过程中，我逐渐变老——匆匆的时光就好像是春日的玫瑰，绽放着美丽却又像山涧里的泡沫一般容易流失。

此时此刻，强烈的求知欲抓住了我，让我对知识、对世界文明燃起了无尽的渴望。这种冲动源自洪堡的书，我刚刚在读。我希望这种对知识的渴求能够像我对诗歌的热爱那样持久不衰。

在这一新的时期，尼采着手制订了庞大的学习计划。他计划把地质学、植物学、天文学与拉丁语读物、希伯来文、军事科学以及各种技能的学习结合在一块儿。他说："首要的研究对象是宗教，因为它是所有知识的基础。知识的领域无比巨大，而对真理的追求则永无止境。"

在孜孜不倦的研读过程中，冬天和春天转瞬即逝，尼采的第二个假期来临了，短暂的假期后是第三次返校。此时秋天来临，普尔塔校园里巨大的橡树褪去了绿装。此时的弗里德里希·尼采已经十七岁了，他感到自己内心凄凉。在过去很长的一段时间里，他强迫自己对生活采取唯命是从的态度，这让他感到万分痛苦，而此时的他已经阅读了席勒、荷尔德林、拜伦的作品，他梦想着古希腊的神祇，尤其是那个阴沉且法力无边的魔术师曼弗雷德。魔术师对自己的万能感到厌倦，试图从死亡中寻求安宁，但死亡早已被他自己的艺术所征服。尼采究竟对什么课程有兴趣呢？他深入思考了几行浪漫主义诗人的句子：

痛苦就是知识，只有最深地体味了痛苦的人，
才能透悟致命的真理，
知识之树并不等同于生命之树。

尼采最终厌倦了学校里的一切。他强烈渴望着能从日常课程和功课中解脱出来，这些几乎占据了他所有的时间，他常常独自聆听那发自灵魂的独白，并以此为基础，理解自己大脑里那天马行空的幻想。他向母亲和妹妹吐露了自己的想法，宣布他将改变原来对人生的规划，他不再想做教授，因为一想到大学他就厌烦，他想做音乐家。母亲对尼采晓之以理，平复了他激动的心情，但这次平复的效果没有持续太久，尼采喜爱的一个老师逝世了，这悲惨的事件彻底结束了他内心混乱的状态。尼采开始逃避功课，与人隔绝，终日沉浸在冥想之中。

尼采经常写作。从孩提时代起，他就表现出了驾驭语言和清楚地表达思想的天赋。他接连不断地书写，记录下了自己内心所有不安的阴影。他考察了庞大的浪漫主义体系和阴沉、纷乱、冰冷无情的科学体系。他沉浸在自己广阔的阅读视野中，但同时阅读又使他惊恐。童年时代养成的虔诚的生活方式仍然深深刻在他的灵魂里，虽然他常常对宗教提出胆大妄为的否定论断，但没过多久他又会谴责自己刚才的罪恶，他极力维持着自身的宗教信仰，但他明白宗教信仰正在他身上逐渐减弱，他选择缓慢、心有余悸地离开，而不是法国人或天主教徒那种尖锐的摆脱方式。毕竟，宗教代表着他的过去，宗教的存在意味着他对整个家庭和父亲的教义及信条依然怀有敬意。他处在矛盾之中，他清楚如果弃绝了宗教就意味着失掉了安全感，他感到惊恐，因为他担心自己找不到新的信仰来取而代之，这种局面只会让他措手不及。这个权衡如此重要，以至于尼采承受了巨大的压力，不停地在辗转思量。

解决这个事业不仅仅是几个星期的事情，而是关乎终生。仅仅依据一个乳臭未干的小子的思索就摧毁两千年来被世界最深邃的思想家论证过的权威，这可能吗？仅仅根据这个小子的不经论证的幻想和尚未成型的思想雏形就将深深嵌入历史的宗教的痛苦和祝福一把推开，有人会冒这个险吗？

想要一劳永逸地解决人类思想中几千年来被无休止论证的哲学问题；要革命性地推翻被人类中最高权威所接受的本质性的终极信仰；如果只是对哲学或者自然科学所带来的一般性后果知之甚少而就把二者结合起来，或者只是在理智还没有掌握全部历史和那些最基本原则的情况下就从自然科学里推衍出一套体系，那么这些行为都只能算作鲁莽轻率。

那么人类究竟是什么呢？是整体中的一个阶段，还是大化流行中的一段时间，上帝随心所欲的创造物？在历经植物界和动物界过渡性的漫长进化以后，人类在所有方面都比石头更为优越吗？此后他将向终极完美前进吗？换句话说，历史到底为他准备了什么结局？是否基本的时间永无止境，人类将永远处在去成为的过程中？是什么驱动了这个巨大生命之钟的发条？所有这一切都还是个谜。然而无论历史的浩瀚时间延续多久，它的每一分钟又都运行于当下。决定性的历史时刻就都存在于钟面之上，因为时针一直在走动，而到达十二点的时候，它又开始新的一轮旋转，就好比人类开创新的时期一样。

没有向导，没有指南，在疑问重重的汪洋大海中，大多数的年轻大脑都只能面对迷失或者发疯的结局，冒险者都被风暴打垮了，没有人可以在风雨之后发现新大陆……我们的全部哲学像谜一般的巴别塔呈现在我面前……其无法指引大众，只会无休止地干扰大众的思考。当大众发现整个基督教思想是建立在虚妄之上时，一次巨大的变革将铺天盖地而来。上帝的真实性、永生、《圣经》的权威、启示，这些永远带着谜团。我试图否定这一切，但是，唉！摧毁极其容易的，但想要创造新的信仰却很难。

尼采将自己令人惊叹的天才在字里行间展现出来！弗里德里希·尼采明确地提出了他对宗教的疑问，并且预见了他将做出的带有变革性的有力答案。这些答案就是：人类就是虚无，是上帝随心所欲的创造物；一次荒唐的开始把人类推向永无休歇的无穷开端，驱向永恒轮回；一切权威最后都可归因于盲目的仅服从于机会的力量……

弗里德里希·尼采从不轻易肯定什么，他不喜欢在重大问题上仓促地下结论。只要还有可回旋的余地，他都会选择回避。然而一旦他投身其中，就必定会全力以赴。那时，他还试图掩饰自己的想法，但这些想法却情不自禁地从他的笔下流露出来。他写道："我们往往在本应直面我们命运的当口软弱，服从于上帝的意志或是服从于谦卑的态度，这不是信仰，只是懦弱和胆小的借口。"尼采全部的伦理观和英雄观就浓缩为这不多的几句话。

在这段时期，尼采钟爱席勒、拜伦、荷尔德林等人的习作，而他最爱的便是荷尔德林，当时荷尔德林毫不出名，而尼采慧眼识珠，就像在人群中一眼认出朋友一般相中了荷尔德林。这是非常伟大的相遇，此刻这位还未走向世界的少年的人生与这位刚刚逝世的诗人极为相似。荷尔德林也出生在牧师家庭，同样怀揣着子承父业的志向。1780年，荷尔德林在蒂宾根大学研读神学，同黑格尔、谢林成为同窗，也就是在那时，他摒弃了一直信仰的宗教。他从书本中熟悉了卢梭、歌德、席勒并深深陶醉在浪漫主义中。神秘的大自然和清澈的希腊心灵深深吸引了荷尔德林，让他产生了要将这两部作品完美结合在一部德语作品里的愿望。像大多数诗人那样，荷尔德林的生活极其窘迫。他到富人家里去做家庭教师，忍受着那里的无聊和白眼，唯一一次得到的尊重让他倍受鼓舞，狂热地工作，但这种日子极其短暂最终以他的失望告终了。故乡的空气和人民吸引着荷尔德林，让他回到了自己的故乡。他在工作的间隙写作，但他无法忍受自己这种靠家庭资助的生活方式，于是再次离开了故乡。荷尔德林将自己的诗作发表出来，这些诗篇十分优美，他通过自己天才般的想象将奥林匹斯山诸神召唤至苏比亚茂密的森林和莱茵河地区，然而公众对这种诗作不感兴趣。创作的受挫让荷尔德林郁郁寡欢，他梦想着更为广阔的创作，但那只是一场梦：德国和古希腊是完全不同的两个世界，要把二者结合起来，就需要用歌德似的灵感，在永恒的文字中融入浮士德的胜利和海伦的被劫掠。荷尔德林用散文诗的笔法描写了几个片断：他的主人公是一名年轻的希腊英雄，他的祖先查拉图斯特拉在战斗中不堪一击，很快覆灭，因此他对自己的民族有着深深的悲悯并倡导一种勇敢人性的再生。荷尔德林创作了一个三幕悲剧，主人公是阿格里真图的暴君、诗人、哲学家、傲慢的民众煽动家、英雄恩培多克勒，他出众的才华让他与其他希腊人格格不入，悲剧讲述至高无上的恩培多克勒厌倦富足的生活，隐退到埃特纳山巅，他拒绝了家人和朋友的苦苦哀求，他把群众打发走后，在落日的余晖中纵身跳进了火山口。这部作品充满了力量，可是荷尔德林最终却把它放弃了。郁郁寡欢造成了他身体的衰弱和情绪的高昂。他希望能够离开德国，以此来摆脱磨难，同时减少对亲戚的拖累，当他在法国的波尔多找到工作后，便消失了。六个月后，他又皮肤黝黑、衣衫褴褛地回到了家里。他没有告诉任何人自己的经历。之后有人通过艰难的调查才发现他是在8月的骄阳下徒步穿越边境去了法国。从法国回来后，荷尔德林开始神智涣散，在余下四十年的时间里，他一直处于身心麻痹的状态，最终于1843年去世。荷尔德林去世的时间和尼采出生的时间只差几个月。一个柏拉图主义者也许愿意认为，这是荷尔德林天才般的灵魂转世投胎到了尼采的躯壳上。现实看起来果然如此，因为他们拥有如此多的相同点，他们的身上都带有德国灵魂深处的浪漫主义，对待宗教都雄心勃勃，充满生气，而最终的结局都相同——被自己的野心击倒。这两位天才相似的生活历程不得不让后人对这个民族盲目的生育感到惊叹，孩子们的生活相似且充满磨难，和德国单调乏味的民族性毫无区别。

这一年的春末，尼采患上了严重的头痛和眼疾，医生无法诊断出病因，只能揣测病症是由神经性病变引起的。由于生病，尼采的假期被彻底毁掉了，不过他设法争取到了两个月的假期，在瑙姆堡住到了8月底，假期的延长使得生病的苦恼被一扫而光，他在这里度过了一段快乐的时光。

在两个月的假期中，尼采对自己思想中的疑问做了深入的探索，尽管问题还没有得到解决，但微小的进展足够令他精神饱满地重返普尔塔。在一偿夙愿的前提下，他终于可以安心做一名勤奋的学生了。他依然继续博览群书，坚持创作，每个月按时给瑙姆堡的两个朋友寄去诗歌、歌曲、舞曲、评论和哲学论文。这些创作并没有耽误他的学业，反而令他在一些出色老师的指导下，学习了古代语言和古代文学。尼采愉快的生活一直持续到了毕业前夕，此时，他将不得不面对选择职业的困扰。面对着未知的前途，尼采显得很迷惘。

1862年5月，尼采在给母亲的信中这样写道："我经常想到自己的前途问题，外界环境和我自己的因素使这个问题显得麻烦并且难以定夺。毫无疑问，我想凭借自己的能力在我所从事的职业内取得成功，但我放不下这些充满趣味、形形色色的问题。我知道这是必须由我自己来权衡定夺的事情，可对于将要研究什么的问题，我脑海里真的还没有形成一个明确的观念。不可否认的是，无论面对什么，我都会充满激情地一干到底，这样一来却让选择变得更为艰难，因为问题的关键在于我们的希望正在欺骗我们，而我们却无法发现一个能够让我们为之献身的职业。一个暂时的偏好、某种家庭传统、一个愿望都有可能让人走上错误的道路！选择职业犹如让一个人去抽奖，其间大多数人都铩羽而归，中奖者寥寥无几！此时此刻，我不对自己的处境感到乐观，我对很多的领域都颇有兴趣，如果我能满足自己广泛的兴趣，那么我必然能在很多领域深有成就，但这些成就对我的职业而言毫无用处。我明白自己当前的任务——选择一个合适的职业，但这就意味着我要摒弃自己现有的许多爱好，同时去增加新的爱好。但我应该抛弃哪些呢？如果被我抛弃的那些恰好又正是我最钟爱的呢？"

最后一个假期悄悄地过去了，尼采的学习生涯只剩下最后一个学年。尼采即将毕业，无忧无虑地重返学校。此时学校的清规戒律对即将毕业的学生变得松懈了，并向学生提供了一间属于他们自己的屋子。尼采获得了某些自由，总有些老师会邀请他出去吃饭，在这些娱乐活动中，尼采首次在修道院般的学校里感受到世俗的乐趣。有一次，在一个老师家里，尼采见到了一个迷人的姑娘。当他再次见到她时，便陷入了对这个姑娘深深的爱恋之中。有好几天，他总是梦见这位姑娘，幻想着能将书借给她并和她一起弹奏音乐。当尼采正津津有味地品尝着内心的情感时，这个姑娘却离开了普尔塔，姑娘的离开让尼采重新回到了自己正常的人生轨迹。他认真阅读了柏拉图的《会饮篇》、埃斯库罗斯的悲剧，然后埋头学习正规课程。有时候，在吃晚饭之前，他会坐在钢琴边弹奏，他经常选择贝多芬或者舒曼的曲子，甚至是自己的即兴创作。他的两个同学——格斯道夫和保尔·杜森成了他固定的听众，而他们后来也和尼采保持了一生的友谊。

尼采陷入到了狂热的诗歌创作之中，只要稍有空闲，只要作业可以拖延几个小时，他就会再次成为抒情诗人。一个复活节的早晨，他离开学校返回了家中，没有和任何人打招呼，径直走进了自己的房间，他独自待在那里，如同沉入梦呓一般，接着飞速运转的思维便包围了他，给予了他强烈的乐趣，他随即将自己的感觉记录了下来。以下抄录的一页难道配不上查拉图斯特拉吗？

复活节之夜，窗外飘着毛毛细雨，一片静谧。我独自一人，裹着晨衣，坐在火边。桌上躺着一张白纸。我凝视着它，陷入了深思。我转动着钢笔，为蜂拥而至无法摆脱的问题、感觉和想法所困扰。它们向我逼来，嚷着要付诸笔端。喧嚣吵闹制造出了巨大的骚动：它们像年轻人一般渴望获取生活的思想，有的打着手势，奋力抗争；它们像老绅士一般谨慎而清醒，用不愉快的目光注视着那些血气方刚的年轻思想的混战。我们的情绪被这种新旧的交战决定着，战争的结果，无论胜利还是失败都是我们的心境和情绪……我经常窥探自己的思想和情感，带着虔诚的心迫切地研究它们——在剧烈摩擦所带来的忙碌和骚动中，空气震颤着被撕裂了，就像是某个思想或是某只鹰长啸一声，直射太阳，这样的过程让我无法忘怀。

灵魂从斗争中汲取了力量，并在斗争中取得了甜蜜和辉煌的成就。甜蜜在前方诱惑它，让它燃起对新鲜养料的欲望，于是它被驱使着奋力作战，大肆破坏，但是当它把猎物诱捕到手并吞入腹中时，它脸上的表情又何其的温柔。

此刻的欢乐和痛苦都会瞬息即逝，它们仅仅是作为更深广感觉的帷幕而存在着，当那些更为成熟、更为高级的感觉出现之时，它们就会消失。正因为此，当它们稍纵即逝，那些曾经独一无二、无与伦比、迅捷而又无法形容的感觉会越来越深地铭刻于我们的记忆之中。

此刻，我正想着我曾经爱过的一些人，他们的名字、音容笑貌在我脑海里一闪而过。我相信，我的想念并没有让他们的性格变得更加深刻、更加完美。但是不能忽略的是，不论是这些回忆中的哪个片断被重新想起时，它们就都会唤醒我心中那些更为敏锐的感觉，因为精神不能容忍它的原地踏步，它需要被不断地扩充，向着更高的高度进发。亲爱的感觉，我拜倒在你的脚下，你代表着灵魂骚动之下那绝妙的悸动。你和大自然一样丰富，却比大自然更为壮观，因为你永远在斗争，为着达到更高的高度，而植物们却在原地不动，它们在今天发出的香味与初生时发出的香味毫无区别。我现在的爱迥异于我几周前的爱，而且此刻我的心境也与我提笔之初的完全不同。

回到普尔塔之后，尼采参加毕业考试，他差点没能通过，事实上，是他的数学成绩没有达到毕业所需的及格线，不过老师们依然将毕业证书颁给了他。他满腹悲伤地离开了母校。他的心灵总是容易融入所处的环境，并恪守着相同分量的愉快和忧伤。

毕业典礼是每个学校都要举行的仪式，毕业生们聚集在一起做最后一次祈祷，接着向他们的老师致书面感谢词。弗里德里希·尼采的感谢信哀婉庄重，动人心弦。他在感谢词中首先向上帝致意："我首先感谢上帝，他赐予我一切。对于他的慷慨，我只能向他奉献发自内心深处的强烈谢意和对其爱的信任。他给予了我在此地度过一生中最欢乐的时光的机会。祈愿他，仁慈的万物之主，继续把我置于其庇护之下。"接着尼采在文中感谢国王："由于国王的仁慈，我才有机会来到……我决心有一天自己能够为他和我的祖国增光添彩。"接着是向尊敬的老师和可爱的同学们致辞："亲爱的同学们，我深知，移植一棵树很困难，它需要在新的土壤环境中慢慢生根。我很怀疑在离开你们的日子里我能否习惯？再见吧，亲爱的同学们！"

  似乎这篇长文还不足以宣泄他心中的感情，于是他又在文章后为自己写了几行抒情诗，在诗中表达了自己的感情：

  人生之路就在脚下，就是这样，
  让生命像普照他人一般普照我，
  他们出发了，生命击碎了他们的轻舟，
  他们沉入海底，消失无影，
  没有人知道他们究竟在哪儿。

  再见了，再见！汽笛已经发出了起航的召唤，
  船长的催促击退了我的徘徊，
  从今往后，
  劈波斩棘，千帆竞发。
  再见，再见吧！

第二章　年轻时代

1862年10月中旬，尼采离开了瑙姆堡，他和同学保尔·杜森及杜森的一个表兄弟前往波恩大学。三个年轻人在路上慢慢走着，尽情享受那自由的时光，他们在莱茵河边短暂地停留了一阵，快乐得忘记了所有烦恼。现在，保尔·杜森已经成为基尔大学的教授，他是一个典型的中产阶级，具有中产阶级人士特有的善良，他回忆起他们那充满欢笑的旅行，那些落入尘埃中的记忆被翻了出来，让保尔·杜森感受到了久违的兴奋。

当时，三个年轻人选择了马匹作为交通工具，他们骑着马在乡间漫游，还在乡村的小酒店内喝了很多啤酒，尼采看起来有些醉，相对于周围的美景，尼采似乎对自己那长着长耳朵的坐骑更感兴趣，他俯下身仔细观察测量了一下那对长耳朵，断言道："这是一头驴。"杜森和他的表弟立刻回答道："不，这是一匹马。"尼采再次测量了一下耳朵，说道："这是一头驴。"语气中丝毫没有要改变想法的意思，他们就在路上闲逛，直到傍晚时分才回去。三个人一路上高谈阔论，吵吵嚷嚷的声音令镇上的居民很反感。尼采温柔地唱着情歌，吸引了好多女孩在床边倾听，她们都躲在窗帘后面，小心地从缝隙中窥探着这三个年轻人。最后，一位正直的居民忍无可忍，不得不从屋里出来呵斥这三个喧闹者，用恐吓的语气将他们赶回了旅店。

到达波恩后，三个朋友安顿了下来。在当时的环境中，只有一些大学还保持着自由，因此它们都享有非同一般的声誉。而当时的德国正处在四分五裂的境地，大学依靠着一个衰弱的国家，却依然能够保持住自身的活力，过着强有力的生活，这是同这些大学光荣的历史和荣耀的传说密不可分的。人们都知道在莱比锡、柏林、耶拿、海德堡和波恩大学，老师们鼓励青年学子勇敢地武装起来，为拯救德国民族而去与拿破仑做斗争。人们还知道，为了反对暴君和僧侣们对德国自由原则的践踏，这些勇敢的学生们曾经愤然反抗，并且现在还仍然进行着战斗。德意志民族热爱这些严肃的老师和斗志昂扬的青年，他们是祖国尊严的象征，替那些为劳动而武装起来的勤劳的祖国人民指引了方向。少年们都把自己学生时代的梦想视作人生的顶峰，温柔的姑娘也将纯洁高尚的学生当作自己暗恋的对象，尤其是对富有梦想的德国人来说，没有什么会比大学的梦想更具吸引力了。整个国家都为这些充满知识、勇气、美德和欢乐的杰出学校感到骄傲。到达波恩后，尼采和伙伴们都为自己的所见所闻而激动。尼采详细记录了自己的生活，其中一篇是这样写的："我到达了波恩，看到无限美妙的前景，我为这一切感到骄傲。"尼采非常了解自己的能力，因此他急于结识新朋友，希望同他们共同学习并将对他们彼此的思想产生影响。

波恩大学的学习风气是集体学习，大多数学生都习惯于结成社团，共同进步。在这样的风气面前，尼采有些迟疑，但他很快便意识到了如果不加入社团，自己就会孤僻离群、落落寡合，因此他加入了其中的一个学生协会。在给朋友格斯道夫的信中，他这样写道："我走这一步是经过了深思熟虑的，我放弃个性是因为我知道放弃之后会收获更多。"

在接下来的几个星期里，尼采尽量让自己融进新生活中，但是他依然保持了自己一贯的严谨作风，他不沾烟酒，但是却淋漓尽致地享受学术讨论和水上泛舟带来的简单乐趣，他喜欢去河畔的饭馆吃饭，黄昏时和朋友在回家的路上即兴合唱，他沉浸在这样的生活之中。为了成为一个"完美"的学生，他甚至希望能够进行一次决斗，甚至为自己选择了一个合适的同学作为对手，他对那个同学说：

"我是新生，想进行一次决斗，你是我最好的对手，让我们开始吧！"对于尼采的要求，那位同学给予了"非常乐意"的答复，这让尼采倍感兴奋。

很快，尼采就对这样的生活感到了厌倦，快乐的情绪也随之烟消云散了。12月初，他的娱乐生活开始变得越来越少，他又开始重新回到了从前的状态，不安的情绪再次袭来，而亲人的远离让他倍感孤独，随着圣诞节和新年的到来，他内心的伤感愈加明显，从他给母亲写的一封信中，我们可以推测出他当时的心情：

我喜欢的节日有周年纪念日、圣·希尔维斯特节和生日。正是这些节日的存在，我们的灵魂才能得到暂时的休息，也只有在这时候，我们才能发现自身的问题，获得快乐的时光。毫无疑问，经常去经历这种时光是一件非常简单的事，而且它们也能促成一些关键决定的做出。但是我们却很少给予自己这样的机会。在这种时刻，我总是习惯重新翻出从前那些手稿和信件，全身心为自己记下一些感想。在这短暂的一两个小时里，一个人似乎可以超越时间和自己。过去能给前进带来力量，因为当一个人在对过去进行了言简意赅的回顾时，他就会对前面的人生道路怀着更多的勇气，坚定自己前行的决心。而美好的愿望和家人的祝福更像细雨一般，当它们温柔地洒落心间时，那便是世界上最美好的事情了！

我们可以从这个年轻学生"仅仅为自己"的感想中掌握一些关于他的蛛丝马迹。他对自己浪费时间的行为感到不满，决定采取一种更为严格、更为专注的方式来生活，但这样的生活就决定了尼采必须和他的同伴们断绝关系，面对这个结果，尼采犹豫了。虽然他的伙伴同他一样年轻勇敢，但显得有些粗野，他该不该跟他们断绝关系呢？一缕游丝般的忧虑令他苦恼万分。尼采也许可以通过长期的放纵生活来适应他们粗俗的生存方式，这样一来，他就不至于太过敏感了。"习惯是一种强大的力量。"他在给格斯道夫的信中说道，"当一个人对出现于眼前的邪恶没有了源自本能的反感，那么他就走得太远了。"

尼采选修了一门难度很大的课程，这是他选修的第三门课。他决定跟他的朋友们坦率地谈谈，以便使他们的生活脱离粗俗低级而朝着高尚的方向发展。这样，他就可以开始履行自己为宗教定下的使命，他一直梦想着有一天能把履行这种使命的范围扩大到整个德国。因此，他呼吁禁止或减少抽烟喝酒会，因为这种协会是令他反感的。

建议没有被采纳。作为倡议者，尼采受到了冷落，被孤立到了一边。协会成员对他进行了无情的讽刺，这使他感到愤怒。他用激烈的语言进行了回击，但这样一来就使他失去了所有的友情与关爱。这时他体会到了孤独，就是那种被打败者的痛苦的孤独。最终结果是尼采被他们请出了协会。

尼采是一个骄傲的人，所以要他继续待在波恩是很难做到的。他刻苦钻研索然无味的语言学，想要借此锻炼自己的心智，纠正自己的神秘主义倾向和有些混乱的思维。同时他也能通过直觉感受到古希腊文那令人吃惊的美感，但在进行条分缕析的时候却丧失了兴趣。他的语言学老师里奇尔劝他不要进行其他科目的研究："假如你想成为一个强者，就要取得某一方面的专长。"尼采接受了这个忠告。他放弃了自己要对神学进行深度钻研的念头，在12月份的时候写过一些优美的旋律。现在的他却做出决定，一年之内不再去享受这些徒劳无益的乐趣。所以有时他居然希望顺从生活以习惯这种无聊的状态。

他的痛苦在随后就得到了补偿，因为他已经能够写出受到里奇尔褒奖的论证严谨、具有远见卓识的论文了。尼采经常聆听同学们的议论。他们中有些人毫无信念、不带感情地一遍遍重复着黑格尔、费希特、谢林的各种理论，可是那些伟大的体系已经完全失去了它们那原本令人振奋的力量。另一些喜爱实证科学的人则阅读沃格特、毕希纳的唯物主义论文。尼采读过这些论文就不愿再读第二遍了。因为他是一个诗人，需要的是抒情、直觉和神秘，冰冷清晰的科学世界是不能令他感到满意的。那些自称是唯物主义者的年轻人也自称为民主主义者，他们鼓吹的是费尔巴哈的人本主义哲学。而尼采太具有诗人气质了，而且不论从教育方面还是从天性方面而言他都太具有贵族气了，这注定他不会对平民政治感兴趣。他把美、善、力量、英雄主义看作理想目标，并且希望自己有朝一日能够实现它们。他从未打算要过一种幸福安逸的舒适生活，所以他对一般人的幸福都不感兴趣。

当他对同时代人的种种倾向都不满意时,他还能感到快乐吗?当他对一种低俗的政治、一种苍白的形而上学、一种狭隘的科学感到反感时,他能为自己的心灵指出一条什么样的道路呢?当然,他有自己明确的爱好,他对自己的这种趣味毫不怀疑。他热爱古希腊诗人,喜欢巴赫、贝多芬和拜伦。但是他自己的思想倾向又是什么呢?

他还没能回答人生提出的问题。现在已经二十一岁的他跟从前那个十七岁的喜欢对不确定的意见表示沉默的他还是一样的。他的朋友杜森认为祈祷没有实际的效力,只是给祈祷者的心灵以虚幻的自信而已。"那是费尔巴哈式的蠢话。"尼采尖锐地回答他说。杜森在别的场合还提起过施特劳斯刚刚再版的《耶稣传》,并对书中的意见表示赞同。但尼采拒绝在这个话题上发表看法。"这个问题非同小可。"他说,"要是你信奉耶稣,那么你同时也必须供奉上帝。"这些对话似乎反映了尼采对基督教还有所依恋。但是他写给妹妹的一封信却没有给我们留下这样的印象。那时,尼采的妹妹还是基督教的信仰者,她写信对尼采说:"人们必须从事情的最痛苦的一面中去寻求真理。就目前而言,要去相信基督教的玄妙教义而妄想不费劲儿是不可能的,由此推断,基督教义是真实的。"她立即收到了尼采的回信。这封信措辞激烈,表露出了他内心的不快。

你认为要接受并承认这些信仰真的很困难吗?我们是在这种信仰的熏陶下长大的,它已经一寸寸深入地扎根于我们的生活之中。我们的亲朋好友及他人都把它视作真理。而且无论真实与否,它确实安慰并提高了人性的品质。你认为承认这种信仰比与一个人的习惯做斗争更为艰难吗?那是一种疑虑重重的孤独的斗争,并会因为各种精神上的消沉和悔恨而变得更为阴沉。这种斗争常使一个人深陷于绝望当中,但却忠实于他的永恒追求,即对通往真、善、美的新道路的发现。

所有这一切的结果将会是什么呢?我们会重新找回那些我们所熟悉的关于上帝、现世与赎罪的种种观念吗?对真正的探求者来说,他探求的结果就不能显示出完全不同的东西吗?我们寻求的是什么?是安宁和幸福吗?不,除了真理,什么也不是,不管它会有多么邪恶和恐怖。

这就是已经明确划分好了的生活的道路,如果你想要得到灵魂的安宁和幸福,那么你就要相信;如果你想做真理的信徒,那么你就要探索……

尼采尽力忍受着这种痛苦的生活。他去乡间散步,把自己关在屋里研究艺术史,还包括贝多芬的生活。但是这些努力都是徒劳无用的,他无法忘记波恩的人们。他曾两次去科隆参加音乐节,但是每一次回去都会增加他的忧郁。最后,他离开了这个城市。

我像亡命之徒一样离开了波恩。夜半时分,我和我的朋友们一起站在莱茵河的码头上。我们在等从科隆开出的轮船。在即将离开这繁华美丽的地方和那些青年同学的时候,我没有感到一丝一毫的痛苦。事实正好相反,我是从他们身边逃离的。我不想再像以前那样对他们进行一番不恰当的评价。但是因为我的天性与他们格格不入,我是如此腼腆内敛,而且在如此多的作用力面前我没有能力去坚持自己的角色。一切都强加于我身上,我无法成功地控制自己所处的环境。我感到自己对科学和生活都将无所作为,却让各种谬误填满了自己的大脑,想到这里,我便感到心情沉重。轮船来了,把我带走了。我在潮湿阴冷的夜里待在驾驶台上,看见那勾勒出波恩河畔轮廓的小灯逐渐熄灭,此情此景使我倍添逃亡之感。

尼采和一个同学在柏林住了两个星期,那人的父亲是个动辄指责别人、事后又后悔的富商。"普鲁士完了。"老人肯定地说道,"自由主义者和犹太人用他们的胡言乱语毁掉了一切。他们摧毁了传统、自信和思想本身。"年轻的尼采喜欢听这一类尖酸刻薄的话,并以波恩大学学生为依据来评价德国。他对所有的地方所有的人都看不顺眼。听音乐会时,和下层听众产生共鸣也会使他不自在。无论被主人邀请去哪个咖啡馆小坐,他都既不抽烟喝酒,也不搭理主人介绍给他的其他人。

他决定不再回波恩,而是去莱比锡完成学业。一到这个陌生的城市,他就立即去大学报到注册。这天是个节日,校长正在向全体学生训话。校长告诉他们说，一百年前的同一天，歌德曾经和他的长辈们一起在这儿注册。"天才有他自己的道路。"这位谨慎的校长立即补充道，"跟随天才们的道路是危险的。歌德不是一个好学生，你们学习期间切不可以他为榜样。""哦，哦！"青年们大笑着高呼着。被众人淹没了的尼采对于命运之神在此时把他带到这里感到欣慰。

他烧掉了一些还夹在他的作业本里的诗稿，又重新投入到了学习中去，并训练自己用最严谨的方法去研究语言学。然而对语言学的厌倦感很快便又卷土重来。他害怕与在波恩的那一年相同的情形再次重演，于是他又长篇累牍地在书信和笔记里发着牢骚。幸亏这一切很快就结束了，因为出现了一桩解救他心灵的大事。一次偶然的机会，他在书摊上看到了亚瑟·叔本华写的一本书——《作为意志和表象的世界》，作者本人在当时对尼采而言还是很陌生的。他翻了几页，书中遣词造句所表现出的气势、传神和天赋当场就将他震住了。尼采后来写道："我不知道是什么精灵在我耳边低语，'带上这本书回家吧'。我就这样获得了它。一走进房间，我就打开了我的宝贝，并听凭自己去接受这本力量充沛而又严肃阴郁的天才著作的影响。"

叔本华这本书的序言极其丰富，包括了这位被忽视的作家为三个版本写的三篇序言，而三篇序言发表的间隔又很长。它们分别写于1818年、1844年和1859年。这些序言傲慢尖刻，但没有表现出丝毫的不安。相反，深邃的思想和尖锐的讽刺在书中比比皆是。它们具有歌德的抒情性和俾斯麦一针见血的现实性，具有德国文学罕见的典雅优美和从容不迫。弗里德里希·尼采被书中散发出来的高贵气质、艺术情感和完全自由的精神征服了。叔本华写道："我认为一个人所发现的真理，或者他投射到某个幽暗地方的光芒，总有一天会打动另一个思考者，令他感动、欣喜，给他安慰。似乎他所说的一切全都是为了这个人，这正如那些和我们相近的灵魂在人生的荒漠里曾经对我们诉说，安慰过我们一样。"尼采被这些话深深地感动了，因为这个天才的话深深地触及他的心灵。

在叔本华的描写中，世界是恐怖的。世界不是由万能的神掌控，而是被链条般的法律牵引着，但是世界的永恒本质是驱使人们投入生活的盲目意志，而这就决定了世界对法律和理智分析的漠视。这种盲目性促成了宇宙中的一切现象，正如太阳促成一年中所有的白天一样，而空间则受到这种意识的分割和制约。"它是一种饥饿的意志，在自身基础上成长，因为除它之外，别无他物。"所以，它只能陷入对自己的痛苦折磨当中，生活中有着无限的欲望，而欲望带来无尽的折磨。19世纪的伟人信仰人的力量，但没有掩盖他们在潜意志中对人类的蔑视，蔑视这些"最后来到地球，大多只有三十岁的生物"。在大众的煽动下，哲学家们将"发展"这一愚蠢的发明提了出来，这个观点与理性的意志相对抗，反驳理性意志的无生无死是一种荒唐的谬论，而在发展的前提下，宇宙是客观的，没有意识的……这就是尼采在这两千多页的形而上学的小册子上读到的内容。在19世纪，这个观念是十分可怕的，因为它冲击了人们长久以来天真的信念，击碎了人们大脑中幼稚的美梦。尼采在书中体验到了叔本华那令人惊讶的激情，虽然他谴责生命，但是他在自己的作品里灌注了强烈的生命力，这样的矛盾让人们吃惊，人们在叔本华进行的声讨里发现的和敬畏的却依然是生命。

　　足足两个星期，尼采终日将自己泡在这本书和钢琴里面，他的睡眠时间很短，他总是在深夜两点睡觉，然后六点又起床，阅读之后他常常沉思，并在深思的间隙将自己的感想写成一篇《启应祷告文》。他的灵魂充实了：他看到了自身可怕的真相，但他自己却并不畏惧，因为在很长的时间里，他的本能就不断提醒他，让他提前做好接受这个真相的准备。在很早的时候，他写信给妹妹说："我们是在寻求宁静与快乐吗？不，我们寻求的只是真理，尽管它很邪恶。"尼采对叔本华书中那阴郁的世界表示承认。童年的沉思，埃斯库罗斯、拜伦和歌德作品的阅读已经给了尼采这样的预感，他甚至在基督教的象征中瞥见过它。这一邪恶的意志，欲望的奴隶，或者换个说法，使徒曾描绘的，现今连救世主赋予的神圣光芒都被收回的具有悲剧性堕落的本质是何物？尼采曾经担惊受怕，恐惧自己由于年轻和轻率而坠入这样的无间地狱，可现如今他敢于正视它，不再感到害怕，因为他知道，自己不再是孤独一人，叔本华是和自己并肩而战的。尼采折服于叔本华的智慧，并实现了自己多年来想要找到一个导师的深切愿望，对此，他感到心满意足。由于童年丧父，他甚至将叔本华称为自己的父亲，这种表现虽然有点过分，但父亲早年的去世已经让他将"父亲"这个称呼看得神圣而又温柔。他万分欣喜，但随即却又感到了深深的遗憾，因为叔本华刚去世不久，六年前，叔本华还活着，那时尼采还有接近他，甚至亲耳倾听他的教诲，向他表达自己最崇高的敬意的机会。但是命运之神残酷地把他们分开了，这种得到导师的欣喜和失去导师的悲哀交织在一起，将尼采完全淹没了。尼采开始变得神经质，想要重新回到正常人的生活，就必须要有一种强有力的努力才行。

年轻人对爱的崇拜是爱的一种形式。崇拜和爱带来的兴奋和喜悦，能够减轻生活中一切苦役的痛苦。尼采正处于这样的阶段。因为有了叔本华这个导师，他不再厌烦语言学，甚至参加了由里奇尔的学生成立的研究会。1866年1月18日，在阅读叔本华的作品几个星期后，尼采在研究会上向会员们展示了自己的成果，他详尽阐发了自己对西奥格尼斯的一些手稿及其《诗歌选集》的研究，他的讲演挥洒自如，充满激情，受到了会员的一致好评。尼采从来就是一个带着虚荣心的人，他喜欢成功，因此演讲收到的良好效果令他感到愉快。随后，他把这篇论文交给了里奇尔，里奇尔对这篇文章表示赞赏并且热烈地祝贺尼采，这使得尼采更加高兴了。自此之后，无论是尼采希望的还是在事实上，他都成了老师最看重的学生。

事实上，尼采从来都把学习语言学视作自己的次要任务，在他的眼中，语言学只是训练智力和谋生的手段。他的灵魂和所有深邃的灵魂一样饥渴，同时，和所有年轻的热烈的灵魂一样，在结束一天的枯燥工作后，他常常陷入忧伤的状态。现在他的悲哀已经不再是对虚度时间的哀悼，他在书信中的抱怨，最终总是会变成热烈的情绪，这种奇怪的转变不代表情绪的痛苦，而是代表着过度充分。以下摘录即是其中之一：

这是一封写于1866年4月的信，"有三件事在安慰我的情绪，它们实在十分难得——叔本华、舒曼的音乐和孤独的散步。昨天，天气阴沉，一场大暴雨转眼即到，我快步走向邻近的小山（谁能给我解释下它的名字"洛伊施"的意思？），往上攀登。山顶上有一个棚屋和一个男人，男人正在屠宰两只羔羊，他的孩子则站在一边观看。一会儿，暴雨夹杂着轰隆的雷声和冰雹倾盆而下。暴雨让我全身畅快，充满了力量和激情，而且我完全明白，只有远离一切忧虑重负，才能像我一样了解自然，在自然中获得解脱。当物我合一时，那些尘世纷繁与我何干？永恒的能动与使动又与我有何瓜葛？闪电、暴雨和冰雹与这一切迥然有别，伦理无法约束它们，因此它们自由自在！这种状态让它们如此幸福并且万分强大，它们即是不受心智扰乱的纯粹意志！"

1866 年夏，尼采泡在莱比锡的图书馆里，他手里有一些深奥难懂的拜占庭时期的手稿，他将为它们做出解释。突然，他的注意力被一幕类似奇观的事件吸引了：普鲁士韬光养晦五十年，等到重出江湖时便扮演了一个好战者的角色。俾斯麦成为腓特烈大帝王国的一个新领袖，俾斯麦是一个感情热烈、性情暴躁、精明圆滑的贵族，他统一天下，建立大一统的帝国，实现所有德国人的梦想，在一次和奥地利发生争执的时候，俾斯麦命令毛奇领兵奋战二十天，打败奥地利。而就在这一时期，尼采在一份备忘录里写道："这个星期是萨多瓦节，我刚刚为莱茵博物馆完成了撰写《西奥格尼斯》的工作。"虽然尼采没有停下手头的工作，但这些政治大事却让他印象深刻，他自认为是普鲁士的一员，他热爱祖国并为民族的胜利感到骄傲，但是他在快乐之后依然冷静："这是我从未体验过的快乐，我们胜利在望，可是只要巴黎仍是欧洲的中心，那我们的努力就都是徒劳的，我们必须做的是努力打破这种平衡，就算不成，我们也要尽量去打破它。如果我们的斗争失败了，那么就让我们大家一起为国家而死。"这是尼采对胜利的反思，他洞见了胜利的后果，并把它清楚地表达了出来。

对未来的展望并没有扰乱尼采的心智，这种展望正好契合他那忧郁悲观的趣味。他精神抖擞，赞美之情喷薄欲出。

"有时候，"他这样写道，"我努力让自己清醒，不让自己因为一时的情绪和对普鲁士的情感而冲昏了头。在我所看到的，这种完全由某个政府、某个领导主导的事情，是被历史的前进所推动的行动。我很清楚，这种行动一点都不道德，但是对那些期待着它的人来说，这种结果充满了美感，并引人奋进。"

这种感情，和尼采在那个暴雨天里站在洛伊施山顶上，平静地看那位农民宰杀两只羔羊时几乎一样。"不受心智扰乱的纯粹意志！它们是如此幸福又是如此强大，它们就是不受心智扰乱的纯粹意志！"

在莱比锡度过的第二年，也许是尼采这一生中最快乐的时光。导师叔本华给他带来了精神上的安全感，这让他享受其中。他在给朋友杜森的信中写道："你要我证明叔本华的正确，打个简单的比方，导师就像我脚下的土壤，让我扎根其中，有了他我才能怀着勇气和自由平静地看待生命；形象地说来，导师就像我脚下的阶梯，让忧郁的潮水无法淹过我的头顶，不能将我冲出路边。因为有了导师，即使在那些人迹罕至的领域，我依然能够像在家中那样悠闲自得。"

这一年平静而又充满了友爱，公共事务并不让尼采发愁。普鲁士在取得短暂的胜利之后，重新走回到了平庸的正常的日常道路中，而此时评论界和新闻界依然对普鲁士官方的行动喋喋不休，对此，尼采一概置之不理。他写道：

现下没有多少人在忙那些具有真正重要性和真正意义的事情，他们大多智识庸常，这种思潮值得人们警觉。产生这样的想法，也许是因尼采为自己参与了这场戏剧性事件而后悔，至少导师叔本华就教导他历史和政治都是虚幻的游戏，这一点尼采从来都没有忘记过，但是他的评论是为了肯定导师叔本华的思想，解释平庸、激情的意义和价值。

历史就是一个人们为了数不胜数的利益而进行永无尽头的生存斗争的过程。许多人自认为有信仰，这样他们就能从中找到了斗争的直接动力，但实际上，这所谓的信仰，不过是在历史汹涌澎湃的海面上一闪即过的反光罢了。对于大海来说，它们微不足道，但人们放大了它的作用，认为它修饰了海浪，这是很常见的情况，但人们没有注意这束光是从月亮或是太阳或是某个灯塔上照过来的。真正的结果是海浪只会在它掠过之际忽明忽暗而已。

尼采对艺术、思考和古代语言学本质特征的研究有着浓厚的兴趣，他把全部精力都投到了这几方面上。他喜欢里奇尔老师，认为"他是我的科学良知"。尼采积极参加研究会举行的各种晚会，这些晚会气氛融洽，他参加了研究会演讲和讨论并制定出了工作计划，虽然这些计划需要大量的时间，但他依然将这些计划推荐给了他的朋友们。他选择第欧根尼·拉尔修的原始文献作为研究课题,而第欧根尼·拉尔修的最大贡献就在于他为后人编辑保存了古希腊哲学家们的珍贵信息。尼采期待自己能够写一篇具有远见卓识的研究报告,在他的设想中,这个报道既要论证严谨又要行文优美。他写信给杜森说:"你一定也已觉察到,一切重大作品都具有精神层面的影响。那种全心全意为材料寻找和谐形式的努力和石子投入水中的效果相同,它泛出的波纹由小逐渐扩大,并不断产生着更大的波纹。"

4月份,尼采将全部的笔记集中起来并加以系统化,他沉浸于文章的美感之中。他不喜欢学究们的写作方式,因为那些文字失去了词的韵味,而句子的过分匀称让文章看起来显得很空洞。他期望着深奥优雅的语言。"所有限制都从我眼前消失了。"他写道,"这个国家不讲究文体风格,我在这种恶习中浸淫已久。但我在'你应当写作,你必须写作'这一无条件的命令中惊醒。我曾经试图出色地写作,但离开普尔塔后我完全忘掉了这件事,长久的生疏让钢笔在我指间突然变得生硬。我感到绝望,情绪失控。我听见莱辛、利希腾伯格、叔本华说过的原则在我的耳边回响,斥责着我的懒惰。不过我还记得这三位作家都认为优秀的写作是件很难的事,在写作上没有天才,文风的获得要求持之以恒,像砍伐坚硬的树木一样……首先,我希望我的文字流淌出一种欢快的情绪,我会将留恋弹琴的毅力运用于此。我希望我最后弹奏出来的不仅是乐谱本身所记载的曲调,还是充满自由奔放情感的幻想曲,它要尽可能自由,但同时又要合乎逻辑和美感。"

尼采发现了一个朋友,这样的喜事让尼采感情上的欢乐变得更加圆满。尼采忠诚于与童年玩伴间的友谊,但此时,他的那些朋友中的一个已经去世了,另一个则由于生活和职业的关系已经和尼采分别了十年,时间和空间的距离让尼采生疏了这段友谊。在普尔塔的时候,尼采又结识了好学的杜森和忠诚的格斯道夫,如今他们中的一个在蒂宾根读书,另一个远在柏林。尼采怀着巨大的热情,一直保持着和朋友们的通信,但是通信远不能满足朋友之间对问题的交流和对感情的倾诉的需要,因此尼采十分渴望友情。最后,尼采结识了欧文·罗德,此人精力旺盛,聪明颖悟。尼采一眼就喜欢上了对方,并对欧文崇拜备至。尼采的友谊建立在崇拜之上，他用高尚的眼光看待自己的新朋友，并钟爱着对方。每晚结束了紧张的工作之后，这两个年轻人就聚在一块儿，他们喜欢在一起散步或者骑马，时刻都保持着交谈。"这种建立在精神交流和哲学基础上的友谊令人感到非常愉快。"尼采这样写道，"我们的很多观点都不一致，经常进行激烈的辩论。这样的辩论会使我们双方的思想发生更深刻的变化。争论之后，我们互相抵触的思想静默了下来，洋溢着静穆的情绪，在互相包容。"

尼采和他的朋友定了一个约定，他们决定假期的前几个星期要一起度过。等到暑假来临，他们离开了莱比锡，前往人烟稀少的波希米亚边区做徒步旅行。波希米亚边区是高原地带，林木丛生，景色和法国的孚日山脉非常相似，只是没有那么壮观。尼采和罗德带着极其简便的行装，终日漫游，他们连书都没有带。从一个旅馆走到另一个旅馆，过着无忧无虑的生活。在旅途中，他们以叔本华、贝多芬、德国和希腊为话题，带着年轻人的机敏对各种问题做出了评价和批评。

他们对于科学都有着相同的排斥，"啊，愚蠢的博学！"他们说，"诗人歌德发现了古希腊的民族精神。他用梦幻的色彩规范了这种精神，并将它作为丰富而又清晰的美的典范，向德国人展示了出来。后来的学者们便追随他，对古代社会做出了各种诠释。可是他们鼠目寸光，将这奇妙的艺术工作变成了科学命题，并将所有的问题都挖了个透——泰西塔斯、离格、动名词在非洲的拉丁文作家中的演变，就连《伊利亚特》语言上的小问题也不放过，他们甚至挖掘出这些小问题与雅利安语的关系。可是这些研究成果又有什么意义呢？歌德早就注意到《伊利亚特》那独一无二的美，但他们却忽略了这一点。我们要制止这种无聊的游戏，这是我们的责任。我们要回到歌德的道路上，不是分析解剖古希腊精神，而是要让这种精神发扬光大，并将这种精神传播到人民之中。学者们纠缠于细枝末节的探究已经太久了，现在该让这种探究停下来了。我们这一代人的责任是要参与到辉煌的遗产中，而不是冷眼旁观。

经过一个月的旅行和交流，两个年轻人离开了波希米亚边区，来到一个叫迈宁根的地方。此时，悲观主义哲学家们正在这座小城里举行一系列音乐会。弗里德里希·尼采在一封信里详细记录了这次演出："乐队指挥是李斯特神父，在音乐会上，乐队演奏了汉斯·冯·布娄的交响乐诗《涅槃》，主办方在节目单上用叔本华的格言对这首诗的含义做了解释，不过这无法掩盖那音乐的糟糕。但是李斯特在他自己擅长的如《祝福》一般的宗教性作品中表现甚佳，而他在探索《涅槃》的印度文化特征方面也取得了非凡的成功。"在音乐节结束的第二天，尼采和罗德结束了一个暑假的共同旅行，各自回到了家中。

尼采一个人待在瑙姆堡，在这期间，他做了各种各样的工作并进行了广泛的阅读。他阅读了哈特曼、杜林、朗格、巴恩森这些年轻的德国哲学家们的著作，并做了仔细的研究。他深深敬仰着这些哲学家并把他们看作自己在思想上的亲密战友，他渴望同他们结识，和他们并肩创办一份评论，并在上面发表自己和他们共同创作的文论。他计划了一篇关于叔本华的宣言，在这篇预计的短文中，他想将叔本华的思想发扬光大，并且以此使叔本华成为同时代人的导师。文章是这样写的："在所有的哲学家中，叔本华是最真诚的。"虚假的感觉从来不曾束缚叔本华的心智，这样的坦诚和勇敢使得叔本华具有成为领导者的潜质。尼采还写道："叔本华统领我们的时代：他的悲观主义建立于理智之上；睿智却又无法不严肃，他是复兴古典主义和德国希腊精神的哲学家……"

正当尼采全身心投入工作的时候，他的生活突然发生了变化。由于眼睛的高度近视，尼采一直不用去服兵役。然而到了1867年，普鲁士在政治上的扩张导致军队急需大量士兵，于是尼采被招入驻扎在瑙姆堡的炮兵团。

在旁人看来，入伍是一件令人烦恼的事，但尼采却充分利用了它。生活中总是有各种机会，面对这些机会，人们应当像艺术家一样，从众多元素中提取出命运所需要的元素，这始终是尼采的一条生存原则，并且他也在忠实地践行。因此，当尼采一进入兵营，他就决定要全力以赴服好兵役，此时正当战争时期，履行军事义务为的是保家卫国，服兵役被人们看作神圣的事业，而尼采也认为投笔从戎是一件对健康有益的事情，因此他认真地去做一名炮兵，而且立志要做一名出色的炮兵，为祖国效劳。他用夹杂着希腊文的德语这样写道：

"这种生活让我很不习惯，"他接着写道，"但是它却是有益的，就好像正餐之外的点心一样，虽然不能填饱肚子，但是却可以补充营养。短短的时间中我的感受非常深刻，服兵役对人的精神活力有着持久的影响，一进入兵营，从前软弱无能的怀疑主义就会完全消失，从这一点来说，服兵役具有至高的价值。我们都知道怀疑主义会带来的后果。在营地中，各种训练和行动可以让人不断看清自己身上的天性和它带来的好处与坏处。兵营里都是些陌生人，大部分人的行为粗野……但是首长和士兵都对我和蔼可亲，他们赞赏我对每一件事都表现出热情和兴趣。试想一下，一个新兵在三十个人的骑行比赛中出类拔萃，引人注目，这难道不会让这个新兵感到万分骄傲吗？在我看来，同一张语言学文凭比起来，这样的荣誉要有价值得多。"

紧接着，尼采全文引用了老里奇尔为赞扬他那篇学术论文所写的推荐信，这封推荐信行文优美，具有西塞罗风格。尼采想以此来表达他内心的快乐，他还这样写道，"我们就是这样一种不善于掩饰情绪的人。我们深刻地了解了这种表扬的价值，因此脸上惬意的笑容是无论如何都无法掩盖的。"

这种乐观情绪持续的时间并不长。很快，尼采就意识到，一个沉浸于文学，并且整日思考德谟克利特哲学问题的人，投笔从戎做了一个马背上的炮兵实在是件不幸的事情。

尼采对自己受奴役的处境感到悲哀，但他最终从这种痛苦的生活中挣脱了出来，他从马背上摔下来，肋部受了伤。虽然伤痛折磨着他，但他却因祸得福，又有了闲暇，可以进行一生中最喜欢的研究和思考。他连续卧床一个月，一直躺到了美丽的五朔节，节日的来临使他开始变得焦躁不安，他甚至开始怀念起操练时的自由生活。他给格斯道夫写信时这样说："我以前可是经常在险峻的道路上骑行啊！"为了减轻自己的烦躁，他开始研究西蒙尼德斯的诗作《达那厄的哀诉》，在短期的工作中，他修正了原文中带有疑问的词语，并且将研究成果以信件的形式寄给了里奇尔。信是这样写的："从学生时代起，这首描写达那厄的美丽诗歌就深深埋在了我的心里，这些旋律令人难以忘怀。五朔节的到来，会使一个人变得抒情，更像诗人，这难道不是被很多人认同的观点吗？但是如果这是真的，那么至少这次你在我的论文中看不到'抒情性'的结论。"

尼采的脑子里满是达那厄，这位可怜的女神和她的孩子一起被抛弃在了变幻莫测的汹涌波涛中。在尼采的信里，他和女神的哀诉交织缠绵，此时的尼采正遭受着病痛的折磨，伤口迟迟未能愈合。一天，他的伤口化脓了，一块骨头的碎片从伤口处露了出来。"这一情景令我产生了奇怪的印象，"他这样写道，"我开始明白，我的计划、考试、去巴黎的旅行统统都要泡汤了。只有当一个人看到他自己的一小片骨骼时，人类的脆弱才会彻底暴露无遗。"

上文提到的巴黎之行是他最新的一个想法。他很重视这个计划，同时尼采又是一个从来都不会独享欢乐的人，因此他必然要写信告诉他的朋友们，格斯道夫、罗德、克莱默保尔和罗门特。他对他们写道："当我们毕业时，我们一块儿去巴黎过冬吧！在那里，我们可以忘掉学业，我们也可以不再卖弄我们的学问。让我们见识一下康康舞和绿色的苦艾酒吧，我们可以好好品尝它。让我们去巴黎像兄弟一样地生活，漫步在林荫大道上吧！让我们作为德国青年的代表到那里去吧，我们不会虚度光阴，我们会不时地给报纸投点小短文，向世界披露巴黎的逸闻趣事。经过一年半载或是两年（他将这段时光设想得很长），我们将再次回来参加毕业考试。"罗德答应了尼采的请求，这大大地减轻了尼采一直以来的急躁，他忍受着病痛，直到夏天过去后才进入到了虚弱的恢复期，最后他终于痊愈了。10月初，尼采在瑙姆堡无法享受到音乐、社交、交谈、剧院等文化活动，文化生活的极度缺乏使他重返莱比锡。老师和同学们都在热烈地欢迎着他的回归，对此他感到很快乐。此时的尼采还是一个不满二十四岁的小伙子，但是他的前途却已经一片光明了，柏林一家重要的评论杂志向他约稿，他们想要一些历史研究方面的论文，尼采接受了邀请。同时，莱比锡一家音乐评论杂志发出了邀请，想聘请尼采做编辑，但是尼采最终还是拒绝了他们的再三请求。在此期间尼采给罗德写信说："我先是推辞，而后便是断然拒绝。"尼采爱好广泛，但爱好中却不包括政治，他讨厌公共集会上的嘈杂。他说："我坚决不做一个愚蠢的政治家。"格斯道夫告知尼采一些有关议会在柏林的阴谋，对此，尼采立即回信道：

我十分震惊，对于这些事情，我既不能很好地理解，也完全不能够接受。

除非我不再属于人民这个阶层,可以分别考虑某个当权者所做的事情。俾斯麦总是能给我带来巨大的满足。他的论文就像是高度酒,能带来强烈的快感,每次我总是把酒含在嘴里,尽量让自己不要咽得太快,从而尽可能地延长酒所带来的快感。对于你告诉我的关于他的对手们的阴谋,那实在是太容易猜到了,因为任何低级、狭隘、偏执和有限的事物都必然会反对这样高昂的天性并同它做殊死的斗争。

此时的尼采沉浸在众多的欢乐当中,随后,一桩巨大的喜悦又不期而来。尼采又发现了一个新的天才:理查德·瓦格纳。几乎与他同时,整个德国都看到了这个人所散发的光芒,也发现了这个人性格当中的暴烈,但德国人对这个集诗人、作曲家、政论家、哲学家于一身的男人还是赞赏有加。他在德累斯顿是个激进的革命者,在巴黎是个不被政府欢迎的作家,在慕尼黑又是宫廷的宠儿。德国学术界讨论他的作品,嘲笑他的债务缠身和那件猩红色的长袍。总之,瓦格纳的生活夹杂着真诚和虚伪、卑贱和伟大,要对他这种有时强大有力却又经常废话连篇的思想做定论不是一件容易的事。理查德·瓦格纳到底是个什么样的人?一个不安的灵魂?一个天才?人们很难了解,尼采也在很长的时间里没有下定论。理查德·瓦格纳的《特里斯坦和伊索尔德》深深地打动了尼采,但他的其他作品却令他感到不安。1866年10月,尼采写信给格斯道夫,他在信中这样写道,"我刚读完《女武神》,我的感觉是如此的混乱,以至于我无法下结论。里面巨大的美和善与缺陷和不足数量相等,因此相互抵消。$0+a+(-a)=0$,结果就是这样的。"在另一封信里他又写道:"瓦格纳是个无法令人轻易搞明白的人。"他当时更喜欢的是音乐家舒曼。

瓦格纳可以让这个世界给予他无穷的荣誉。1868年7月,他在慕尼黑上演了诗剧《音乐协会》。在这出壮丽通俗的诗剧当中,充斥着雄辩、娱乐、劳动和爱以及被自我美化了的艺术和音乐,德国大众和作战英雄成了主角,当时的德国正处于上升时期,因此具有自我膨胀的需要,而这出诗剧中洋溢着自信和热忱,因此创作者瓦格纳受到了热烈的欢迎。在1868年的最后几个月里,瓦格纳得到了前所未有的荣誉，他越过了荣耀那条无形的界线，进入到了不朽的伟人殿堂。

尼采也听了《音乐协会》，剧中不可思议的美让他素来吹毛求疵的喜好也消失不见了。"一个人要想走近瓦格纳，那么整个人就必须有点激情才行。"他在信中对罗德写道，"在听他的音乐时，我试图保持冷静，可是我的一切努力却都只是徒劳。他的音乐如此强大以至于让我体内的每根神经都在震颤。"尼采的心被这种奇特的艺术牢牢地抓住了，他希望与自己的朋友们来共享这新的激情，他向他们讲述了自己对瓦格纳的印象，他这样写道："在昨晚的音乐会上，《音乐协会》的序曲给我带来了持久的震撼，我好久都没有这样的感觉了。"此时，瓦格纳的妹妹布罗克豪斯夫人正好住在莱比锡。和其他妇女相比，她非同寻常，而她朋友们说她和她的哥哥在特质上极为相似。尼采被这位夫人吸引了，想要接近她，这个要求并不过分，并且很快就得以实现。

他写信告诉朋友罗德：

几天前的一个晚上，我回到家后，发现了一封信，这封信是一张便条，指明要我亲自开启，信上写的是："如果你想见到理查德·瓦格纳，请在三点三刻去剧场咖啡厅——温德西。"我真的是被这条消息搞得晕头转向，就好像一股旋风向我冲过来，击中了我那样。当然，我立即出门去找温德西，因为我知道他会给我更多的信息。后来，温德西告诉我，瓦格纳现在正隐居在莱比锡的妹妹家里，这个消息极为隐秘，甚至连新闻界对他的到来也一无所知。布罗克豪斯家的仆人们对这个消息都守口如瓶，就像过世的人保守着自己的秘密一样。瓦格纳的妹妹布罗克豪斯夫人只向哥哥推荐了一位客人——里奇尔夫人。这位夫人的判断力和洞察力你是知道的。如此一来，布罗克豪斯夫人获得了双赢，她既可以在哥哥面前展现自己那令人骄傲的朋友，又可以在朋友面前炫耀自己哥哥的伟大，她非常享受这其中的乐趣，并为此感到快乐。当里奇尔夫人去做客时，瓦格纳演奏了自己《音乐协会》中的抒情曲，我相信你对这抒情曲也是十分熟悉的，这位优秀的女士告诉瓦格纳，在我的影响下，她对这出音乐已经非常熟悉了。对于里奇尔夫人的话，瓦格纳感到既骄傲又惊讶，于是他急切地想要私自会见我。他们已经做出了决定,在星期五晚上邀请我前去拜访。温德西也向他们转达了我的意思,但是很遗憾,由于职务、工作和其他的限制,我无法在那天前往,因此我建议他们将会见时间改在星期天下午。那天,温德西和我一起去了那幢房子,教授一家都在那里,可独独就缺了理查德·瓦格纳:他化了妆,用某种巨大的头饰盖住自己的脸出门了。里奇尔夫人将我介绍给了这个杰出非凡的家庭,我接受了他们一家要求我于星期天晚上到访的诚挚的邀请。

你可以想象得到,在接下来的几天中,我会有多么地激动。你得承认,在我新加入的这个社交圈里,肯定有着某些类似传奇的东西围绕在这位难以接近的英雄周围。我将要出席的是这样一个重大的场合,对此我十分重视,因此我要好好地修饰一下。凑巧的是,我的裁缝答应在星期天给我送过来一件新做好的黑色燕尾服,真是万事顺利啊!星期天那天,天气恶劣,雨雪交加。一般人都不会想出门,因此R下午的来访让我万分感动,我非常兴奋,没感到一点懊恼。他和我喋喋不休地谈了一大堆诸如埃里亚哲学及其哲学中上帝之本质等问题。他是学校奖学金的候选人,正在着手准备一篇由亚伯伦斯命题的《亚里士多德之前上帝思想的发展》的论文,而他当时真正的工作是在解决有关意志的问题。夜幕降临之时,罗门特起身告辞了,可此时裁缝却并没有赴约。

我陪着他出门,一直走到了裁缝店门口。一跨进店门,我便看到裁缝的伙计正在缝制我的衣服,而他们再次向我保证一定会在三个小时之内就把衣服送到。我离开了裁缝店,对事情的一切进展都深感满意。在回家的路上,我路过了京茨西,买了份《风言风语》,报纸上的一条新闻让我颇为满意,文章大意是说瓦格纳正在瑞士,政府正在为他建一所漂亮的房子。这条新闻对于我来说毫无意义,因为我知道自己马上就可以见到他,我甚至知道昨天他收到了那个年轻国王的来信,国王在信封上写道:伟大的德国作曲家理查德·瓦格纳收。

我回到了家里,可是裁缝却依然没有来。我坐了下来,开始惬意地读着一篇研究欧多西亚的论文,远处不时传来令人讨厌的噪音,这极大地分散了我的注意力。最后,我听到了那道关闭了的古旧的铁格栅被敲击的声音……

敲门的人是裁缝，他给尼采带来了新的燕尾服，尼采试了衣服，觉得非常合身。他向这位巧手艺人表达了自己的感谢，可是裁缝却站在原地，要尼采当即将报酬付给他，当时尼采正处在经济窘迫的时候，只好提出了另外一种支付意见，可是裁缝却拒绝了这一方案，面对裁缝的意见，尼采也采取了强硬的态度，裁缝见尼采并不付钱，便又拿着衣服离开了，只留下尴尬的尼采一个人待在房间里。他正垂头丧气时，突然想起了自己的另外一件黑色礼服，在尼采眼里，这件衣服似乎无法被穿着"合适地去见理查德"，但最后他还是把那件衣服穿上了。

此时已经是八点一刻了，门外还下着倾盆大雨。再过一刻钟我就要和温德西在剧院咖啡馆见面了。我冲进了这黑漆漆的雨夜，此时的我是个穷光蛋，穿着一身黑，连件像样的燕尾服也没有，但这并不妨碍我情绪的激动。命运女神眷顾了我，在这个寒冷的雪夜里，我觉得平日里普通的街道被罩上了神秘和不同寻常的气氛。

当我们走进了布罗克豪斯家舒适的客厅时，客厅里坐着几个他们家的近亲，除此之外，别无他人。他们将我介绍给了理查德，面对他，我只是简短地说了几句话，向他表达了我的敬意。他对我成了他的音乐的忠实信徒这一件事非常感兴趣，一边不厌其详地问我整件事的情况，一边高声诅咒他自己创作的所有作品，当然这些被诅咒的作品不包括他在慕尼黑写的那些令人称赞的作品。他滔滔不绝地嘲笑了弦乐队的指挥们，他认为那帮家伙总觉得自己很懂音乐，老是做出忠告："如果你们愿意的话，先生们，再多一点激情。来吧，情绪再饱满一些，朋友们！"他操着惟妙惟肖的莱比锡口音说。

我是多么想与你共享那晚的欢乐，它是如此的生动如此的特别，深深地印在了我的心里，以至于到如今我都无法恢复原有的平静，使我无法用优美的语言向你叙述这件令人激动的事情。在晚饭之前，瓦格纳亲自演奏了《音乐协会》中的所有主题音乐，并自己模仿了全部的声音，这个过程我无法描述，只能留待你自己去想象了。瓦格纳说话时思路异常敏捷，表述生动活泼，他那充沛的感情和幽默可以打动所有人，当然也包括我们。其间，我还花了很长时间和他聊了叔本华，他深情款款地将他所取得的所有成就都归功于叔本华，他对我说，叔本华是所有哲学家中唯一可以理解到音乐精髓的人。天啊，你可以想象得到，听到他这么说时，我是何等的高兴。接下来，他又问我目前哲学界对叔本华的看法是什么，并且尽情嘲笑布拉格的哲学协会，后来他还谈到了哲学家的家庭生活。在谈论了哲学之后，他又为我们朗读了他正在写的回忆录中的片断。回忆录中所写的是他在莱比锡的学生时代，那个场景十分有趣，即使是现在，我一想到他的描述也会情不自禁地大笑起来。他思路的敏捷、语言的幽默，简直令人惊异。

最后，温德西和我准备告辞时，他热情地同我握了手，并非常友好地邀请我下次再去跟他畅谈音乐和哲学。他委托给我一个任务，就是向他的妹妹和双亲讲解他的音乐，这是一个让我十分满意的任务，我相信我会满腔热忱地去完成任务。当我在不久的将来，心情能够完全平静下来时，我会更为客观地回忆这个夜晚，在信中详细地给你讲述今晚的事情。最后，真诚地问候你，并衷心地祝你健康。

尼采并没有等待到内心沉静以至于可以好好回味的那一天。他结识了一个圣人，内心受到这个天才的强烈冲击，而震撼的感觉则一直都在他的心里没有消失。他详细地研读了以前被他忽略了的瓦格纳的作品，并认真思考了其艺术作品里所表达的理念，瓦格纳采用了一种方法，可以把诗歌、造型艺术以及和声的分散美融于一体。通过瓦格纳的理想，他看到了德国精神复兴的方向，从此，他那敏感的心灵也开始朝着那个方向奔驰。

一天，里奇尔对他说："我有一个让你大吃一惊的消息，你愿意成为巴塞尔大学的教授吗？"这个消息确实让尼采极为惊讶，因为那时他才二十四岁，资历尚浅，甚至还没有获得毕业文凭。里奇尔不得不把这个令人震惊的提议再次重复了一遍。他解释道，巴塞尔大学向他寄来一封信，在信中他们向他询问发表在《莱茵博物馆》上那篇出色论文的作者弗里德里希·尼采先生是个什么样的人，他是否能够胜任大学语言学课程教授的职务。里奇尔在回信中向他们解释，弗里德里希·尼采先生非常年轻，但他确实已经具备了去做任何他自己选择的工作的能力。他甚至在信中这样写，说尼采先生是一个极富天分的年轻人，尼采应聘大学教授这件事虽然没有最后敲定，但从目前的情况看，巴塞尔大学对他很满意，应该很快就会发来聘书。

对于这个消息，尼采深感不安，一方面他为这件事感到骄傲，另一方面他又十分难过，因为这就意味着他最后一年自由的时光即将消失了，而他为最后一年制订的学习计划、广泛阅读和旅行的设想也都统统泡汤了。眼看着种种幸福生活在眨眼间就要化为泡影，尼采深感悲伤，但是他又怎么能够拒绝这样一个令人倍感荣幸的建议呢？在里奇尔眼中，此时的尼采对即将到来的工作感觉良好，反而对未来有着种种的疑虑，因此他必须要先打消尼采内心的疑虑。这位年长的学者真心诚意地喜欢着他这个天才学生，里奇尔先生兼见解独到的语言学家、形而上学家和诗人几种身份于一身。但他依然喜欢尼采这个年轻的弟子，他喜欢并且信任他。但是里奇尔先生内心深处却有着一丝忧虑，他怕尼采迷失在自己过多过好的天性之下，兴趣广泛却浪费了天赋。因此在尼采学习的四年时间里，他不断地向尼采重复着同样的告诫：要强大自身就必须约束自身。现在这个时候，他更为迫切地给尼采重复着这个理念。尼采理解老师的苦心，所以做了让步。他立即写信给自己的朋友欧文·罗德，他在信中这样说道："不要再想我们的巴黎之行了！我肯定要去巴塞尔大学任语言学教授，因此我不能去了。我这个人兴趣广泛，甚至想过要研究化学呢！从今以后，我必须得学会放弃。去到巴塞尔，我会多么孤独啊！我没有朋友，没有一个人能跟我在思想上产生共鸣，就像音乐中的三度音调、小调或长调那样的共鸣。"

考虑到尼采一直以来的优异表现和眼下特殊的情况，莱比锡大学同意他没有经过考试就毕业，莱比锡大学的教授们可不愿刁难他们的巴塞尔大学的同行。

之后，尼采回到了瑙姆堡，他花了几个星期跟家人们待在一起，对于这个结果，全家都倍感欢乐和骄傲，在他们看来，尼采如此年轻就已经获得了大学教授的职位！可是尼采总是不耐烦地驳斥她们："这有什么大不了的？只是世界上又多了

一个教书匠而已。"4月13日,他给格斯道夫写信说道:

　　这是我在家里度过的最后的假期,最后一个夜晚。明天一早我就要离开家庭,去投身于这个大世界了。从此之后,我要开始承担责任和义务,我全新的职业生涯即将在沉闷的气氛中开始。我不得不对我的过去说声再见:永别了,我那自由自在、无拘无束的黄金时代,那时的每分每秒都纯属于我一个人。从此之后,艺术和世界就只是纯粹的图景,只存在于我的精神之中——这一时代将永不复返。现在,冷酷的责任女神开始主宰我的生活,而我悲伤的时代自此也拉开了序幕。你还记得那首忧伤的学生之歌吧,是的,是的,现在我已经和歌词里所说的一样,变成了一个庸人。

　　无论何时何地,谚语总是会得到应验。要想得到回报就必须要付出。但是必须要明白,束缚自己的东西是阻止你前进的铁链还是帮助你向上的绳索。面对生活中的未知环节,我仍然有勇气去打破它,我愿意冒着这样或是那样堕落的危险去尝试危险的生活。迄今为止,我还没有在我身上看到任何可以胜任教授这一职位的特质。宙斯和缪斯垂青于我,让我有机会与众不同,免去流于平庸的命运。我无法想象出自己成为我所不齿的人的场景。除此之外,我更害怕自己落入成为职业动物的庸俗之中,但只要投身于工作当中,堕落是一件很自然的事情。每日工作,持续专注于整件事和某个问题,这种生活状态就像秤砣一样压迫着我的心灵,让我无法感受到自由的气息,我相信这种感觉完全能够毁掉我心中那哲学感的根基。尽管如此,相比大多数哲学家而言,我相信自己能够更为平静地面对这种危险,因为我心中有着哲学家所特有的严肃,伟大的神秘教义者叔本华已经清晰地向我揭示了生命和思想之真实和基本的问题,以至于我决不允许自己可耻地背叛自己的思想。我的愿望很简单:我想用这种新鲜血液使我的科学研究重焕青春,并向我的听众宣讲叔本华的真诚,让这位高尚的思想家的前额焕发异彩。这样的期望很大胆,因为我所要做的不仅仅是老师。我一直在对我们这个时代老师的职责进行思考,我急切地关心着我们的下一代,这使我十分向往老师这个职业。我们无法逃避人生,因此我们必须忍受然后竭尽全力地去利用它。当我们解脱之日，我们至少还能够告诉别人我们生命中的价值。

弗里德里希·尼采简直是在杞人忧天，要是他能够预知未来的生活的话，他的心情就一定不会如此悲伤，反而会十分兴奋。理查德·瓦格纳，他所崇拜的伟人，住在离巴塞尔不远的地方，并且即将成为他的朋友。

第三章　尼采和隐居于特里伯森时期的瓦格纳

　　尼采到巴塞尔大学入职了，他搬进了自己选定的住所，认识并拜访了同事们。但是这一切并不能抹去瓦格纳在他脑海中留下的影子。当到巴塞尔三个星期后，他和一些朋友们去四郡湖远足。一天早晨，尼采离开了朋友们，一个人徒步走在河边，瓦格纳的隐居处特里伯森就在这个河边。瓦格纳的住处坐落在湖上，那个小岬深入到湖中，一座宁静的别墅和花园静静地矗立在它的上面，即使站在远处，都能看见庄园里那高高的白杨，它们绵延成一片。

　　此时大门紧闭着，瓦格纳的住所掩映在了树木之中，尼采站在外面按响了门铃。在等待开门的过程中，尼采环顾四周并认真地倾听，一阵和声传了过来，随即一阵脚步声也传了过来，将和声掩盖了。很快，一个仆人走出来打开了大门，尼采将自己的名片递给了他，仆人将尼采留在门外，接着尼采又听到了相同的和声，这和声哀而不伤，在院子里回环往复着。迟迟未现身的主人停止了演奏，但几乎同时又开始了他的练习，忽高忽低的调子从庄园里飘了出来，直到再一次变调，重新又回到了原先的和声。仆人再一次从屋子里走了出来。他说瓦格纳先生想知道来访者是否是他那天晚上在莱比锡见到的那个尼采先生。尼采说是的，仆人接着说："那么尼采先生不介意午餐时再来吧？"但是尼采考虑到自己的朋友们还等着他，于是不得不拒绝了这一提议，仆人再一次离开了，等到他再来时，他带回了瓦格纳新的一条口信："那么尼采先生是否愿意在圣灵降临节的那个星期在特里伯森度过？"尼采喜欢这个邀请，于是他也就接受了。

在瓦格纳一生最鼎盛的时期，尼采开始与他进行交往。这个伟人离群索居，远离公众场合、记者、大众，独自一个人生活。他刚刚与李斯特与德古特夫人的女儿、已经离婚的汉斯·冯·布娄夫人结婚。瓦格纳的新夫人是个令人艳羡的女子，她继承了父亲和母亲的天赋。但是抱残守缺的德国法利赛教徒们对这次挑战世俗的婚姻大为不满。此时，瓦格纳正在隐居中完成他的作品：这部作品极其宏大，由连续四幕的庞大歌剧组成。瓦格纳创作这部作品不是为了人们的享乐，而是为了扰乱和拯救他们的灵魂。这部作品超乎寻常的宏伟壮观，因此在瓦格纳的眼中，没有一个观众配听它，没有一个歌唱队配演唱它，没有一个足够宽阔足够辉煌的舞台能够淋漓尽致地展现它。这是一部多么了不起的作品，它必定会让全世界都拜倒在理查德·瓦格纳的脚下。此时，瓦格纳已经完成的作品有《莱茵河的金子》、《女武神》，而《齐格弗里德》[1]也在创作中，并已经接近完稿了。在这部伟大的作品中，他慢慢找到了大师的感觉，因为他能够主宰自己的作品并且把整个作品视为一体。

但是瓦格纳却并不是完全的快乐，他的欢乐中混杂着不安和愤怒，他不是那种得到社会精英褒奖就会沾沾自喜的人。他是个博爱的人，他为人类的所有梦想感动着，同时他也希望自己的作品能够关照到所有的人。他需要听众，想要听众听他的作品，理解他的作品，他总是期许德国人民能够跟上他的脚步，即使他们步子缓慢也没有关系。他在自己的书中高声呼唤："帮助我，你们已经渐渐有了力量，但是不要因为你们逐渐地强大而忽略了那些曾是你们精神导师的人们：路德、康德、席勒和贝多芬。我是这些大师的继承人，请你们助我一臂之力，给我一个可以让我自由表达的舞台！我需要愿意倾听并且理解我的听众，去做那样的听众吧！帮助我，这是你们不可推卸的责任，我给予你们荣光作为你们支持我的

---

[1] 齐格弗里德：德国民间史诗《尼伯龙根之歌》中的英雄人物。

回报。"

我们可以想象到尼采的第一次拜访。这个二十多岁的年轻人举止温和,眼神炽烈深沉,虽然他说话紧张,但他的脸上留着长须,满是青春的模样,而此时五十九岁的瓦格纳老当益壮、精力充沛、容光焕发,充满直觉、经验、愿望和期待。他们的第一次会谈是什么样的呢?历史没有留下相关的记载,但是毫无疑问,瓦格纳在会谈中重复了他作品里的思想,并且满怀希望地对尼采说:"年轻人,你也必须帮助我。"

那晚气氛融洽,二人之间相谈甚欢。等到尼采该告辞离开时,瓦格纳决定陪伴他年轻的客人沿着河畔散步。他们一起出了门,对此尼采感到异常兴奋。他终于实现了长期以来的希望,这个希望一直在煎熬着他,让他夜夜辗转反侧。他一直想找到一个人去热爱、去崇拜、去倾听,最后,这个配做他老师的人终于来到了他的身边,而且对于这样一个伟大的人物,无论尼采用怎样崇拜的方式去热爱他都不会显得过分。尼采彻头彻尾地拜倒在了瓦格纳的脚下,他决定全身心地服务于这个孤独而又富有灵感的人,他愿意为了他去与麻木的群众战斗,甚至是和德国的学院、教堂、议会和宫廷战斗。那么瓦格纳对尼采的印象又是怎样的呢?毫无疑问,得到了这个年轻人的支持,瓦格纳非常开心。他从一开始就认识到了这个年轻的来访者的天赋异禀。他能够跟他进行交谈,在交谈的过程中,他不仅仅是给予了尼采非凡的思想,他甚至还能够从尼采那里得到回馈,几乎没有人能够给予他这种乐趣。

5月22日,也就是在尼采第一次到特里伯森拜访瓦格纳的八天后,瓦格纳的几个关系很近的朋友从德国来到了特里伯森,他们是来庆祝他们的老师六十大寿的。尼采同样受到了邀请,但由于这时他正在准备自己在巴塞尔大学的首次演讲,因此他不得不拒绝了这份盛情。此时的尼采急切地想把他业已形成的教育观念表达出来,为此,他选择了荷马的风格问题作为自己在讲学期间的研究课题,这个课题的内容是分析古代学者和喜爱荷马作品的艺术家之间的分歧,而尼采的观点是,艺术家的判断具有一定的客观性,学者必须要接受艺术家的判断来对这场分歧进行解决。学者们大量引用了历史成果,他们通过考证的方法试图恢复这两部史诗，使得现在流传的文本尽可能地接近原来的内容，但这样的考证丝毫没有解决问题，也不可能解决什么问题。不管怎样，现在流传的《伊利亚特》和《奥德赛》已经很清楚了，如果歌德选择这样说："这两部史诗是同一个诗人的作品。"那么学者们也无话可说。语言学家的工作十分狭窄，但是他们的工作却是有用和值得尊敬的。让我们记住尼采在就职演说结束时所说的话：仅仅在几年前，这些绝妙的希腊杰作还被埋在一大堆偏见里面，正是这些学者们孜孜的劳动拯救了它们，为我们保留下了一笔宝贵的财富。语言学既非缪斯也非美惠三女神，他们既没有创造这个诱人的世界，也没有谱写不朽的音乐。但是他们保存了这些艺术，我们必须感谢他们，是他们让这些被人们遗忘、几乎不可辨识的音调再次在人们的耳边响起，这是一个伟大的事业。

正如从前缪斯们降临在那些愚民中间一样，如今这些使者独自走进了这个苦难深重的世界，并且通过艰辛的努力唤醒了沉睡中的诸神，让我们看到他们那美丽光辉的形象，并向我们描绘了一个神奇遥远、幸福安康的蔚蓝色家园，以此来安慰我们的灵魂……

巴塞尔的中产阶级们十分赞赏尼采的演讲，听众大批涌来，聆听这个声名远播的年轻天才教授的演讲。这样轰动的成功令尼采陶醉了，他的思想甚至传播到了另外一片奇异、遥远的蔚蓝色土地——特里伯森。6月4日，尼采收到了一张便条："请来我家待上两天吧。"瓦格纳写道，"我们想知道你究竟是怎样做到的，我还从未在我的德国同胞那里获得过这般的欢欣。赶紧过来拯救我仍然不肯放弃的永久信仰吧。和歌德他们一样，我把这信仰称作德国自由里面的信仰。"

尼采这个时候正好有两天时间的空闲，而且从此以后他就成了这位大师家里的常客。他写信对朋友们说道：

"瓦格纳符合我们的所有想象：他具有一颗富有、伟大、高尚的灵魂，他个性强烈，富有魅力，热爱一切知识，他的人品值得所有人对他给予爱戴……但是我必须就此打住，不然我会被视作王婆卖瓜的……"

"我求你，"他又写道，"不要被那些新闻记者和音乐评论者们所写的关于瓦格纳的任何评论所骗，没有人理解他的思想，没有人有资格评判他，因为他不是以这个世界为基础而生存并且获取成就的，反过来，世界会迷失在他的艺术氛围里。瓦格纳被理想主义、人道主义深深支配着，以至于我觉得自己是在跟一位神打交道。"

巴伐利亚国王路易二世曾经邀请瓦格纳写过一篇关于社会形而上学的短文。但最终这篇独特的论文被视作蛊惑年轻浪漫国王的作品而被官员们禁止出版，瓦格纳让这篇文章在亲朋好友间流传开来。瓦格纳也将它给了尼采，尼采回家之后十分专注地阅读了这篇文章。这篇文章深深地影响了尼采，以至于在尼采以后所有的作品中都能看到它的影子。这里有必要谈一谈这篇文章的性质。

1848年，瓦格纳是个社会主义者，文章就从解释自己从前这个错误开始。在瓦格纳看来，自己的错误并不是他曾经拥护人人平等的思想，他的内心渴望美与秩序，换言之，如果渴望优越，那么一个人就不可能接受平等的思想。但是瓦格纳却希望人性能够从较低级的奴役状态中获得自由，并且可以在上升后轻易地理解艺术的高度。而现在瓦格纳认识到他在这一点上犯错了。

他写道："尽管我的朋友们有着非凡的勇气去探求，但是最终还是都失败了。这种徒劳让我明白，他们都成了一个基本错误的牺牲品，他们都没明白，这个世界无法满足他们的要求，也不会向他们提供任何东西。"

瓦格纳的观点很明确，他承认群众的力量，但却认为他们付出的热情是徒劳的，而他们的合作也是心口不一的。他曾经相信群众能够推动文化的进步，如今却发现他们甚至都不能够齐心协力地保持已有的文化。他们心中所牵挂的只是那些世俗的、基本的、暂时的需要。对他们而言，所有高尚的目标都让他们无法企及因此与他们无关。现实留给我们的问题就是敦促我们让群众心怀热情与爱，让他们为超越自己理解力的文化而去努力奉献？其实所有政治问题的本质都在这里。其实大自然就是这样的，没有人会知道它的结局，但是所有的人还是都在无偿地为它服务着。大自然究竟有何魔力，获得了群众如此的执着？其实它欺骗了它的子民，它把他们置于对一种永恒的幸福保持希望的状态中，但是这种永恒似乎永远都无法到来。它赋予了他们执着和忍受的天性,这种天性令最卑微的动物自愿承受着长期的牺牲和痛苦。所有的生物都被幻觉笼罩着,它们坚定不移、持之以恒地去挣扎和受难,追求着永远无法到手的幸福。

瓦格纳认为,管理社会可以用与此相同的技艺。想要保证社会得以延续,就必须要利用这种幻觉,而统治者的任务就是要保持和扩大现有的幻觉。爱国主义是这其中最基本的,因为君王是祖国活的象征,人民的每一个孩子都应被置于对君王的热爱当中,让他们在这种情感中长大,让这种热爱发展成他们生命中的一种本能,并将其训练强大,直到他们可以轻易地放弃最极端的信念。

爱国主义可以保证一个国家的长治久安,但却不足以保证这个国家能够产生高级的文化。它割裂人性,导致残忍、仇恨和狭隘的思想。它控制着国家君王的权力。因此,在爱国主义的第一幻觉之外,第二重幻觉,即宗教幻觉,也是必需的,其教义象征着博爱和广泛联合。君王必须要保持这种幻觉在其臣民中的维持。普通人被这种双重幻觉洗脑之后,就会产生一种自己的人生道路变得清楚,获得拯救的感觉,从而过上一种幸福和值得过的生活。但同时君王和贵族的生活则比较沉重和危险,因为他们是幻觉的源头,因此他们也必须去评判幻觉。生活对他们来说毫无遮掩而言,他们将人生看得清楚并明白人生是怎样一出悲剧。瓦格纳写道:"伟人和才俊发现他们事实上的情况和百姓相同,每天都处在万念俱灰、试图自杀的境况之下。"君王及其周围的贵族都勇敢地抵抗着这种怯懦的诱惑。不过他们有一种"背对世界"的急切需要,他们创造了宁静并且自己也需要这样一种宁静的幻想。因此艺术要介入来拯救他们,其出现不是为了提高普通百姓的质朴热情,而是为了缓解贵族生活的痛苦并增加他们的勇气。瓦格纳在给路易二世的信中这样写道:"在我看来,艺术是温和的希望之乡,我要将它献给我最亲爱的朋友们。假如艺术不能真正完全地带领我们摆脱平庸的日常生活,那么它至少也要把我们提高到生活本身的至高点。它赋予生活轻松的状态,它使我们放松身心,脱离苦海,让我们在迷醉中得到了安慰。"

1869年8月4日,尼采给格斯道夫写信说道:"昨天我读了《国家与宗教论》,这是瓦格纳交给我的一份手稿。这篇宏文大论的中心是向他的'年轻朋友'——

巴伐利亚的年轻国王解释他对国家和宗教的独具一格的理解。瓦格纳应该是空前的，因为从来没有一个人用如此可敬和更富有哲学味的口吻对自己的国王说话。我感到自己被振奋了，这种振奋源自他心中流露出的叔本华精神。和其他人相比，国王更应当理解生命的悲剧本质。"

9月份，尼采在德国小住后，重新回到了巴塞尔，在这里，他依然重复着巴塞尔和特里伯森两地的生活。在巴塞尔，他全心全意地工作，学生全神贯注地听他讲课，同事们也和他相处得很友好。他的才智、音乐天赋、与瓦格纳的友谊、优雅的外表和举止为他赢得了某种声望。这里的上流阶层都乐意跟他交往，他从不拒绝这些家庭友好的邀请。但在他的心里，最单纯的友谊要比社交的所有乐趣都有意思得多。在这个可敬的中产阶级城市里，尼采没有朋友，只有在特里伯森他才能真正感受到内心的满足。

他给居住在罗马的欧文·罗德写信说道："现而今，我也有了自己的神殿。不过我只能在周六和周日去。我的神殿就是特里伯森，那里就像是我的家一般让我感到惬意。我最近接连去了那儿四次，除此以外，我每周都要往那里寄一封信。我亲爱的朋友，我发现要我在信中把自己在那里的所见所闻和所学到的东西统统告诉你是不可能的。相信我，叔本华和歌德，品达和埃斯库罗斯这些让我们精神振奋的人是仍然活着的。"

从特里伯森回到巴塞尔后，尼采倍感忧伤。孤独的感觉压迫着他。这种情绪在写给欧文·罗德的信中表现得十分明显，但同时尼采也表达了自己对工作仍然抱有希望。

"唉，我亲爱的朋友，我发现几乎没有什么事能让我感到称心，我一遍遍地品尝着孤独的味道。啊，如果我生一场大病，就能得到和你交谈一个晚上的机会的话，我想我是不会放过这个机会的。写信根本不能抒发我内心的情感！人们总是需要别人的推助，而几乎每个人都会在各个地方被引领。但是当我们充满了灵感之时，却没有人在那里帮助我们，在将灵感付诸现实的艰难时刻，没有一个人可以助我们一臂之力。这是阴沉的时刻，我们只能将那沉重的还未成形的思想放在不为人知的地方，而它却得不到友谊阳光的照耀。"

他又写道："我正在成为艺术爱好者中的孤独漫步者，我的友谊有着某种病态的东西。"虽然尼采的话语中满含着痛苦，可他的内心却依然是幸福的。一天，他终于对自己这样说道，并告诫他的朋友罗德当心他自己所写的信："通信总有着挥之不去的弊病：人们总是愿意向别人表达出他身上最好的东西，但事实上，在文字中显露出来的又只是暂时的东西，这并不能够代表一个人的全部。每次坐下来给你写信时，我就会想起荷尔德林（我学生时代最爱的作家）所说的话，'因为爱，一个人在死前总会付出他最好的东西。'我还记得，我在给你的上一封信中表达了什么？虚无、矛盾、古怪、孤独。然而，宙斯和秋天神圣的天空懂得它。我总是被一股强大的激流左右着，最终奔向那确定不移的思想。每天，我都沉浸在快乐的时光里，因为我的生活充满了丰富的感觉和真实的思想，在这些激荡澎湃的时刻，我总是抓住自己的感觉给你写一封充满思想和誓约的长信。我将它投递出去，让它横跨蔚蓝的长空，向你而来，将我灵魂中与你心有灵犀的电流交托给你。"

我们可以大致浏览尼采那些明确的思想、珍贵的感觉和错误的谬见，此时的年轻尼采正在获取力量，我们可以在他全部的笔记中一探究竟。

在给里奇尔的信中，他这样写道："对我而言，我的学生时代是什么？是在语言学和艺术天空中的畅游。因此我对你怀着异常强烈的感激之情，现在你仍然是我生活中无法迈过的'命运'。你的帮助非常及时和有用，它让我从天空中的一颗彷徨的星星变成为一颗固定的恒星；它让我改掉了自己的自由散漫，在烦琐正规的工作和确实不变的研究对象中尝到了乐趣，这种乐趣每天都在发生着变化，让我沉醉其中。能够得到自己同行神圣的帮助，一个人的付出就会具有与众不同的含义，他可以享受安宁的睡眠而在醒来之后，明确地知道每日工作中所需的知识。这个领域不存在庸俗和无聊，我感觉像是正在收集着散乱的知识，并将其最终编订成册。"

尼采编订成册的书即是《悲剧的诞生》，尼采在信中阐述的一些观念即是该书里的主要思想。他一直以古希腊思想为重心，并以一种极富前瞻性、挑战性的方式对古希腊历史进行了沉思。他认为，只有拥有敏锐的观察力，才能成为真正的历史学家,才能把整个历史视作一个整体来加以考察。尼采还在笔记里这样写道,"语言学方面所有的巨大进展,源自独具创造性的观察的结果。"歌德为我们发现了一个清晰宁静的古希腊,至今我们仍然在探索他留给我们的东西。但是我们应当为自己去进行探索和发现。歌德的研究重点在亚历山大时代的文化上,但尼采则对野蛮的原始时代更有兴趣。在他十八岁的时候,他就选择了希腊贵族中的一员,麦加拉的泰奥格尼斯,将他的对句作为自己的研究对象,自那以后,他就凭借本能的指引往那个方向前进。他从那个方向吸取了思考、行动、忍耐和承受痛苦的力量,他还吸取了使其灵魂充满喜悦的活泼的诗情和梦幻。

最后,在这同一个古希腊,他认为从中发现了他的老师瓦格纳的精神。瓦格纳希望复兴悲剧,他将剧院当作重新唤醒了人类心灵诗意的工具。带着"悲剧性"天性的希腊人也有着相似的雄心大志,他们希望通过对神话的复兴来吸引人注意,达到再次提升和拔高他们的民族的目的。他们为之奋斗的事业是崇高的,但这些抒情艺术无法调动皮雷埃夫斯的商人、各个城镇里的民主政治、集市和港口里的粗俗大众的兴趣,因此这个计划最终以失败告终。这种艺术的方式要求参与者必须要有高尚的思想方式和过于贵族气的行为方式,因此平民大众都无法参与进来,而贵族却已经被征服了,因此悲剧的精神不再存在。此时,那些民主主义者、枯燥无味的思想家和生活优越平静的卑贱的预言家给理查德·瓦格纳制造了同样的麻烦。

尼采在给格斯道夫的信中说道:"我们的世界正日趋犹太化,大众沉湎于政治和喋喋不休之中,因此他们不能容忍瓦格纳富于理想主义的深刻艺术,在大众中间,瓦格纳就像骑士一样,与他们格格不入。难道瓦格纳的艺术也会像埃斯库罗斯的艺术那样遭遇失败吗?"类似这样的思想斗争总是盘旋在弗里德里希·尼采的脑海中。

尼采向他的老师表达了他在巴塞尔新生发的观念。

我们必须复兴希腊文化的思想。我们一直都在老生常谈,但这些被我们经常谈论的东西却都是虚假的。我们常把"古希腊的欢乐"、"古希腊的宁静"挂在嘴边，仿佛这是世间最美的东西，可是这种欢乐宁静却已经老旧乏味了，在我看来，我们追逐的这些缺少奴隶制时代的迷人魅力。苏格拉底的精明，柏拉图的甜美已经衰退。相较之下，我们应当去研究那些更为久远的年代，如公元前7世纪、前6世纪。只有这样，我们才能感受到历史质朴的力量和原始的活力。从幼年时期的《荷马史诗》到成年时期的埃斯库罗斯的剧作，古希腊在长期的探索之后终于获得了它自己的直觉和纪律。应当引起我们注意的应是这段时期，因为它和我们如今的年代何其相似。当时的他们和今天的我们一样，相信自然力中宿命的存在，他们也同样相信人类必须要规范自己的德行并创造信仰。他们感受到了悲剧情感，但这种悲观主义却并不会让他们失掉面对生活的勇气，他们和我们几乎相同：悲观主义的生存观、生活下去的勇气及建立崭新的美的意志……

理查德·瓦格纳觉得这个年轻人的想法很有意思，与尼采的友谊也越来越密切。一天，尼采正和瓦格纳待在一起时，瓦格纳接到了来自德国的消息，由于背离了瓦格纳的建议和指导，《莱茵河的金子》和《女武神》都演砸了，这重大的失败强烈地打击了瓦格纳，他的失望是显而易见的。虽然他早就知道自己的作品不可能被一般的观众所接受，他也在心里为自己那些宏大的作品设想出了一个不存在的剧院和极为理想的观众，但最终的失败还是使这些努力灰飞烟灭了，作品不受欢迎这一事实深深地打击了瓦格纳，令他万分痛苦。他那高贵的痛苦感动了尼采。

尼采加入到了老师的创作工作。那时，瓦格纳正忙着为《众神的黄昏》谱曲。他不紧不慢，缓缓地进行着，灵感好像是从看不见的源泉里有规律地涌动出来的一样，永远都不会枯竭。就在这些天里，他还为自己写了一部自传，他将这部自传的手稿交给尼采，并且嘱托尼采进行监督，将这份手稿秘密付印十二本。同时，他甚至还向尼采提出了更为亲密的请求：圣诞节要到了，瓦格纳要为他的孩子们准备一出木偶戏《庞奇和朱迪》[1]。瓦格纳夫人请求尼采在巴塞尔帮他们购买一

---

[1] 庞奇和朱迪：英国传统滑稽木偶戏中的人物。

些制作精美的魔鬼和天使的小塑像，以备演剧的需要。她和蔼地说："在我心里你不是个教授、学者和语言学家，你只是个二十五岁的小伙子。"接受了请求之后，尼采把巴塞尔的各种小塑像都挑剔地观察了一遍，他对巴塞尔市场上的小塑像都感到不满意，因此他写信到巴黎订购了最可怕的魔鬼和最美丽的天使。圣诞节时，弗里德里希·尼采受邀观看了隆重演出的《庞奇和朱迪》，他与瓦格纳、瓦格纳夫人及他们全家一起度过了圣诞节，当时的气氛亲近而又甜蜜。科西玛·瓦格纳为了答谢他，送给了他一本法文版的《蒙田集》作为圣诞礼物。当时，尼采对蒙田并不熟悉，但不久他就深深地爱上了这位作家。那天科西玛在送礼物时显得不够谨慎，因为对一个信徒而言，蒙田的著作是危险的读物。

9月份左右，尼采写信给朋友拜伦·冯·格斯道夫："这个冬天，我做了两场演讲，演讲的内容是古希腊悲剧的审美艺术，瓦格纳专程从特里伯森过来听讲。"结果演讲那天瓦格纳并没有去，但到场的听众还是听到了尼采精彩的演讲。

尼采在演讲中描述了一个不为人所知的古希腊，他通过酒神狄俄尼索斯的苦恼及其被引进诗、歌、悲剧沉思的陶醉作为开端，解构了一个被狄俄尼索斯的神秘和狂迷所烦恼的古希腊。他似乎想定义古希腊精神中那永恒的浪漫主义，在他眼里，这种精神从公元前6世纪的古希腊传承到了公元13世纪的欧洲，从未改变过。毫无疑问，尼采也在特里伯森隐居的瓦格纳身上感受到了同样的精神。不过，尼采在演讲中尽量避免直接提到瓦格纳的名字。

在出席观看伟大的狄俄尼索斯悲剧时，雅典人心中迸发出了自然力的火花，悲剧就是从这种自然力中诞生出来的。在万物生长的春季，这种感情的爆发难以抑制，在这个时节，所有人单纯的灵魂和整个大自然的生命都被狂暴和谵妄的复杂感情冲击着。众所周知，春天的节日里蔓生出了复活节和狂欢节，但是这一切都被基督教教会给歪曲了。富有狄俄尼索斯精神的热烈民众在古希腊的原始土壤中生长了出来。而在中世纪，群众们也喜欢圣约翰节和圣维塔斯节的歌舞，他们在节日到来时欢呼跳跃、载歌载舞，从一个城镇赶到另外一个城镇，狂欢的人越来越多，不断有人从各个城镇加入进来。这种狂欢性的事件都产生于人那根深蒂固的天性。当然,医生们将这种天性看作病症,并对其进行了研究,但是我们不能忽略的是,古代戏剧正是从这种病态中生出的恶之花,而且假如现代艺术不是从这个神秘的源头里喷涌出来的话,那么这就是艺术的不幸。

在尼采的第二个讲座里,他考察了希腊悲剧艺术的终结。这个现象很奇特,在时间的进程中,古希腊的其他艺术都缓慢而又突兀地消亡了下去,只有悲剧没有衰退的迹象。奇怪的是,在索福克勒斯之后,它就像是经历了一场灾难一般突然消失了,尼采详细讲述并分析了这场灾难,指出整件事的罪魁祸首就是苏格拉底。

尼采大胆地指责了苏格拉底这个在众人心中最受尊敬的人。尼采声称这个贫穷的雅典群众中的一员,对古代诗歌发出嘲笑并且抑制了古代诗歌。苏格拉底既不像一个艺术家那样著书立书,也不像哲学家一般发表意见。他只是坐在公共场合,给过往行人讲解他有趣的逻辑,他用自己的理论震惊了他们,说服他们去面对自己的无知和荒唐,并对他们报以嘲笑,强迫他们来嘲笑自己。他对这个民族祖先建立起来的信仰以及支撑道德的神话给予冷嘲热讽。他公开地表达了自己对悲剧的蔑视。因为苏格拉斯的蔑视,欧里庇得斯开始心神不宁,他的灵感被压抑住了。此时年轻的柏拉图听从了他的新老师的建议,这个本能超越索福克勒斯本人的年轻人烧掉了自己的诗作,从此放弃了艺术。苏格拉底将古希腊人天性中的抒情完全破坏掉了,他蛊惑了柏拉图,并借年轻的柏拉图之口,将大自然的幻觉当作一种人类理智可以理解的观念强加给了普通人,当时希腊人完全处在幻觉之中,他们安居乐业,对自己的生活感到十分满意。尼采将这些篇章写进了他的作品《悲剧的诞生》。

尼采对苏格拉底的公然指责让巴塞尔所有的听众感到震惊。瓦格纳在知道这件事后,在1870年9月给尼采写了一封热情洋溢却又极其敏锐的信:

就我而言,我要大声地赞扬你的行为,好极了!你已经找到了真理,并用极其准确的语言切中了要害。对于你这一系列的作品,我怀着满腔敬意在等待着,在这些作品里，你要面对的对手是普遍流行的教条主义谬误。但是我依然对你有些担心，我全心全意地希望你不要一败涂地。我还要给你一个建议，不要将你惊世骇俗的思想放在你那篇幅短小的小册子中，人们一定不能接受这些思想。我觉得你已经完全摸清了自己的思想，你一定得把这些思想整理出来，用一部规模较大的著作来论述。到那个时候，你会最恰如其分地为我们描述苏格拉底和柏拉图那神圣的谬误。这是两个奇妙的创造者，因此我们在坚决否认他们的时候也必须要带着敬慕之情！亲爱的朋友，这些本质对于世人来说难以理解，当我们考虑这些时，我们平庸的言辞就会膨胀成为赞歌！而当我们平静下来进行思考时，我们可以看清自己的本身，心中产生我们能够且应当写出一部甚至超越那些大师们的作品的强烈而又清楚的想法，这将是怎样的一种骄傲和期待啊！

尼采写给瓦格纳的信从来都没有被公开过。这些信究竟是遗失了还是被毁掉了？还是因为心怀怨怒的瓦格纳夫人拒绝将其公开？没有人知道真相。但是从后来的事件中我们可以得知，尼采请求瓦格纳帮助自己澄清他思想里最困难的部分。瓦格纳是这样答复的：

我亲爱的朋友，和你进行这样的通信真是让我感到万分愉快！你是第一个可以和我严肃交谈的人。如果没有你这个朋友，天知道我会变成什么样。我推脱了其他诱人的计划，因此可以拥有大量自由支配的时间来和你一同与苏格拉底进行战斗，我对这件事感到愉快，并且放弃了所有创造性的工作。我相信在这件事上，分工合作是件好事。你可以帮助到我，你将我整整一半的工作都承担了下来，在这样的过程中，你也许可以获得你自己的整个命运。就像我在语言学研究方面从未取得过重大成功一样，你在音乐作品方面业绩平平，所以我们都最好顺其自然。我们最好都坚持自己的工作，千万不要越俎代庖。不过，语言学指引着我投身于音乐工作，而你就继续做一个语言学的研究者吧，不过我想提醒你在进行语言学工作的同时，保持对音乐的热爱。我讲这些话是很严肃的，因为你曾经告诉过我，当今人们都希望一个专业语言学家墨守成规，在前人的基础上老老实实地做好研究工作，而我也曾经向你表达过相同的意思，一个天才的"十足"的音乐家必须在巨大的限制中荒废自己。请你告诉我成为一个语言学家的标准，指引我找到那个伟大的"文艺复兴"时代吧！在那里，柏拉图和荷马不断交融，在那里，荷马受到了柏拉图理念的浸染，成了超凡入圣的荷马。

此时，尼采已经在准备作品的创作，他计划在短时间之内将其写出来。2月，在写给罗德的信中他这样说："我和科学、艺术、哲学的距离越来越近，以至于我觉得自己创作出来的作品是一个半人半马的怪物。"

然而教授的各种工作打断了他的创作。3月，尼采被正式授予教授职称，他为这个荣誉感到高兴，并全身心地投入到了工作当中。与此同时，学校还委派他开设了一门高年级的修辞学课，接着他又接受了一份写演讲稿的任务，这篇演讲稿是为了祝贺弗里堡大学的鲍姆布拉赫教授执教五十周年，并且要用拉丁文起草。因此，尼采有了两个任务，他没有逃避责任，一心致力于备课和演讲稿的写作。而4月到来的时候，尼采的工作任务更重了。里奇尔创办了一份名为《莱比锡社会语言学论坛》的杂志，他怀着强烈的期待希望自己的得意门生能为它写一篇论文。尼采接受了老师的撰稿请求，并请求罗德与他一起合作。

他在邀请信中这样写道："就我自己而言，我对自己这份新的任务有着强烈的责任感。虽然这项工作会让我在时间分配上穷于应付，但我仍然会全力以赴。这是创刊号，我们必须齐心协力。你很清楚，读者总是会怀着好奇或者恶意去阅读它，所以它必须要做得十分优秀。我已向我的老师承诺要真诚地贡献自己的一份力量，现在我期待着你的答复。"

很快，5月和6月接踵而至。在此期间，尼采的事务非常繁忙，尤其是论坛的事情。圣灵降临节期间，罗德从意大利回到了德国，归家期间，罗德途中要在巴塞尔停留几天。这件事让尼采极为兴奋，他想将自己的朋友介绍给瓦格纳，并将罗德带到了特里伯森。他们在特里伯森度过了愉快的一天，但是他们没有意识到他们正处在深渊的边缘。接着，罗德离开了巴塞尔，继续自己回家的旅途，尼采独自一人留在了巴塞尔，成了一件蠢事的牺牲品，此时过分的劳累拖垮了尼采的身体，他被迫放下工作，躺倒休息了。

1870年，那场使欧洲陷入混乱战争的传闻似乎并没有引起尼采的兴趣。他几乎对新闻毫无兴趣，他不关心时事，这倒不是因为他不关心自己的祖国，而是因为他的想法和歌德的想法一致，德国一直都是艺术和道德的伟大源泉。他唯一一种因为大众舆论而产生的不安也被记录了下来："不要战争，否则政府会因此而变得过于强大。"当然，如果把这个想法看作尼采的态度，那还不如将这个视作尼采和瓦格纳在特里伯森谈话之后所达成的共识。在路易二世统治着的巴伐利亚地区，尤其是德国南部、莱茵河地区，瓦格纳声名远播，受人欢迎；然而在德国北部，尤其是在柏林，人们却并不欣赏他，所以瓦格纳不希望有任何战争危机，因为他清楚战争必将会导致德国北政权普鲁士的权威进一步增加。在这里提一下，尼采在他的简短的笔记中指的就是普鲁士政府。尼采预见到老师心中的担忧，在他看来可鄙的柏林，这个由官僚、银行家、记者和犹太人组成的柏林，最终会取得德国的霸权。

7月14日，康复中的尼采躺在长椅上给欧文·罗德写信。他向罗德谈起瓦格纳和汉斯·冯·布娄，谈起艺术和友谊之间的种种问题。这封信并没有完成，当他写到一半时，便中断了写作，只留下一行空格代表他的思路中断。

他这样写道：

这个消息简直就是晴天霹雳，普鲁士和法国公开宣战了，战争像魔鬼一样降临，我们的文化早已变得庸俗无聊，战争又能给我带来什么呢？

朋友，亲爱的朋友，我们已经见过面了，那会儿还是和平的黄昏。如今，战争来临，我们所有的抱负都意味着什么？也许这意味着走向终结，天啊，这是多么阴沉的景象啊！大量修道院必将被修建，而我们将放弃自己的信仰成为第一批修士。

尼采在信末写上了"忠诚的瑞士人"的署名。这个名字实在是出人意料，但是从字面上可以进行解释。在获得巴塞尔大学的教授资格的同时，尼采不得不放弃了自己的国籍。但是这个名字却远没有表面上看起来这么简单。尼采在这个名字中宣告了自己那超脱的心态：他已经决定去做一个沉思者了。

尼采对自己产生了怎样的误解啊！不过此时的他太年轻、太勇敢、太喜欢自己的民族，因此他不可能对这场战争冷眼旁观。作为一个"忠诚的瑞士人"，他因瑞士人的国籍而免除了兵役，于是他和妹妹伊丽莎白便一起安静地住进了一个山中客店里。在那里，他写下了一些论述古希腊抒情性的文章。在文章中他第一次明确对狄俄尼索斯和阿波罗精神下了定义。也就是在此时，德国军队正在穿越莱茵河并且首战告捷，尼采面对这个消息并没能保持绝对的平静，一想到这次自己没有为这份丰功伟绩去尽一份力，一想到自己幽居在山中远离战争的威胁，尼采便思绪万千。

7月20日，尼采给里奇尔夫人写了信，在信中他倾诉了占据自己内心的孤独之情。他首先对文明表露出一种担心，这种担心源自斯巴达和雅典的冲突摧毁了古希腊的历史。

"很不幸，历史总是在相似的轨迹中前行，自这些轨迹，我们看到同一种文化传统被诸如此类的民族战争的灾难所摧毁。"紧接着，他吐露出了自己最真实的情感，"我对我自己的碌碌无为感到惭愧，我在炮兵团里所学的东西在这个时候正派得上用场，而我也已经为一场激烈的战斗做好了准备，以防战势出现逆转。你知道吗，基尔的学生全都踊跃地报名参军了。"

8月7日早晨，尼采从报上读到从沃尔特发出的电讯：德国战捷，伤亡惨重。这个消息让尼采再也坐不住了，他离开隐居地，返回了巴塞尔。在征得瑞士当局的同意以后，他参加了战地医疗队，并前往德国参与战地治疗，尼采急切地想参加进那场吸引他的战争。他穿越了占领地阿尔萨斯，看到了维桑堡和沃尔特的停尸房。8月29日，他露宿在离斯特拉斯堡不远的地方，那里的战火照亮了漆黑的夜晚照彻了地平线。接着他开始向南边的乡间进发，此时德国在那里设了一个巨大的野战医院，来自马斯拉图尔、格拉沃洛特、圣·普里瓦特的伤员都汇聚于此，由于人数众多，很多伤员都难以得到及时的护理，只得等着死于伤痛和传染病。负责人将一些不幸的伤员分给尼采护理，他和蔼而勇敢地工作着。他在工作中感受到了一种独特的情感，他对这种救死扶伤的工作产生了神圣的感觉，同时他也因这种战时的状态而战栗。这是他有生以来第一次不带反感地去看待这些普通的大众。这些人有的被击倒了，迎接死亡的命运，有的正等待着冲向战场。尼采敬重这些英勇的战士，他细心地照顾他们，关注着他们的命运。在战争的威胁下，这些人的心中都带有为国捐躯的神圣情感。他们忘掉了自己的想法，冲锋、唱歌、服从上司、战死。尼采因无法上阵杀敌而产生的痛苦得到了补偿，他从这些人的身上找到了兄弟般的情谊，这种感情冲动使他激情高涨，让他找到了感情的共鸣，"我的作战热情完全觉醒了，但我却没法满足它。此时，不管我是主动上阵还是被逼上阵，我都应当在雷佐维勒或是色当的战场上。可是瑞士却始终保持中立，这束缚着我的手脚。"

尼采很快便穿过了法兰西。他接到一个护送伤员前往卡尔斯鲁医院的命令。

为了躲避车外的寒冷和阴雨，他和另外十一个人一起被锁在了一辆货车里，他们在里面整整待了三天三夜。这些伤员中，两名伤员得了白喉，剩下的人都患了痢疾。尼采在车上回忆起了他非常喜欢的一个德国的神秘主义者的格言，"要到达真理必须要先走最险峻的路途"。在这趟艰难的旅途中，尼采考验了自己的勇气，检验了自己的思想。他给伤员们包扎伤口，聆听他们对生活的抱怨和对战争的呼吁，在此期间，他坚持自己的思考。他意识到，在经历战争之前，自己脑子里面只有书，而现在他却懂得了生活。他在细细品味着这种痛苦的磨炼，从中发现了某种遥远的美。他写道："我也有自己的愿望，多亏了他们，我才能够继续自己的思考，现在我处于极端恐怖的环境之中……我回忆起自己和那些伤员们躺在货车上的日子，夜晚很寂寞，我就在这寂寞的夜中探究着悲剧的三个深渊——幻想、意志、苦恼。我是如何得到这个自信的结论的？"

尼采带着疾病和伤员到了卡尔斯鲁，他被他们传染了，患上了痢疾和白喉。野战医院一个不知名的同事对他进行了精心的护理。等到病情一好转，尼采就立即回到了在瑙姆堡的家。他回家并不是要休息，而是要全身心地投入到工作和思考当中。

他给正在法兰西作战的朋友格斯道夫写信说道："是啊，战火改变了我们共同持有的对事物的观念。我和你一样，有了上战场的经历。你和我一样，这几个星期将成为我们生命中的新纪元。在此期间，我坚定了自己的原则，我将保留它们，直到我死去……我已经返回到了瑙姆堡，目前的问题是身体康复状况不佳。曾经的生活气氛已经被战争带走，像天边的乌云一样遥不可及，我能听到处都是无尽的哀悼声。"

1866年7月，萨多瓦战役让尼采了解了战争，他从中亲历了战争的魅力。尼采被心中涌出的简单素朴、伟大崇高的愿望深深吸引，因为他从中感觉到自己与民族之间那深深的联系。他写道："我感受到了一种爱国之情，对我而言，这是一种全新的感觉。"他牢牢地抓住了内心这种突发的感情，并将它培养壮大起来。

事实上，尼采的内心已经因为战争而有所改变了。他不再是从前那个不谙世事的"忠诚的瑞士人"，转而成了大众的一员，他为自己的祖国感到骄傲。这场战争改变了他，他对战争怀着无限的崇敬。战争唤醒了人们沉睡已久的生命力，让他们的灵魂从睡梦中醒了过来。它迫使人们在理想的秩序中去寻找一种美和责任的秩序，迫使他们去寻找一种新的结局，虽然这个结局过于残忍。和平时期那些遭人误解的抒情诗人和智者，在战争年代却受到了大家的欢迎。那时，人们意识到自己需要他们，因此便洗耳恭听。此时的他们需要领袖，同时又将眼光投向了天才。在战争的压力之下，人性得到了锻造，成了真正勇敢和崇高的人性。

此时的尼采身体还很虚弱，饱受着病痛之苦，但他却重新拿起了笔。他在笔记上记下了自己的新思想。他认为，古希腊的艺术是在斗争中锻造出来的，它反映了一个社会的情况。无论是奴隶们工作的工场，还是自由人持枪弄剑的健身房和广场，只有二者相结合才能成就摩得斯岛的女神那展翅翱翔的形象，而她为了她的同伴去追逐一艘血染的战船。

战争给予了古希腊人天赋。他们歌颂战争，把战争视作不可或缺的伙伴。"正是这些具有神秘色彩的悲剧性人物，将波斯人打得落花流水，反过来，这些勇敢的人们也只能在悲剧中汲取战斗所需的勇气。"尼采这样说，在他的笔记里，我们可以感知到他心灵的跳动，他那渴望未知的古希腊，从而抓住悲剧之本质的夙愿。"悲剧的"这个词语不断出现，仿佛是尼采思维的原点，这个年轻的思想家此时就像一个试图学会新词的小孩，他不断在让自己重复着这个词语——"悲剧的希腊人征服了波斯人……从至高的创造力和理解力层面来看，悲剧人物就是大自然本身，他在耍弄悲哀……"。尼采的研究暂时可以归结为三个层次：悲剧的艺术作品——悲剧人——悲剧国家。这三个层次也构成了他作品中的三个基本部分，他想以《悲剧人物》作为此书的总标题。

我们不能因为此书的标题就误解了他沉思的真正对象，虽然他只是在字里行间中对历史进行辨识，但他实际是想从历史的层面上升到社会的层面，从而为自己的国家找到理想的形式。一方面，他看到欧洲的拉丁民族被功利主义和舒适的生活所削弱；另一方面，他也看到了富有诗人、战士、神话和胜利的德国民族。它必将成为那些逐渐衰落的民族的宗主国。它又该如何去行使这种宗主权呢？从德国的复兴中，人们难道不能看到一个好战而又悲剧、勇敢而又抒情的新时代吗？人们能够想象到这一时代，因此尼采应当憧憬这一时代，并将这当作自己的责任。德国该何其荣耀啊！它拥有领袖俾斯麦、战士毛奇和诗人瓦格纳，除此之外，还拥有哲学家弗里德里希·尼采。尼采从没有将这种想法付诸笔端，但他的内心却存在这种信念，因为他从来都不怀疑自己的天赋。

尼采没有因为自己的得意而走上歧途，他为自己的祖国设计了一幅理想的图景，但他却从没有忽略祖国实际上还存在着人性、过于人性的东西。

10月和11月初这段时间里，尼采和家人住在瑙姆堡。这里狭隘的风土人情让尼采感到很不舒服，他也不喜欢这里的平民百姓和官僚们的粗俗之气。瑙姆堡位于普鲁士，尼采打心眼里不喜欢普鲁士人。他们四肢发达、头脑简单。普法之间的战争还在继续，梅斯投了降，这便意味着法国最出色的军队被俘虏了。德国人为这个消息感到激动，一种极度兴奋、骄傲自负的情绪在德国民众中蔓延了开来。尼采并没有从众，但这一次他似乎对民众太严厉了，他不知道，此时胜利的消息对沉于战争泥沼的人民来说是一种心理安慰。但是，尼采对这个消息感到厌恶和惊惧。

他给朋友格斯道夫写信说:"我担心我们将不得不为我们民族的辉煌胜利付出沉重的代价,对于这种情况,我是万万不愿见到和同意的。我敢打赌,普鲁士绝对是一个对文化威胁极大的强国……想要成就伟业并不是一件容易的事,因此我们在面对任何还未弄清的事情时都应当保持清醒的头脑。我们必须要保持警惕,这样我们的胜利果实才不会为任何暴乱之徒所窃夺。依我之见,这些成果才是最重要最值得我们珍惜的东西,就连最英勇的军事行动也无法和我们民族的振兴相提并论。"

随后,一份宣言深深地震撼了尼采。当时正是贝多芬诞辰一百周年纪念日,但德国人由于沉浸于战争当中,忘记了举行纪念活动。对此,瓦格纳发出了自己的声音,它十分强大,以至于唤起了德国民众对另外一种荣耀的回忆,瓦格纳在宣言中疾呼:"德国人,你们是勇敢的,但请你们在和平中也保持这种勇敢……现在是1870年,没有什么比纪念伟大的贝多芬更配得上你们作为勇敢者的骄傲。让我们纪念我们这个民族伟大的先驱和开拓者吧!我们必须要用足够配得上他成就的仪式来纪念他。此仪式不能逊于庆祝勇敢的国民之胜利的仪式,因为像贝多芬这种伟人,给世界带来了无穷的欢乐,这样的贡献要比征服者们的贡献更为崇高。"

"德国人,你们生性勇敢,但请你们在和平中继续保持勇敢吧!"——尼采被这句话深深地打动了。对老师的思念再次涌上了心头,因此他拖着还未完全康复的身子,离开了瑙姆堡。

他又见到了瓦格纳,但是这次见面却并没有使尼采称心如意。此时的瓦格纳似乎失去了身处逆境时的精神高度。他的快乐里面加入了一种庸俗的东西。德国人的胜利使得他改变了自己从前对普鲁士人的看法,现在他正以巨大的胃口心安理得、津津有味地"咀嚼法国人"。但是他还是坚持了自己最后的原则,他还是拒绝前往柏林去接受高官厚禄的提议,他不愿意接受普鲁士帝国桂冠诗人的身份,对他的这种做法,他的信徒们满怀敬意。

在巴塞尔,尼采又找到了一个知己——历史学家雅各布·布克哈特,这个知己认真地听着他抒发牢骚,并与他惺惺相惜。布克哈特在人文学科和文化方面成就卓著，但他却性情忧郁，憎恨一切野蛮行为、战争以及由此造成的破坏。布克哈特居住的巴塞尔是欧洲最后一个保持其独立和古老风俗的城市，对此，布克哈特深感骄傲，布克哈特不喜欢那些拥有三四百万人口的大城市，因为照他最喜欢的哲学家亚里士多德对城市的构想，"这样安排的话，市民的人数就不会越过一万，这样，他们就能一起在广场上聚会。"

布克哈特研究了雅典、威尼斯、弗洛伦斯和西恩纳。他推崇古代和拉丁语族的风纪，而德国的强权政治让他感到害怕，因此他对德国风纪保持着一种适度的尊敬。布克哈特和尼采成了同事，他们经常在课间会面，一起交谈。天气好的时候，他们会在那个用红沙石砌成的大教堂和莱茵河之间的平台上散步，各式各样的游客总是俯靠在那个平台之上。莱茵河在平台之下潺潺流过，看上去年轻而又充满生命力。风格简洁的巴塞尔大学就坐落在莱茵河与博物馆之间，离两者都很近。

这两个学者总是在思想上进行交锋。由阿蒂卡和塔斯卡尼这两个小城邦遗留给我们的那种脆弱的经常破裂的文化和美的传统如何才能继续？法国在文化保护方面做得很好，它知道怎样去保持各种审美方式和审美教育。但是普鲁士在处理这个问题上是否具有同样的素质呢？尼采依然怀揣着希望，他说："也许，这场战争将改变我们古老的德国，我想经历过战争之后，它会更有气魄，并拥有更加高雅的趣味。"雅各布·布克哈特聆听着，"不，你总把现在的人们看作古希腊人，对希腊人而言，战争确实具有教育的作用，但是现代战争和以前不同吗？它是肤浅的，它们不会影响、纠正资产阶级及其放任自流的生活作风。现在战争极少发生，它们的影响会逐渐减弱并被人们遗忘。因此它们并不会起到训练大众思想的作用"。对此，尼采是如何作答的呢？尼采也不太自信，从他在给欧文·罗德的信中流露出了这种情绪："我非常着急，只要一想到不远的将来，我就觉得我们要回到中世纪……你要当心，当普鲁士从不相容的文化中解放出来时。奴才和教士们会像雨后林中的蘑菇一样从土壤里钻出来，他们将把整个德国都带往深渊。"

布克哈特长期隐遁于自己的记忆和书本当中，他身上有种忧郁的气质，而他在研究中则最大限度地利用了这种忧郁。他在巴塞尔大学做了一次题为《历史性的伟大》讲座，以示对同代人热情的谨慎抗议。"军事胜利和这样那样的民族扩张不是真正的伟大，历史上有多少国家强大过，但最终他们都被人们遗忘了，这是他们活该。真正的伟大是历史性的伟大，伟人的作品中继续了它。使用'伟大'这种含义模糊的词语，是因为它实在是高深莫测，让我们无法真正探测。一些默默无闻的天才为我们留下了《巴黎圣母院》，歌德写出了《浮士德》，牛顿发现了太阳系定律。这才是真正意义上的伟大，也只有达到这样的高度才能被称作伟大。"弗里德里希·尼采在听完这个精彩的演讲后，给予了布克哈特热烈的掌声。他这样写道："布克哈特正在变成一个叔本华主义者。"虽然尼采准确地看到了布克哈特的见识，但这几句有见地的话还不足以将他的激情抒发出来。他不可能轻易放弃自己的希望，他渴望用实际的行动把自己的祖国从道德灾难中解放出来，在他看来，这个灾难足以威胁他的祖国。但是他要怎样行动？在他面前的是一群不易唤醒、麻木、懒散的大众，他们受民主主义的毒害而发育畸形，排斥那些有崇高抱负的人。想要在这群人中坚持危险的理想以及对英雄主义和崇高事物的爱，需要怎样的手段呢？在长期思索之后，尼采形成了一个方案，他没有向任何人吐露这个方案，因为这个方案是如此的大胆超前，因此他不打算告诉任何人。此时，瓦格纳正在筹建拜洛特剧院，他希望这个剧院能够完全成为自己自由的舞台，在这里他可以用自己的形式如实表现自己的史诗般的艺术创造。而尼采这一次和瓦格纳又是心有灵犀，他的大胆设想与瓦格纳有着异曲同工之妙，他想要建立的是一个神学院。它可以提供给年轻的哲学家们一个聚会、生活的空间，他的朋友们，罗德、格斯道夫、杜森、欧维贝克、罗门特在这里可以获得自由。他们可以不用应对各种责任，也不会被行政监督束缚。这里还有大师对这些年轻人进行指导，对当前的问题进行沉思。这样，他这天才一般的设想，他这把艺术和思想二者集于一身的精神乐园，就可以在德国的心脏地带，将德国的精神持续传承下去，这样的学院超越了普罗大众的认知，远离了政府的限制。7月，他在写给欧文·罗德的信中这样写道："修道院是传承精神所必需的。"如今，战争中六个月的经历让他这个念头再次出现，"此次战争和胜利给我带来新的东西，我想做一个现代隐士，过一种与这个民族完全不同的生活。"

尼采完全沉醉在自己的梦想之中，以至于他无法看到其实这个梦想遥不可及。他想象着与波斯特罗亚尔田园修道院的隐居者类似人群的重新联合。虽然他知道这与当下的时代风俗和趣味格格不入，可他却认为这是必需的，他相信凭借自己的力量能够创建或是促成它的建成。

他心中的本能冲动在激励着他，给予他前进的方向。从前他待过的普尔塔学校就像是修道院，无论是它的起源、历史、建筑和独特的围墙都给予人们这种印象，而它的那些持久、庄严、井井有条的规章制度更加彰显了它的修道院色彩。因此，尼采的生命里很早就烙下了宗教的印记。这种印记一直伴随着尼采的成长，同时埋藏在尼采心中的还有乡愁情怀。以前读大学的时候，尼采总是通过结交朋友来排斥其他的交际。他从自己研究的古希腊的古老智慧中获得了滋养。毕达哥拉斯和柏拉图是他的偶像，在他看来，毕达哥拉斯是创造者，而柏拉图则是诗人，毕达哥拉斯创造出由武装哲人和沉思骑士组成的，完全彻底和至高无上的贵族执政，这是人类能够设想出来的最美好的社会，而柏拉图则歌颂了这个社会。正是在这之中，尼采的思想和抱负带着基督教人性和异教徒人性出现了。

他想写一封信给认识或是不认识的朋友，不过现在他却宁愿保守着这个秘密，因为时机还尚未成熟。他给格斯道夫写了一封信，这封信激情洋溢，却又神秘费解，他说："两年之后，你就会看到一种古代的新观念出现，而它的出现则意味着科学道德教育的更新。"12月中旬的时候，尼采觉得时机已经成熟了，此时，罗德正好给尼采写了一封信，尼采看出罗德发自内心地赞成这一行动。

12月22日，他离开了卢塞恩，没有再收到罗德的回信，瓦格纳夫人送给尼采一本《巴马修道院》，而尼采则送给瓦格纳一幅《骑士、狗与死亡》的木刻，后来，他曾为此写了《悲剧的诞生》的评论，他认为，"丢勒的骑士就是我们的叔本华，他了无希望却在寻求真理"。在等待罗德回信的过程中，尼采感到非常焦虑，尼采和瓦格纳都非常乐意谈论拜洛特以及瓦格纳的巨大计划，但是，罗德的赞许信却迟迟未到，直到尼采离开特里伯森时，也没有任何人谈到相关的话题。直到尼采到达巴塞尔，他才收到了罗德的回信，罗德说：建立修道院存在着很多无法解决的困难，并且他自身也并不具备能令他可以配得上尼采召唤他去的隐居地的创造力,他所期待的是与尼采完全不同的生活。罗德拒绝追随尼采,并暗示尼采的计划不会得到任何支持。尼采放弃了写倡议书,也没有向瓦格纳提起过这件事。

尼采开始比以前更加努力地工作。他详细地阐述了那些革命性的真理,他对古希腊公元前7到6世纪前的城邦重新进行了思考,他总是被一种神秘的力量带到那里,古希腊人总是把一种近乎残酷的美丽付诸实践,尼采热爱这种力量,他能够感受到古希腊人那种潜于内心的力量和本能。

尼采说:"如果天才与艺术是希腊文化的终极目标,那么希腊所有的社会形式都必须要做出通达此终极目标的机制和台阶,展现在我们的面前。"他认为手段之一便是奴隶制,并且他坚持这一点。尽管它是残酷的,但却满足了尼采浪漫主义的趣味。

他写道:"因此,让我们来坦率地承认这个堂而皇之的真理:奴隶制对文化是必要的,对生存的绝对价值而言,是毫无疑问的真理。"

但是这种奴隶制的起源是什么呢?又如何让奴隶的服从得到保证呢?尼采认为,没有一种权利在本质上不是由暴力赋予的。这样一来,尼采又开始思考他最初的对象,他在战争中又发现了那个答案,在痛苦和悲剧中人们创造了美,也唯有在痛苦和悲剧中,美感才能保存下来。尼采在很多章节中都赞美和祈求战争:

要不是国家精神,被这种投机精神所贬低,我们必然会有一而再,再而三的战争——除此之外别无它途。国家的建立并非是为了保护与极恶的战争相对的利己主义。恰恰相反,这是要让人们热爱国家、忠于君主,借以激起象征着更高的道德冲动,在其所收获的全部赞誉中,这一点已经不言自明。所以,我在此高唱赞歌,不会被认为是不正常的。

不断提高人类的战争:这是个孤独者的呐喊。尼采应该放下笔,看一看他周围的世界,当他看到帝国的腐败,就不会继续保持自己的幻觉。尼采认为,最古老的严肃是由战争开启的,同时,这也是艺术的时代。他的思维变得越清晰,同时也就会更为忧郁。

罗马使尼采心烦意乱,他把罗马视作古代的污点,这个好战庸俗的城市让他充满了忧郁的预感,他写道:"罗马是典型的强蛮之国,在这儿,意志不能达到崇高的目的,其组织越强大有力,其道德就越让人难以忍受,谁会喜欢这种庞然大物呢?"尼采对古希腊的梦幻念念不忘,他认为古希腊的文化精神一旦被唤醒,就会转化为一场反对当今文化的战斗。

尼采的梦想总是遭受来自生活的打击,这让他感到非常痛苦,欧维贝克是个与众不同的人,他精力充沛,才思敏捷,是尼采忠实的倾听者但却并不追随他,作为一个生在德国、学在法国的人,他分担着尼采的忧虑和梦想,但却还不能与尼采相提并论。布克哈特才智超群,个性鲜明,但他对尼采满怀激情的渴望却从不抱希望,瓦格纳的激情与希望是无可挑剔的,但他刚刚针对被征服的巴黎人发表了一出滑稽剧,让尼采读后大加指责,这些朋友,尼采没有一个是信任的。巴塞尔大学空出了一个哲学教授的位置,尼采告诉罗德,让他去申请这一职位,这样他们就可以再次见面,但罗德却没有被录用,尼采开始变得越来越忧郁。

尼采一直都没有从战争的磨难中恢复过来,睡眠也不再听从他的召唤了。2月,他神经方面的控制力开始彻底崩溃,而且这种失调呈现出了急性症状,剧烈的神经痛、失眠、眼病、胃病、黄疸整整折磨了他五个月,尼采把伊丽莎白叫了回来,接着便启程去了卢加诺。

那个时候,旅游者只能乘车越过圣·歌达德山脉,尼采的旅伴健谈幽默,极不寻常,他就是马西尼,这两人相处得十分融洽。马西尼引用了一句格言:"弃绝中道,坚定地活在整体、全部和美之中。"尼采此后一直没有忘记这个格言的传诵者,也没有忘记那天健康而又短暂的旅行。

愉快的旅行对尼采的健康是很有帮助的,到达卢加诺时,他已完全康复了。尼采的性情依然温和,他开始变得容光焕发,快乐的激情也被再次燃起来了。一位普鲁士军官与尼采住在同一家旅馆内,他将自己作品的手稿交给尼采看,并常常向尼采谈起德意志帝国的命运赋予贵族战士们的使命,这对于尼采来说无异于一个美好的春天。2月来临时,战争结束了,欢乐的人群从焦虑中解脱了出来,沉浸在喜悦之中，尼采加入了他们共同欢庆。

尼采给罗德写信说，他常常被一种沉重抑郁的情绪所困扰，灵感使他的手稿获益，他一天比一天更加深入哲学领域，但他无从知道命运将会把他引向何方，他每一次反思自身，都会发现自己处于一种最和谐的状态之中，一些纷乱的想法不断涌现，在他搞不清楚真相之前，这些想法是无法安顿的。这便让尼采无法平静，令他处于精神上的失眠状态。

4月10日，尼采回到了巴塞尔，他重新整理了笔记，把文章主题限制到了古代悲剧当中，据说这也是瓦格纳的希望。尼采似乎被太多的念头所缠绕，他已经开始在美学、历史和政治之间信步徜徉，他需要限制自己，瓦格纳在这一点上帮助了他——这是尼采所完成的唯一一本真正的学术著作。

尼采打算对古希腊人抒情精神的起源进行分析，他用彼此斗争的希腊方式，展示了两个冲突的德国，一个是民主主义者和专家学者的德国，另一个是战士和诗人的德国，人们必须在这两者之间做出抉择，尼采宣布了自己的选择：他把瓦格纳作为象征介绍给了自己的同胞。当和平条约在法兰克福签署时，在内心深处建立了和平的尼采也完成了他的初稿，在他看来，他内心的冲突和外界的民族革命具有同等的重量。

但《法兰克福合约》并没有终止所有的纷争，法国内战的震撼开始变得更为深广，尼采听到卢浮宫被烧的消息时，心情非常沮丧，那些最美的作品都遭到了毁坏，尼采所有的恐惧都得到了证明，他写道，没有等级秩序，文化就不能够继续存在，只有奴隶制才能给社会以力量，社会才能以优雅、仁慈和美作为回报。

他突然想起了布克哈特，并且十分想见他，他去了布克哈特的家，但是布克哈特却已经出了门，尼采就像是一个走投无路的人，徘徊在路上，最后回到家时，他却发现布克哈特正在书房里等他。这两个人长久地待在一起，独自在隔壁的伊丽莎白透过关闭的房门听到了他们的啜泣声。尼采在给格斯道夫的信中说道："要是我们带着平和的自负来看待一场反文化战争的爆发，要是我们仅仅把这种错误归咎于那些做出这些行为的不幸者，那我们就错了……当我看到最优秀的艺术作品竟然毁于一旦，生活便在我面前呈现出一片荒诞。"

尼采恢复了原来的生活方式，他每星期都要去瓦格纳家中做客，他察觉到，自德国胜利以来，太多的陌生人涌了进来，打扰了尼采原本喜爱的宁静，但瓦格纳却和所有的人都慷慨陈词，滔滔不绝，他认为现在是着手唤醒德国人的最佳时机。

尼采怀着不安的热情加入了讨论，他孤单的灵魂时而为这个圈子所困扰，时而为之惊呆。瓦格纳非但不感到痛苦，反而非常振奋，尼采惊讶之余便是失望，他再也找不到心目中的英雄了。

一天，瓦格纳为在场的人表演了一支《齐格弗里德田园乐曲》，这让众人大吃一惊，瓦格纳想把这个角色传给尼采，因为他不想看到尼采的落寞。

瓦格纳的建议并不容易做到，因为《悲剧的诞生》找不到一个出版商，尼采的努力落空了，他在给罗德的信中表示了这是痛苦的折磨。

10月初的时候，尼采待在莱比锡，在那里，他见到了自己的老师里奇尔和罗德、格斯道夫，他们一起度过了愉快的几天，但书的命运还是无法确定。尼采那些神话式的保证不能满足书商的胃口，最后，他不得不写信联系了瓦格纳的出版商，最终得到了满意的答复。

《悲剧的诞生》即将出版，尼采一刻都没有怀疑过这本书会被阅读、理解和赞赏，他思想的力量一直都受到朋友和老师的承认，但他却从未想到过公众是无情冷淡的，他为了对公众产生深刻影响，想出了一个新的计划，那就是做演讲。演讲作为更为鲜活的武器，是他梦寐以求的。12月，他在巴塞尔宣布，在1872年1月，他将做一个名为《我们教育机构的未来》的系列讲座。12月中旬，他陪瓦格纳去了曼海姆，那里正在举行为期两天的瓦格纳音乐会，他写信对罗德说，没有任何东西能够与艺术的东西相提并论，没有一样东西像音乐一样使他感动。他回到了巴塞尔的住所，对所有不能够转换为音乐的东西都感到厌恶，对现实感到恐怖，在这种情感的压力下，曾经盘踞在他心头的那些问题获得了更为清楚的认识，去教育人意味着要按照一种品质去塑造他们的精神，即天才之作应当得到保证，至少应当得到所有人的敬重。

跟往年一样,瓦格纳邀请他去特里伯森过圣诞节,但是他却谢绝了,他把自己大部分的时间都花在了准备演讲上,他把其创作的《圣·希尔维斯特节之夜狂想曲》恭恭敬敬地奉献给了瓦格纳,并希望能够得到他的评价。

1871年的最后一天,他的作品《起源于音乐精神的悲剧的诞生》出版了,现代版本的副标题《希腊文化和悲观主义》是1885年发行第二版时加上的,尼采把第一册书赠给了瓦格纳,并立即从他那儿收到了一封道贺信:"我还从未读到过一本比你写得更为出色的书,这真是棒极了,我急切地给你写信,因为我被这本书深深地打动了。"1月10日,瓦格纳又写信说:"你刚刚出版了一本无与伦比的书,它迥异的地方便在于深刻的个性,它是带着完全的自信表现自身的。"

1月16日,尼采做了第一次演讲,他的欢乐和安全感达到了极致,他知道这本书受到了来自于瓦格纳、罗德、格斯道夫和欧维贝克的称赞,因此丝毫都没有耽搁,便开始了构想他的第二步工作,希望可以发表自己的演讲稿,使之成为一本由《悲剧的诞生》转化而来的通俗读物。当时德国正准备兴建新的斯特拉斯堡大学,他们打算在一块被士兵征服的土地上供奉教授,这便激怒了尼采,他质问:我们的士兵已经征服了法国士兵,但我们的文化已经使法国文化丢脸了吗?谁能这样说?

几天过去了,他仍没有把质问写下来,为什么呢?除了几个理解这本书的朋友之外,再也没有人阅读和购买这本书,更没有一份评论和报纸注意到这本书,连伟大的语言学家里奇尔也没有发表意见,尼采写信希望得到他的评价,而他的回信则是严厉的批评和指责,罗德给《文学中心》投了一篇评论,却没有被录用。他写信给格斯道夫说:"除了恶意和蠢话,不要再指望什么。但是,正像以前我给你说的,我想在这种乱世中建立起我的思想,并让它流芳百世,我有这样的自信,因为在这本书中首次提到了一些从前被人忽略掉的永恒真理,即使经过了岁月的洗礼,它们也会发出光芒。"

尼采显然没有为失败做好心理准备,因此当失败真的来临时,尼采感到不安而又震惊。他患上了咽喉炎,这使得他的演讲被迫中断了,但尼采却从意外中找到了乐趣。尼采一直都任由那些高尚、微妙，甚至连他自己也都觉得费解的思想引导自己。他希望建立两种学校，一种是面向大众的职业学校；另一种是精英学校，这种学校面向那些经过精心挑选的优秀人才，他们的课程会一直延续到三十岁。如何建立起这种鹤立鸡群的孤立圈子，这些精英们又如何受教育呢？弗里德里希·尼采重又回到了老地方，即他的贵族政治理想。这是他过去常常思考研究的问题。不过，要想把这个理想付诸实施则需要足够的力量，还需要能够和他产生共鸣的听众。而这本书的失败影响了他实践的进程。尼采咽喉的不适没有持续多久，但他还是中止了自己的演讲。一旦下定决心，就没有人能够强迫他，因此他断然拒绝了演讲的邀请，他甚至拒绝了发表演讲稿的邀请。瓦格纳还对此表示了强烈的反对，但是尼采却巧妙地回绝了。尼采在这段时间的笔记受其状态的影响，呈现出一种零散混乱的状态，这看起来有些不幸，仿佛是梦境留下的痕迹。

目前国家控制着科学，因此掌权的贵族就必须要保持清醒并且控制其内心的完全自由。

其后，人们将不得不筑起新文化的讲台……接下来便是摧毁学院和大学……建立起审判精神的最高法院。

未来的文化针对社会问题的理想。美和崇高之必要世界……对社会主义的必要防卫……

最后，用三个词组成的疑问就可以概括他所有的怀疑、愿望、全部作品的主旨，即"崇高是否可能"？

尼采最终还是勇敢地放弃了自己的希望，他早已失去了自己的祖国，因此他沉默了。在普鲁士，抒情不可能所向无敌，得到欢迎，而德意志帝国也永远不可能成为那个"美和崇高的必要世界"。4月30日，新的斯特拉斯堡大学落成了，对此尼采写信给罗德说："在这里，我听到群众的心花怒放，他们的口里满是爱国主义的论调。"早在1月份，尼采便收到了一份工作邀请，但是他却拒绝了，因为如果他接受这个工作的话就会离开巴塞尔。但到 4 月份时，尼采却产生了离开巴塞尔，到意大利去待上两三年的想法。"我那本书的第一篇书评终于出炉了，我觉得这篇文章写得很精彩。但是我要把它发表在哪儿？是一份意大利刊物《欧洲评论》！这件事情既令人高兴又富有象征意义。"

还有一件事让尼采感到忧郁：瓦格纳将离开特里伯森，准备举家迁到拜洛特。瓦格纳夫人给尼采写来一封信，告诉了他离别的消息："是的，我们将前往拜洛特！……别了，亲爱的特里伯森——《悲剧的诞生》的构思地——以及那些令人难忘永不再来的事情！"

三年前的此时，正值春暖花开，尼采第一次冒昧拜访了特里伯森。此时他想要故地重游，所以他去了，此时在他眼前的是满目的荒凉。剩下的不多几件家具被布盖着，散落在各个房间，仿佛是几个世纪前的老古董。所有精致的小玩意、小摆设都不见了。窗户没有了帘子，阳光强烈而又粗野地直射了进来，瓦格纳和妻子正在做最后的装包工作，将剩下的几本书扔进最后的篮子里。对于他们忠心耿耿的朋友尼采，他们表示了欢迎，并请求他能够给予帮助，尼采立即便答应了这个请求。他把瓦格纳的信件、珍贵的手稿都捆进了包裹里，接着又去捆剩下的书籍和乐谱。在做这些事时，尼采突然感到沮丧，失去了勇气。在特里伯森的一切都结束了，这里已经失去了价值！他曾在这里待了三年，那曾经是怎样的三年啊！出乎意料、激动人心、美妙有趣的三年，而就在这短短的一天中，这些美好的时刻就将全部逝去。现在他必须离开这位他追随至今的老师，忘掉特里伯森的工作。从今以后，为了将来，他只能想着拜洛特。当尼采第一次听到拜洛特这个神奇的地名时，尼采就为之着魔了，但他心里也感到不安。特里伯森的时光如此美好，在这里只有安静和沉思、充满工作和静默的时光，同时这里还有一对杰出的夫妇和一群可爱的孩子，他可以和他们在这里进行无休止的愉快交谈——所有这一切都是特里伯森所赐予的。那么在拜洛特，他会得到什么呢？众人会前去那里拜访瓦格纳，他们会随身带去什么呢？想到这里，尼采便停止了整理，他离开那堆自己正在捆扎的书籍。客厅的中央还是那架豪华的钢琴，他打开了琴盖，弹了一段序曲，接着便开始即兴演奏。瓦格纳和夫人都停下了手里的活儿，认真倾听着尼采的弹奏。一支忧郁难忘的狂想曲从房间中传了出来,在空荡荡的客厅里萦绕回荡。尼采将这首曲子作为献给瓦格纳夫妇的离别曲。

直到 1888 年 11 月,已经深受精神病折磨的尼采在自传中还这样写道:"留存在我记忆中的那些生活的安慰,令我最应该铭记的便是和瓦格纳之间的交往,这份友谊持久而又深刻。我希望自己这样说不会使我的其他朋友感到不开心,但是我绝对不能把在特里伯森的日子从我的生命中抹去,在特里伯森的日子总是充满信任和愉快,并且还闪烁着深刻崇高的思想。我不知道,在其他人的眼中,瓦格纳意味着什么,但是我俩却从来都是心意相通,从来都没有发生过争执。"

第四章　尼采和居住在拜洛特时期的瓦格纳

拜洛特有着传奇的历史，长期以来，这个小城在德国默默无闻，但在18世纪，它闪烁出的摇曳的智慧之光，使它最终蜚声于整个欧洲。众多文人墨客都居住于此，这里有一位聪明的总督夫人——弗雷德里克的妹妹以及伏尔泰等，这些名人的光芒使这个荒凉的地区焕发出生机，总督夫人用"洛可可"式风格奇异的涡形花样对城堡进行了大量装饰。总督夫人去世后，拜洛特归于沉寂。一个世纪的时间过去了，被总督夫人装饰过的这个小城突然声名远播，成了新艺术、新宗教人士的朝圣地。这个现象看起来很传奇但却是人为的结果，正是一位诗人一手炮制了这个强烈的历史对照。而拜洛特的历史应当被囊括进瓦格纳的作品之中。

瓦格纳依然保留着自己建造剧院的梦想，他想把自己的剧院建立在一个安静幽僻的城市，而拜洛特正符合他的要求。在建造剧院这件事上，与其说瓦格纳要去迎合他的观众，不如说他要强迫观众接受他的选择。他在众多的城市中看上了这一个，而瓦格纳和总督夫人这两个德国人将在拜洛特形成鲜明的对照：从前的那位总督夫人崇拜法国风物，平庸而又低劣；而未来的这一位则为放任自己的人，他不受束缚、勇于创新。而瓦格纳剧院的创建工作也立即开始了，这位戏剧大师决定在他的生日——1872年5月22日举行隆重的剧院奠基石落成典礼。

对此，尼采写信对罗德说道："这实在是太好了，这样一来，我们又可以再见了。这个时候的重聚将比任何时候的都更加壮观、更有意义，不是吗？"

瓦格纳和尼采一同出席了这个典礼，他们两个一个来自巴塞尔，另一个来自汉堡。典礼上聚集了两千名群众，那天天气不好，但是连绵不绝的雨和乌云密布的天空为这场典礼增添了壮观之感。瓦格纳创作的是严肃的艺术，因此不需要明媚的天空来陪衬。但这没有阻止那些忠实的信徒前来，他们站在露天，听凭风吹雨打，观看奠基石的落成。在埋入土里的石块上，瓦格纳刻上了一首自己的诗，接着覆上了第一锹土。当晚，他邀请出席典礼的朋友们听了一场交响乐演奏，演奏中加入了合唱，而他自己也对其中管弦乐的某些片断做了润色。他亲自担任了指挥，德国青年们聚集在总督剧院，怀着虔诚的心倾听了这场音乐会。这部作品表达了19世纪的时代诉求。当最后的合唱《成千上万的人互相拥抱》开始时，一个观众兴奋地说道，歌中表达的意愿似乎真的快要实现了。

尼采这样说道："我的朋友，这是多么美妙的时光啊！没有什么能够使我忘记这庄严而又神圣的时刻，我会将它牢牢记在心里。我们应当勇往直前，投入到为理想而战的生活中。首先，无论我们愿不愿意，我们应当以严肃的态度和强大的力量去控制我们的一切行为，只有这样，我们才有资格证明自己无愧于其中任何一个独一无二的事件。"

尼采热爱瓦格纳，因此他希望为瓦格纳而战，他写信对欧文·罗德说："去战斗！去战斗！我需要战斗。"但是他已经意识到了事实的可悲，而这个结果已经被不止一次地证明过了，尼采知道，自己的天性并不适宜投身到这场以公众舆论为赌注的战斗中，在这场战斗中，最需要的态度便是保持沉默。一句话，这种沉默态度与他激进的理想主义相悖。而这种矛盾让他感到压抑，而这种压抑则早在特里伯森时尼采就已经感受到了。对于瓦格纳，尼采深感不安，现在的瓦格纳让他感到陌生，在他眼前的不是他曾经深爱的严肃而又纯粹的英雄，而是一个强悍的工人，身上带着野蛮、怀恨、妒忌的缺点。尼采曾计划和门德尔松的一个亲戚一块儿去意大利旅行，但是为了迁就这位老师，他被迫打消了这个念头，拒绝的原因仅仅是因为瓦格纳痛恨门德尔松这个家庭和这个姓氏。

尼采在日记中写道:"为什么瓦格纳活得如此多疑,这会让人对他产生不信任感。"

瓦格纳天生就是个多疑而且专断的人。他已经没有在特里伯森那种高贵自由的态度了,也不会像曾经一样与人从容不迫地交谈。他发出简短的指令,用命令的语气对人们说话。

尼采计划着去德国北部,在那里他要去讲、去写、去创建联盟,"把德国学究那鼠目寸光的眼睛无法看到的东西推到他们面前"。但瓦格纳拒绝了这个建议,他希望尼采发表一篇讲稿,而且一定要用《我们教育机构的未来》这个题目。尼采察觉到瓦格纳的这种希望多少有些自私,因此他拒绝了。

"我们高傲的尼采先生仅仅只想做他愿意做的事情。"性格暴躁的瓦格纳总是这样叫道。

瓦格纳的愤怒让尼采感到悲哀和丢脸,他从未想过自己的老师是这样的人。他想:"又是生病,又是工作的重压,总是用这样的理由来解释!难道我就没有被尊重的权利?难道我就没有自由,事实上都得听从别人的指挥?为什么瓦格纳如此专制而又不讲理?"尼采在日记中写道:"瓦格纳没有力量使他周围的人自由并且伟大。瓦格纳不是个忠诚的人,相反,他多疑而又傲慢。"

正在这时,一本题为《未来的语言学,对弗里德里希·尼采的一个回答》的小册子问世,小册子的作者叫威拉莫维茨,他是尼采在普尔塔学校的同学。

格斯道夫告诉了尼采这个消息,而尼采在回信中说道:"亲爱的朋友,不用为我担心,对于这种事,我早就做好了心理准备。我永远不会让自己陷于论争的旋涡之中。但这件事唯一的遗憾便是,作者是我的同学威拉莫维茨。你知道吗,去年秋天,他还友好地来巴塞尔拜访过我。可是为什么会是威拉莫维茨呢?"

实际上,这本小册子的实质是针对瓦格纳的,它模仿了瓦格纳那句出名的套话"未来的音乐",并对其进行了讽刺,面对挑战,瓦格纳对此做出了反击,并借这个机会再次邀请尼采发表他的讲演。

"一个人应当对我们的文化界怀着何种感觉?"瓦格纳总结性地说道,"应该由你来告诉我们德国文化应当是什么,这样才能引导这个新生的民族朝着至高无上的境界前进。"对于老师的要求，尼采再次坚定地表达了自己的决心。他表示不论是它们的表达形式还是其中不确定的思想，都令自己对这个讲稿一点都不满意。"我不想发表任何使我的良心蒙受污染的东西。"他打算用另一种方式表达自己对瓦格纳的信念。

他写信对欧文·罗德说道："要是能写一些东西为我们的事业服务，我会感到非常高兴。但问题的关键是我不知道写什么。我提出的任何意见都会被人们否定，这让我感到备受伤害，而这些伤害是如此刺激人。其实我写的东西更容易滑向危害而不是服务于我们的事业。为什么我那本朴实无华、充满激情的书会有如此可怜的命运，沦落到被人们唾弃的地步？真奇怪！那么我们这些另类应该对此做些什么呢？"

尼采开始写作《一个希望者的话》，但很快就放弃了。

不久之后，尼采又重新翻开了搁置已久的古希腊著作，这些书如此美丽，这让尼采感到万分满意。此时由于他作品的原因，许多年轻的语言学家都将他排斥在了学术界之外，因此此时的尼采只有几个学生，但这并不影响他继续教书育人的事业，他给自己很少的几个学生解释了《埃斯库罗斯的献祭者》和前柏拉图哲学中的一些章节。

尼采的思想越过了二十五个世纪的鸿沟，古希腊明亮的光辉驱散了他心中的所有怀疑和阴影，让他看到了古希腊文化中璀璨的精华。此时，瓦格纳的朋友们常常将瓦格纳的良言佳句挂在嘴边，对此，尼采始终都保持着质疑。在拜洛特的演奏会上，《成千上万的人互相拥抱》这首合唱曲被演唱了，这是瓦格纳的作品。这首歌的曲调和歌词都不错，但是唱歌的人们没有像歌词中一样互相拥抱。尼采觉得这句话里具有夸张和虚假，他清楚，古希腊那些野心勃勃的邪恶者，并不总是拥抱，连他们用来表达感情的赞美诗里也从来都没有提到过拥抱。在他们的心中，超过别人才是第一位的，他们的情感被妒忌填满了。这就是他们的颂歌所赞美的全部感情。但是尼采欣赏他们质朴的力量和精准的言辞，在这里，尼采恢复了活力，写下了一篇名为《荷马式的战斗》的短文。文章一开始，我们就发现尼采已经开始远离瓦格纳的神秘主义了。

他这样写道：

当你谈到人性的时候，头脑中就会出现一种情感的等级，人们通过这个将自己与自然界区分开来，但是自然与人类之间并不存在隔阂。因为"自然的"质素和"人性的"质素是共同成长、浑然一体的。怀着崇高理想的人类永远无法摆脱邪恶的自然。

人类的激情、行动和作品都是从这些非人性的可怕倾向中生长出来的。

古希腊人是这些人中最富有人性的，他们保持着残酷和乐于毁坏的心。

这篇文章一气呵成，但却只花了尼采几天的时间。紧接着尼采就开始了一项持久的工作。他开始研究泰勒斯、毕达哥拉斯、赫拉克利特和恩培多克勒的著作。他试图去解读这些真正哲学家的心灵，因为只有他们才配得上"哲学家"这个名称。他们是生活之王，对辩论和书本都投以鄙夷的眼光。他们兼公民和思想家于一身，而且不像他们的后继者苏格拉底及其学派的嘲讽者、柏拉图及其学派的梦幻者那样与世隔绝。他们每一个人都有着自己的主见，习惯在事物和行动中进行沉思并表达自己的个人观点。这样的研究只持续了几天时间，尼采就在一本笔记本上写满了自己的思考。

尽管尼采手头的研究工作是如此的繁忙，但他却仍然继续关注着他那位荣耀的朋友的成功。7月，《特里斯坦》在慕尼黑上演。尼采欣然赴约，同时还同瓦格纳的其他许多信徒见了面。在这里他见到了格斯道夫，以及在拜洛特的五月音乐节上认识的弗罗琳·冯·梅森伯格。梅森伯格大尼采很多，已经有五十岁了，但是她的身上却保持着一种长久的温柔魅力，同时由于娇弱和神经质，她还有着优雅的体态。在这几天的时光中，尼采和他的新朋旧友们都深感愉快。因此临别的时候，三个人都对离别感到遗憾，于是在告别的那一刻，他们向彼此表达了尽快再见的希望。格斯道夫表示了自己愿意8月再次前来听《特里斯坦》，尼采也再次保证要来这里。但是到了8月的时候，格斯道夫却因故不能参加，尼采也没有勇气一人重返慕尼黑。尼采写信告诉梅森伯格："当你发现自己站在一种严肃而又深刻的艺术前,却无法和它完成精神的交流时,这样的面面相觑是让我无法忍受的。简而言之,我还是不要去慕尼黑,继续待在巴塞尔吧!"这会儿他正在思考巴门尼德的思想,这项有趣的研究弥补了他没有听《特里斯坦》的遗憾。

梅森伯格将瓦格纳的新闻都告诉了尼采,事无巨细。尼采的这位老师刚刚写出《众神的黄昏》一剧,完成了他四联剧的最后一部。梅森伯格是从科西玛·瓦格纳写给她的一张便条中得知这一消息的。瓦格纳夫人这样写道:"我在内心深处听到了'荣耀归于上帝'的吟唱。"这句话是时代的风气象征。梅森伯格重复着"荣耀归于上帝"这句话,紧接着她又补充道:"崇拜新精神的信徒们需要建立新的神秘,由此他们可以使自己的信仰变得神圣庄重。而瓦格纳恰好在这部悲剧作品中创造了这种神秘,为这些新精神的信徒们提供了一个方向。只有为新的狄俄尼索斯神话创造与之般配的神庙,这个世界才会恢复它的美妙。"梅森伯格还向尼采透露,为了实现修建神庙的目标,她正在尽力说服意大利女王——萨沃伊的玛格丽特,作为支持者的领头人。至于李斯特,她叫上了自己的几个朋友,她们都来自上流社会,并经李斯特介绍全部都加入了瓦格纳崇拜者的行列。现在这个是一个高尚的联盟。

在尼采看来,梅森伯格所做的一切都带着一种令人不快的、趋炎附势的气氛和过度的宗教情感,但是她的动机却无可指责,她品性高雅、纯洁,并以其纯洁净化了她周围所有的一切。尼采没有批评这个朋友的信。但连续工作使尼采的身体垮了下来,他无法入眠,只得停下工作进行休息。旅行是尼采放松心情的好方式,因此在夏天即将结束时,他出发前往了意大利。他来到贝加莫,却没有走得更远。尽管后来他说自己十分钟爱这个地方,但是现在在贝加莫丝毫不能引起他的兴趣。"此处的人都崇拜阿波罗。"而此时梅森伯格正在佛罗伦萨,她告诉尼采:"沐浴其中是很不错的。"尼采在贝加莫不想加入当地的群众,成为阿波罗的崇拜者。在这里他看到的情景千篇一律,奢侈逸乐、过度舒适。他的德国趣味实在无法忍受这里的风气,于是他回到山间,变得"更勇敢、更高尚"。尼采在施普吕根一个低劣的乡村旅店里度过了愉快的几天。

1872 年,尼采写信给格斯道夫:"这里位于瑞士和意大利的边境附近,我独自一人。我对自己选择在这里进行调养感到非常满意。这里富饶绝妙，有着世界上最秀美的道路。我经常在这些路上走上好几个小时，沉浸在沉思当中，可我却从来都没有跌落过山崖。任何时候我抬起头环顾四周，都可以看到路边的一些新奇美丽的景色。这里全是自然的风景，只有驿车偶尔会在这里停下换班。我唯一的交际便是和驿车里的人一块儿用餐，然后他们像柏拉图的幽灵一样从我的洞穴前消失。"

此前，尼采都还不大留意高山，平缓的溪谷和侏罗山的森林更能引起尼采的兴趣。因为这些唤起了他对故乡的回忆，他土生土长的地方——萨勒河畔和波希米亚的丘陵与这里极为相似。在施普吕根，他发现自己可以呼吸着山间的空气孤独地沉思，这让尼采感到很快乐，这种新发现的乐趣就像是一道闪电一样稍纵即逝。当他重新回到平原时，他几乎忘却了这个乐趣，但是六年之后，当他体会到内心深处的永久孤独，再次住进山中简陋的旅店时，他又再次发现了那早在1872年10月就发现过的相同乐趣。

不久之后，尼采就离开了隐居之地，带着无忧无虑的心情重返巴塞尔，回到自己的教学工作当中。巴塞尔是尼采建立了友谊和生活方式的城市，因此他深深地喜欢着它，也用宽容的心在看待这里的居民。巴塞尔成了尼采生活的中心。他写信告诉罗德："欧维贝克和罗门特是我在思想和生活上的知己，是这个世界上最好的朋友。有了他们在，哀伤和愤怒都将不会对我产生影响。欧维贝克的严肃和大度在哲学家中极为少见，他纯真可亲，具有激进的勇气。而这几点，是我和人交朋友所必不可少的因素。"

回巴塞尔的日子是尴尬的。他所有的学生都离他而去了，其中具体的原因他也并不是不清楚。德国的语言学家们集体排斥他，宣布他在科学研究上的死亡。他们对他进行人身攻击，并禁止他上讲台。他写信对欧文·罗德说："圣凡格里奇已经很好地尽了他的职责，让我们抛开那些成见去做事。但是我不愿意看到这个大学因为我的缘故而受到牵连，这使我的内心感到万分难过。在过去的半年里，二十名注册学生离开了我。我几乎无法使希腊文和拉丁文修辞课继续下去。我只有两个学生，一个学德语，另一个学法律。"

最后，他终于从朋友那里得到了一些安慰。罗德写了一篇书评捍卫尼采的作品，可是所有刊物都拒绝接受罗德的文章。罗德对这些拒绝感到不满，于是便修改了文章，将原文改成理查德·瓦格纳的一封信，并以这种形式发表了。尼采对他的行为表示感激，并说道："任何人都拒绝看到刊登我的名字。就好像我是个罪人一般。而现在，你的文章终于问世了，它是多么有力而又勇敢啊！这就是我们团结奋战的见证。我的朋友们都为此而感到高兴。他们用各种言辞对整篇文章及其细节进行夸奖，在他们看来，你那强有力的争辩简直和莱辛不相上下……文章中有着深沉的预示着危险的呼声，它们就像瀑布飞泻时发出的轰鸣声，这一点让我感到万分高兴。我们一定要保持勇敢的信念，亲爱的，亲爱的朋友。我一直对我们向前的道路深怀着信念。我深信，我们将一如既往地忠诚于我们的抱负，提高我们的力量。我坚信，当我们成功的时候，我们将寻找到更远的目标，更加意气风发地面对未来。是的，我们会到达目的地，作为征服者，那时我们还将发现更远处的目标，我们最终会勇往直前。那些目送我们前进的观众寥寥无几，但这并不会影响我们前进的步伐，但是如果这些人具有批判的资格，那么仅仅是这几个观众就已经足够了。对我来说，时代所赋予我的一切荣誉，我都会奉献给瓦格纳，他是我独一无二的观众，只要他满意，我就可以得到比所有别的因素都更能激励我的崇高动力。他为人挑剔，对一切满意或不满意的事都直接地发表意见，他将是我评判事物的最好标准。"

12月初，尼采再次幸运地见到了他的老师，虽然两人在一起的时间只有几个小时，但他们却相处得很亲密。这短暂的时光让尼采回忆起在特里伯森的愉快时光。瓦格纳偶然路过斯特拉斯堡，并向尼采发出了邀请，尼采毫不迟疑地答应了。这次会见非常和谐，二人之间没有发生任何不快。毫无疑问，这对隔阂渐深的两个人来说是难能可贵的。瓦格纳在一封信中谈到这次相聚时表达了这样的愿望：这种美好的时光足以消除二人之间的所有误会，防止他们再度发生争执。

1872年最后的几个月里，尼采拼命地工作着，他对古希腊悲剧哲学的研究进展顺利，他详细地将成果记录了下来留待以后著书用。那些了解他性情的聪明人将平静还给了他，而尼采也恰到好处地利用了朋友们提供的这种方便，在这段时间里,他再次对自己所处时代的很多问题进行了思考。"很多问题"这个说法似乎并不准确,因为他只是在探究一个问题。他给自己提出了一个问题:要提供怎样的一个基础,才能达成传统、规则和信仰的和谐,而是否是服从了这一基础,人类就可望变得更加崇高?事实上,现代社会已经创造了某些安慰品来为自己服务。想要那些真正服务于人的社会出现,来替代当下的这种社会到底应该怎样做才行呢?我们生活在一个不幸的社会,因为我们的文化被剥夺了。我们摆脱了权威,因此我们的思想和行动不受任何形式的权威所统治。我们采取了一种异乎寻常的方式来整理我们的知识,这使得它逐渐趋于完善,但在这个过程中我们似乎忽略了一些其他的事情。我们成功地用语言描述了我们所处的生活现象,将宇宙万物转化成了一种抽象的语言,但是在这种书写和转化的过程中,我们失去了对生活世界真实性的感知。科学对野蛮的我们采取了"野蛮行为"。尼采分析了这一行为。

我们没有感知科学,而是把它一切的基点都变成了附属物。虽然它还侥幸存在着,但却也是苟延残喘。

语言研究缺失了对风格和修辞的训练。

我们忽视了对印度文化研究中哲学的研究。

而在古典文学研究中,面对其中的每一件事,我们都缺乏对其与实际努力关系的质疑精神。

我们无法沉浸下来感受自然科学。我们不会像歌德那样感受到那种和善宁静的氛围。

我们缺乏对历史学的热情。

总之,所有科学都无法被运用到实际生活中。所谓的研究者并不具备真正的修养。他们只是将科学看作自己谋生的手段罢了。

在这样的情况下,研究者必须重新燃起美感、道德感和强烈而又有节律的激情。一个哲学家究竟应该如何才能做好这个工作呢?唉!如果看看古代的经验,那么恐怕我们所有人都要自惭形秽了。因为，在古时候，哲学家必须要具有多重才能和身份，一半是逻辑学家，一半是艺术家；既是诗人，又是使徒。他在逻辑的基础上提出了自己的梦想和戒律，但相较之哲学家枯燥的教导，人们更愿意听诗人和使徒们生动的言论，他们永远都不可能被哲学家的分析和推论所感动。想想从前那些灿如星斗的天才，那些古希腊的悲剧哲学家们，他们究竟做到了什么呢？他们为自己的民族献出了生命，最终又得到了什么？这么多学者中只有恩培多克勒一个人感动了群众，但是他除去哲学家的身份之外更大程度上是魔术家，他创造了神话和诗歌，他雄辩、高尚。因此令他产生影响力的原因不是他的思想，而是他传奇般的人生。毕达哥拉斯应该是哲学家中做得最好的，他创建了一个学派，一帮朋友和弟子聚集在他的周围，尽管如此，他们对群众的影响力还是只像大海里的一道细浪一样微不足道。没有一个伟大的哲学家对群众产生了影响力。尼采写道，为什么会出现这样的现象？是什么导致了他们的失败？又有谁可以成功？在哲学之上建立一种大众文化是不可能的。

那么，等待这些奇特的灵魂的结局是什么呢？他们会丧失自己强大的力量吗？难道哲学家永远是处在困思之中，不能对群众产生任何的帮助？对于这个问题，尼采无法求解，因此心烦意乱，他所质询的正是他自己的生活中所要解决的问题。他最终明白自己永远都不会成为一个音乐家，而且也不能成为一个诗人，他早已放弃了成为这两种人的希望，他缺乏想象力，也没有能力给予一出戏剧以生命。在一个晚上，他对欧维贝克承认了这一点，他对此是如此的悲哀，以至于他的朋友都被他深深感动了。因此，尼采注定只能成为一个哲学家，而且还是一个非常无知的哲学家，他只能算是业余哲学家、一个不完美的抒情艺术家。他问自己：既然我唯一的武器只是一个哲学家的思想，那么我能做什么呢？他如此这般地回答了自己的问题：我只能去尽力做得更好。苏格拉底并没有创造出可以让谬论禁锢在对话者灵魂中的真理，他的目标只是要成为思想的推助者。其实这一点就是一个哲学家的任务。他不是一个称职的思想创造者，但却是一个卓有成就的批评家。他被迫分析一种未知的力量，这种力量在科学、宗教和艺术以及他周围起着作用。他对这种力量的价值和界限做出了明确的阐释。这将是我个人的任务。我要研究同时代人的魂质，并通过权威告诉他们：你们无法在科学和宗教中获得拯救，去找艺术（它是现代社会的动力）和艺术家（那就是理查德·瓦格纳）吧。尼采这样写道："未来的哲学家，必将拥有对审美文化的最高审判权，也必将有权对所有离题的枝节进行裁决。"

圣诞节到来之际，尼采回到瑙姆堡过圣诞节。瓦格纳捎信邀请他在回巴塞尔的途中前往拜洛特。当时的尼采工作繁忙，并且身体还有些不适，更重要的是，尼采本能地感觉到此时保持孤独的状态对他目前的沉思更为有利，因此他婉言谢绝了老师的邀请。不过，几个星期以来，他有很多机会可以和老师并肩站在一起。他写了一篇回击的文章（他所有作品中的唯一一篇），这篇文章主要是针对一个精神病医生，他正在着手证明瓦格纳是疯子。此外，尼采还匿名捐助了一笔钱给宣传机构。保持匿名符合他当时低调的生活方式，这也是唯一适合他的方式。他甚至想在巴塞尔建立一个追随瓦格纳的爱好者同盟。尼采所做的这一切都表明了他对老师绝对的忠诚，因此当他得知，老师对他的缺席感到极为不满时，他大吃了一惊。前一年，他也拒绝过老师的邀请，那一次老师只是温和地训斥了他。

"我们知道，你留在巴塞尔是为了布克哈特。"瓦格纳夫人在给尼采的信中这样写道。尼采回信对这件事做了解释，但是事情很明显，在解释这件事的时候，尼采依然感到心痛。

在写给知道尼采这件事的朋友的信中，尼采说道："这件事已经平息了，可我还是不能彻底放下。瓦格纳知道我生病的事情，我现在沉浸于工作，需要一些自由。但自此之后，不管是自愿还是被迫，我都会陷入更深的焦虑之中。我都不知道自己已经伤害过他多少次了，这些事每次都让我感到很震惊，而且更要命的是，我根本不知道我们之间为什么会发生这种冲突。"

这桩麻烦事没有影响到尼采的思考。在他全集第十卷中的笔记当中，尼采透露了自己思想的最细微处。这些思想跌宕而又丰富。他这样写道："我是精神的探险者，我在自己的思潮中漫游，只要思想召唤我，我会随时待命。"

而在1876年最初的几个星期里，尼采的思想漫游最为大胆。

他完成了论文：《论超道德观念中的真实和谬误》（很遗憾，我们非常有必要翻译这些夸张的词句，而且我们是逐字直译的。），这篇文章在众多文章中显得十分冷静并且出彩。尼采向来都喜欢在文中使用夸张的词语。可这一次他却没有用"虚假"这个词语，在这一篇文章中，他第一次尝试了"对价值的转换"。他没有选择"虚假"做"真实"的反义词，反而用了"谬误"一词。他十分看重诗人建造的幻想世界，在他看来，这个幻想世界远比真实世界重要。席勒曾经这样说："要敢于欺骗自己，敢于梦想。"尼采采纳了这一建议。希腊人擅长在冒险中寻找快乐。他们创造了神话历史和英雄传说，并陶醉其中，而这种陶醉在他们的心灵中生出了更大的冒险。他们说服智慧女神居住在自己的城内，并整日生活在梦幻之中。是不是他保持了更多的清醒，就会更强大、更富有激情、更勇敢？真实与实践相吻合固然是件好事，而将幻觉负责任地付诸事实就更加可取。为什么要把真理置于高高的神龛之上呢？尼采肯定，现代人的倾向是要打倒生命，肯定真实！为什么人们会产生这种盲信呢？因为它颠覆了人类更为明智的信条——打倒真实，肯定生命。

  尼采在自己的思考中记下了这些教条主义的程式，但他在此基础上继续前进着。他继续写着。就这样，他沉浸于自己的研究当中，并且取得了进展。但我们要明白，这些思想虽然看起来明确，但实际上它们还只是一种停留在表面的指示，只是前进的基础。尼采即将提出的也许是完全相反的思想。尼采具有两种互相对抗的天性：一种是哲学家的天性，另外一种是艺术家的天性。他既服从于真理，却又准备着虚构。当不得不在这两种天性中做出抉择时，他总是迟疑不决。当追求真理的天性压过了艺术的天性时，他又把自己的程式重新捡起来，做出新的解释，指出难点和缺点。他从不避讳自己在这一方面的问题。因此我们可以在他自己的笔记中寻出他研究的轨迹。让我们将这种显眼的混乱翻译一下：

  如果一个哲学家具有悲剧意识，那么他将尽力来约束自己混乱的认识天性，他不会通过建立信仰这种形而上学的方式来解决问题。因为，他的悲剧情感让他看到形而上学的崩溃。而炫目的科学永远都不能令他满足。他为自己建立了新的生活，恢复了艺术的权利。

如果一个具有绝望知识的哲学家将自己沉浸于科学之中：不顾任何代价获取知识的科学。

即使形而上学仅仅只有一个表象，悲剧哲学家也可以从中看到存有的幻象。他知道，在幻想之下存有一种去创造的观念。当本能被逼到极限，他就会转过来反抗这种本能，把其自身转化成对这种认识才能的批判。认识应当为最美好的生活服务，而人们应当欢迎幻象的存在，因为那里存在着悲剧及其精神。

如果一个哲学家具有绝望的知识，那会是什么呢？仅仅两行字，尼采就定义了他对他们的态度。仅仅是因为尼采为他们找到如此的美名，尼采就必须保持对他们的怀疑吗？尼采的态度是"存有一种去创造的观念"，那么这种观念到底是什么呢？在许多段落里，尼采似乎都乐于直面赤裸裸的可怕的真实，并对他们进行着思考，因为从印度传说的角度来看，外貌就意味着死亡。

他这样写道：

他们怎么胆敢谈论地球的命运呢？时空永无尽头：存者永恒。在一个人们看不到的形而上学的世界里，究竟能够挖掘出什么呢？

人类会站得更稳的前提是去掉这些秩序的支撑。这是艺术家的可怕任务。

我坚信达尔文进化论，及其带来的可怕结果。我们尊重某些被我们奉为永恒的品质：道德、艺术、宗教，等等……精神，这些都是大脑的产物，却把自身看作超自然的，并要求人们去崇拜它，这是多么的可笑！

我认为人类无意识的结局是虚假的。人类并不是一个像蚂蚁家族一样的整体。也许有人会谈论一个蚁丘的无意识的结局，但这样的结局并不代表整个世界会有这样的结局。

我们的任务并非龟缩在形而上学当中，而是积极地致力于文化的产生。因此，我是与模糊的理想主义背道而驰的，因为我是严肃的。

那时，如果没有工作强度带来的痛苦，尼采就可以到达思考的终点了。他再次陷入了头痛、眼痛和胃痛的折磨之中。他的眼睛连最柔和的光线都无法适应，因此他只好被迫放弃了阅读。但是这些并没有影响到他的思想。古希腊的悲剧哲学又重新占据了他的思想。他倾听着那些言说，这些言说在时间中流传，在岁月的打磨下逐渐减弱，但依然保持着强大的力量。他听到了那永恒回荡的协奏曲——

泰勒斯：万物都起源于一种独一无二的元素。

阿那克西曼德：事物的消长是会让它们自己付出代价的。

赫拉克利特：事物的消长及其规律都是被规律所支配的。

巴门尼德：事物的消长及其规律只是一种幻觉。一才是唯一存在的永恒。

阿那克萨哥拉：一切质都是永恒并且不变的。

毕达哥拉斯的门徒：质即是量。

恩培多克勒：一切原因都是不可思议的。

德谟克利特：一切原因都是机械的。

苏格拉底：只有思想是恒久的。

在这些彼此对立的声音中，尼采感受到了其在永恒冲突中指责自然的思想节奏，他为之感动。"影响我们的不是真实的生活，而是那些人类的观念和社会制度的变迁。"荷尔德林这样说过。对于这个问题，尼采和荷尔德林一致。尼采羡慕和妒忌那些古人，他们发现自然揭示自然并找到了最初答案。尼采决定抛开艺术手段，就像俄狄浦斯直面斯芬克司那样，他以俄狄浦斯为题，写了一篇不完整的文章，我们不妨集中注意力，听听他神秘的语言。

我是最后的人，因此我称自己是最后的哲学家。每当我自言自语时，我听到自己的嗓音就像是垂死之人一般。亲爱的声音你与我同在，带给我人类欢愉的最后回忆。请多停留一会儿让我诉说：你赶走了我的孤独，将社会和爱的幻觉带回给我，在我心中，我始终都不相信爱已枯亡，我不能忍受这可怕的孤独，所以我要开口说话，让我觉得这里有两个人。我的声音，我听到的是你吗？你是在低语呜咽，还是在发誓诅咒？或者——你发出的诅咒将刺破这世界的内脏！真让人欷嘘啊，它在拼命地活着，比往日更加眩惑冷酷。它将无情的眼波射向了我。它像往日一样无声无息地存活，除人之外，无一物消亡。现在只有你依然对我诉说，可爱的声音！茫茫宇宙，我只能独赴黄泉。我，这最后一个人：发出最后的悲叹，我将和你的怨诉一块儿消亡。可叹，可叹啊！同情我，这最后一个不幸之人，俄狄浦斯！

此时，尼采的脑力已经到达了极限，他急迫地需要休息。他需要与朋友们进行交流，需要他们的安慰和鼓励。在1873年的复活节，尼采获得了两个星期的放松。出乎瓦格纳一家的意料，他动身去了拜洛特。他写信对弗罗琳·冯·梅森伯格说道：

我今晚离开，猜猜我会去哪儿？你肯定猜到了，更让我感到高兴的是，明天四点半我就要见到好朋友罗德了。我将和瓦格纳见面，我那会儿一定会开心得要死。我们会大量谈论你和格斯道夫。你说，他已经把我的演讲稿打印好了？对于你和他为我做的事情，我非常感动并且铭记于心。你们是我多好的朋友们啊！这实在是令我感到惭愧。

我希望能在拜洛特重新获得勇气和快乐，并使自己在积极的事情中坚强起来。昨晚我在梦中看见自己正在小心翼翼地重新装订我的巴那斯韵律词典。这种行为和物品极富象征性，我可以理解，但它令人感到乏味。但它是一种真实。我们去接触那些比自己更加勇敢强健的人，可以获得新的东西来重新装订我们自己，这种做法非常有必要，否则我们就会渐渐失落自己的一些记录，失落得越来越多，直到最后一页也被毁掉。我们的生活就像那本巴那斯韵律词典，必须不停地温习自己。如果我还有一点点快乐以及更多的时间用来战胜烦恼的话，我在未来会成为一个更清醒的作家。从一开始，我就努力让自己成了这样的人，这个过程要比做一个文人理智得多。我不喜欢那些打印出来的书籍，我想我是孩子气，但这种厌恶却无法被忍住。我想自己更中意那种带着涂改痕迹的纸张。那些不喜欢阅读更不愿意写作的阶段，我随时都可以精彩地描绘出来。但一个人的担当应该更多。今天所做的一切都是在等待着那个灵验的人。他对我们身上的千年陋习进行了批评，他将会生活得更好，并向我们提供了一种值得借鉴的生活模板。

弗里德里希·尼采动身前往拜洛特了。

在拜洛特，尼采接到了一个意外的消息，他将面临资金短缺的问题。在所需要的一百二十万法郎中，最终只筹集到了八十万。资金使这项事业面临着流产的命运。每个人都开始动摇了。所有人当中，只有这位老师一个人对这个梦想怀着信念，因此这位老师在面对这个问题时依然镇定自若。从成年时候起，瓦格纳就梦想着能够拥有一个属于自己的剧院。他深信，只要坚持下去，就必然能够战胜厄运实现梦想。他已经等待了四十年，因此几个月的危机并不会使他动摇。对于这个消息，柏林、慕尼黑、维也纳、伦敦和芝加哥的富豪们纷纷表示愿意在资金上提供援助，对此，瓦格纳总是坚决地拒绝考虑。他希望自己能够完全拥有这个剧院，让这个剧院与他的精神相近。他说道："这件事情终究会马到成功，但问题的关键不在于是否会成功，而在于如何唤醒德国民族心灵中隐藏的力量。"然而瓦格纳的冷静并没有打消朋友们心中的疑虑。一场金融恐慌在拜洛特出现了，人们完全没有了希望。

尼采看着、听着、观察着整个事件的进展，最后他逃到了瑙姆堡。他这样写道："我深深地感到了绝望，在我看来，这一切全都是可耻的。"经历了十个月的孤独沉思之后，他开始重新思考这个世界，他发现这个世界要比自己曾经判断的更为怯懦可怜。更让他无法忍受的是，他对自己感到不满。他回忆了自己最近一次的思考。"我是最后的人，所以我称自己是最后的哲学家。"他自问。难道他真的是"最后的哲学家"？"最后的人"？给自己封上这样一个艰巨而又辉煌的角色，难道不是王婆卖瓜吗？他不是和其他人一样，在关键时刻放弃斗争，把自己锁在孤独和自私的幻想之中吗？难道他不曾忘记过自己的老师吗？他对自己的痛责和懊悔加深了他的绝望。"我不该只顾自己，瓦格纳才是英雄。瓦格纳，在逆境中变得伟大，跟特里伯森的那个瓦格纳一样。只有他才是最值得我们效劳的人。我发誓从今以后要全力以赴去协助他。"

他曾打算将自己的作品《古希腊的悲剧哲学家》中的一些章节出版，现在他放弃了这个想法，痛苦地将自己几乎已经完成的手稿放进了抽屉。他希望"将岩浆一般的言辞吐出"、抨击德国，用对待野兽的一般的暴行来对待它，因为德国是头愚蠢的野兽，只会向暴力屈服。

他写信对罗德说道："从拜洛特回来后，我一直都处于忧郁的状态之中，导致我唯一的希望就是神圣的愤怒。"

在即将着手的工作中，尼采看不到任何乐趣。因为一旦投入工作，就意味着承认、迁就和贬低自己。他更情愿自己从来都没有遇到过卑劣的人并和他们打过交道。瓦格纳处在困境之中，尼采能忍受得了瓦格纳处在痛苦之中吗？难道他能忍受得了德国人像哀伤歌德一样哀伤瓦格纳，然后摧垮瓦格纳，像对待席勒那样吗？明天新的天才又要诞生，从今天开始，我要保护天才们，为他们的自主和人生自由进行奋斗，这难道不是必须的吗？我们不可能把围攻我们的群众置之度外。这痛苦的命运逃避不了，但这是优秀的德国人的命运，他们受到民族的误解，但这却丝毫不影响他们成为民族的英雄。

尼采想起了歌德对莱辛的评论："可怜这个非凡杰出之士，生于如此的乱世，让他陷入到了无休无止的论战之中。"尼采在这句话中看到了自己的影子，但是他却不认为自己陷入到了麻烦之中，他将论战看作责任，在这方面，他和莱辛的命运是一样的，想找到一个真正可以和自己较量的对手。此时，D.F. 施特劳斯是哲学界中的翘楚，他代表着官方哲学，地位举足轻重。早年他曾经在自己拿手的研究方向发表批判性的研究成果，这为他赢得了声望，于是在晚年，他便摆出了一个思想家的姿态。他用从伏尔泰和奥伯特那里模仿来的拙劣的典雅文风，煞费苦心地创作出了新作品《信仰》。

施特劳斯在《新旧信仰》中这样写道："我想要说明的是，我们怎样生活，怎样在漫长的生活中慢慢习惯去做自己生活的指挥家。现在我们站在我们的职业旁边，我之所以要用这样的说法，是因为我们从属于各种各样的职业。这个世界上并不是只有我们这些艺术家或学者，还有官员、士兵、工匠或业主。我已经重复过了很多次，我们的人数成千上万，这个数目可不是小数，而且与其他国家相比，我们没有垫底——站在我们的职业旁边，我认为，我们要有宽广的胸襟，将心灵朝着人类的最高利益开放。新的命运刺激着我们的内心，它们规模宏伟，让我们无法预测，机缘将我们的命运分配给了这个已经忍受了太多苦难的国家。为了更好地理解命运这些东西，我们要把历史摸透。先到者已经找到了通向历史的捷径，这就是通俗有趣的读物。由此，这些随时可以找到的通俗读物可以扩大我们有关自然界的知识。最后，我们在阅读中发现了伟大的诗人，在倾听中找到了伟大的音乐家，我们的精神和情感、想象和内心都被这些书刺激着。这些刺激很完美。我们就这样生活着，在生活的快乐中前进。"

因而此类菲利士人拥有最适当的幸福，尼采想到，这是属于他们的权力时代。当然这种类型并不是什么新东西。早在雅典城邦，就有人们鼓吹"实用"。不过这个菲利士人一直处在屈辱的状态之下，只好忍受着这种生活。他总是处在沉默的状态，找不到任何人进行交谈。紧接着，时代开始对他宽容了，开始有人听他说话了，这使得他愚蠢的虚荣心得到了满足，于是他就开始像个跳梁的小丑。他变成了一个花花公子并对自己的母语感到骄傲：这就够了。他的胜利让他一往无前，他开始变得狂热，并试图要建立起一个属于自己的信仰，施特劳斯就是这种信仰的先知。大约在这个时候，居斯塔夫·福楼拜提出了对时代的新分类，他将时代分成了异教与基督教。弗里德里希·尼采认同这种分类方法。这个菲利士人不但一厢情愿地描述着他的趣味，而且还有矫揉造作的姿态。一场战争爆发了：他读着报纸，被报纸上的报道文字吸引了，这便增加了他的幸福感。故人已经永远离去了，却将他们的精华留给了后人，这个菲利士人明显知道这些作品，并且对这些作品投以赞赏的目光，在他的眼里，这些作品让他觉得更加幸福。他陶醉在田园交响曲当中，但另一方面他也指责了这种带合唱的交响乐显得有些过分喧哗。施特劳斯毫不含糊地自我宣称：没有什么能够蒙蔽他那清醒的头脑。

尼采没有做进一步的追寻，他已经找到了目标。5月初，他准备好了所有的笔记，但是当一切就绪，工作刚要开始的时候，尼采突然感觉筋疲力尽，剧烈的头痛在折磨着他，眼睛不能忍受任何光线的刺激，病痛使得尼采不得不放弃了自己想要做的工作。短短几天之内，他几乎成了一个残废和瞎子。他的朋友欧维贝克和罗门特都在尽力地帮助他。但是他们两个都有自己的工作，因此不能时常照顾尼采。此时，第三个朋友格斯道夫站了出来，为尼采提供了无私的帮助。此时格斯道夫正在意大利旅行，他有足够的时间。这位尼采在普尔塔学校的同学对朋友忠心耿耿。虽然在毕业之后他几乎都再也没见到过尼采，但是他们的友谊在很长的时间里都一如既往。得知尼采生病的消息后，格斯道夫急匆匆赶到了巴塞尔，他出身良好，是家里的幼子。本来他有两个哥哥，可两个哥哥一个在1866年时死于了澳大利亚战役，另一个在1871年死于了法兰西战役。因此，为了家庭，他不得不牺牲自己对哲学的兴趣而改为研究农业，只有这样，他才能帮助家族经营德国北部的家产。在尼采的朋友中，唯一不受书本限制的人就是格斯道夫。欧维贝克这样描述格斯道夫："尽管他的生活极其简单，他沉默寡言，举止尊敬高贵，完全就是一个绅士。实际上，格斯道夫是人们能够想象到的最好的人，只需与他见上一面，他就会给你留下好的印象，他是一个完全值得依赖的人。"罗门特的一个朋友，保尔·李也来给尼采解闷。多亏了这些朋友的善意帮助，尼采才有了和病痛斗争的勇气。他总是在昏暗的屋子里，躺在床上对格斯道夫进行口述，这位忠诚的朋友将他所说的都记了下来。到了6月底，这本书的手稿就被送到了出版商那里。

作品完成的时候，尼采的病情已经有所好转。他急切地向往户外的新鲜空气。他的妹妹从瑙姆堡赶了过来，将他带到了格里松山地。经过休养之后，尼采的头痛逐渐开始减轻，视力也开始恢复了。在山地进行休养的几个星期里，尼采完成了样稿的校对，稿件的进展和山地的环境让尼采享受着那重新恢复的力量，但同时愤怒和抱负也萦绕着他。

一天，他和妹妹一起去弗利姆郊区，散步走到了一个偏僻的小城堡边上。"这里是一个多么美丽宜人的隐居地啊，如果把我们的世俗修道院建立在这里，那将会是多么的美丽啊！"年轻的妹妹答道："城堡正好待售。我们可以进去参观一下。"他们走了进去，对这里感到十分满意，因为里面的一切都让他们感到赏心悦目：花园、视野极为宽广的平台、带雕石壁炉架的大厅。房间不多，但是在尼采看来，这里却根本就不需要这么多房间。这间可以给瓦格纳，那一间留给老师的夫人科西玛·瓦格纳，剩下的另外一间则可以给拜访的朋友们使用，弗罗琳·冯·梅森伯格或雅各布·布克哈特、格斯道夫、杜森、罗德、欧维贝克、罗门特可以经常住在那间房间里。尼采计划："在这里，我们可以建一条走廊，有了这个走廊，我们就不会受天气影响，可以边散步边交谈。因为我们不用写作，只需要少量的阅读，但是我们却不能缺少交谈。"

这种想象是尼采十分熟悉的，他再次回到了自己熟悉的梦境，在这里，弟子和老师就像是兄弟一般。伊丽莎白·尼采对哥哥的设想也感到很兴奋："你需要一个女管家，我是不二人选。"她向房东咨询了房价，还给房东写了信，但是她在整个过程中却忽略了对很多事情的妥当处理。

在提到这件轶事时，伊丽莎白·尼采这样写道："我长得太年轻了，所以园丁们都以为我们是在开玩笑。"我们又应该如何评价这件事呢？我们无法判断，这是一个年轻姑娘的唠叨而使尼采一时兴起？还是这本来就是一种严肃的想法？原因多半是后者。总有各种稀奇古怪的想法冲进尼采的心里，但他却没有认清这个世界，他完全没有搞懂这个世界接受什么，拒绝什么。当尼采康复后回到了巴塞尔时，他的那本小册子已经激起了大量的讨论。瓦格纳写道："我读了好几遍，诸神在上，你绝对是我的知己，是唯一理解我的需要的人。"而汉斯·冯·布娄写道："你的小册子简直是晴天霹雳，简直就是当代的伏尔泰……"

而其他大多数上了年纪的评论家，都十分好心，都对这位年轻的辩论家予以了极高的评价。用尼采自己的话说，格丁根的埃瓦尔德，布鲁诺·鲍威尔，卡尔·希尔德布兰特，"这些都是最和善的德国人"，都在为尼采说话。批评家在文中写道："这本小册子的出现，让我们看到德国精神朝严肃的思想和理性的激情转向的希望。"

但事实上，友好的声音却寥寥无几。

尼采曾经写过："德国精神正在德意志帝国手中走向毁灭。"这个民族刚刚尝到了征服者的胜利滋味，而尼采这句话却深深伤害了它，因此，尼采必然会受到许多侮辱和粗俗的指责，这个民族甚至给予了尼采背信弃义的骂名。对于民众的反应，尼采感到非常兴奋。他说："司汤达已经向我提出了建议，因此我将以决斗的姿态投身于社会。"尽管尼采是（或者至少他自认为是）司汤达彻头彻尾的追随者。但无论如何,尼采仍然富有同情心,就在小册子出版后的几个星期里,大卫·弗里德里希·施特劳斯就去世了。尼采认为自己的作品是杀死这个老人的凶器,他为这件事感到痛心。为此,他的妹妹和朋友们给予了他无私的安慰,想要消除他的疑虑,可最终却都是徒劳无功,尼采坚持不放弃这种自责,在他的内心深处,这种自责是极为高尚的。

尼采为第一次的论战所激励,他期待着更加深广的论战。他才思敏捷,很快就准备好了一组论文,他草拟了《不合时宜的思想》这个总标题,并希望能够将它们发表出来。第一篇论文的主题由施特劳斯提供。尼采将第二篇的题目定为《历史的运用与滥用》,接下来还有另外的二十篇文章。尼采认为,他的朋友们,虽然这些朋友还存在于幻想中,都会在这件事上给予他帮助。

弗兰兹·欧维贝克刚刚出版了一本题为《现代神学的基督教》的小书,在书中,他抨击德国学究及其过于现代的倾向,他认为这种倾向对基督教的存在是一种削弱,而这也严重动摇了早期基督教的不可更改的严肃教义。尼采将欧维贝克的《基督教教义》跟自己的《D.F. 施特劳斯》装订到了一块儿,并在封面上写下了六行短诗:

亲生兄弟双生子,
欢欢喜喜降人世,
目的就是铲除人间恶龙。
他们拥有两位父亲,
同时还有一部作品,
哦,多么神奇。
他们的母亲叫友谊。

尼采渴望看到百花争鸣的现象出现,他渴望有着相同追求的作品,虽然出自多人之手,但却是由一个灵魂所激发的。

尼采这样写道:"越来越多习惯于英雄主义的人出现了,他们的出现和成长注定就是为了现代观念的论争，他们的出现，使得从前嘈杂和懒惰的文化自此而沉寂。文艺复兴的重担自此落在了这些人的身上。"可是这件事却没有向尼采希望的方向发展，他的希望最终落空了。他的朋友没能将他所希望的帮助提供给他，甚至连他自己也没有按照自己的预计写出二十本小册子，他最后留给后人的只有这些作品的题目和几页粗略的大纲。《论国家》、《论城市》、《论社会危机》、《论军事文化》和《论宗教》这些文章的中心思想到底是什么？对于这些文章的缺失，我们不用感到太遗憾。也许即便是尼采完成这些文章，这些文章所承载的信息也很少。但无论如何，同他的抱负和抱怨相比，这其中也只有很少的一点点才能算得上是珍贵。

尼采的手头还有另外一项工作，他用神秘的语气向格斯道夫透露："我只把这件事告诉给你一个人听。一个潜在的可怕危险就像达摩克利斯之剑一样悬在了拜洛特之上，而破除这个危险的艰巨任务已经落到了我的头上。"这件事的真实情况是瓦格纳向尼采发出了一个请求，他希望尼采能够帮他写一封告德国人的呼吁书。尼采接受了这个任务，他怀着自己所能达到的极度庄重、深沉和严肃开始了草拟工作。他急需欧文·罗德的帮助和建议，他这样写道："你能帮助我起草一个断章吗？这个断章需要用拿破仑的文体，你能快点将它写好给我寄来吗？"欧文·罗德向来做事谨慎，因此他拒绝了。他回复尼采："对那些生活在底层的群众而言，就算侮辱也要保持礼貌。"而尼采是不会把自己束缚在礼貌里面的。

10月底，瓦格纳追随者的首脑们从各地齐聚到了拜洛特，他们邀请尼采朗读他新写的宣言《告德意志人民书》。

我们希望大家能够倾听我将要说的话，这个发言是要向大家敲响警钟的。而这敲钟人，无论身份和话语如何，他都有权获得倾听的权利……我们之所以要大声疾呼，是因为现在大家都身处于危险之中，而你们却还在保持缄默，对此漠不关心、麻木不仁，我们对你们的处境感到忧心忡忡……我们现在满怀着热忱，向你们呼喊，而我们寻求和期待的利益也属于你们，那就是德意志民族精神和名誉的拯救和荣光……

尼采在朗读这个宣言时，语气裹挟着威胁并且铿锵有力，等到朗读结束时，会场陷入了静穆当中，那种气氛非常令人尴尬。没有观众对这个演讲表示赞同，他们甚至都没有向作者投以鼓励的眼光。尼采也陷入到了沉默之中。最后，终于有听众发表了评价，他说："这个演讲太严肃了，言辞不够礼貌，必须要进行大量的修改。"一些人认为"这看起来和一封修道士的训诫书没有什么分别"。尼采没有做任何争辩，他默默地收回了这封训诫式的草稿。所有听众中，只有瓦格纳一人对尼采表示了极大的热忱，他全力支持这个跟随自己多年的年轻人。他说："不要着急，我们要做的就是再等等。不用等多久，他们就会回来，遵从这份宣言的。"

在拜洛特，尼采只待了很短的几天。复活节那天，情况就很糟糕，而现在的境况则是令人绝望。公众们几个月以来一直都在嘲笑这项事业，而现在他们似乎已经把这件事忘得一干二净了。宣传工作被一种可怕的冷淡阻碍了。筹集资金的难度变得越来越大。诸如商业贷款、抽奖等所有计划都被取消了。新一份呼吁书在德国的群众中流传开来，这份呼吁书的作者已经不再是尼采，这份呼吁书一共印行了一万份，但实际的销售量却低得可怜。瓦格纳的追随者又寄信给德国许多剧院经理，请求各剧院进行一场义演，同时把义演所得的收入用以资助拜洛特，三家剧院都回了信，但都拒绝了这个请求，剩下的则没有回音。

尼采重新回到了巴塞尔。格斯道夫帮助他成功起草了《不合时宜的思想》中的第二篇《历史的运用与滥用》。但是，尼采几乎不再写信，不做笔记，也没有对未来做出新的规划。后人在这段时间内几乎都不能发现他的踪迹。帮助瓦格纳取得成功，并为取得成功献出自己的一份力量——这是尼采年轻时的愿望，但是现在这两个愿望却同时破灭了。他四处请求帮助，但却都遭到了拒绝。他收到的答复大多是："你的东西过于严肃，太一本正经了。"面对这种情况，尼采扪心自问："拒绝到底是什么意思？难道瓦格纳的艺术不是一项神圣庄重的事业？"为此，尼采的心情开始变得忧郁，觉得失去了尊严，他的自尊和梦都破灭了。1873年的最后几个星期里，尼采窝在巴塞尔的住宅里，像蚯蚓一般深居简出。

1874年的新年，尼采是在瑙姆堡度过的。在那儿，他和他的家人在一块儿，家人的陪伴让他恢复了些许活力。他喜欢这种周年纪念日的宁静，这种节日适合进行沉思。在他年轻的时候，他总会让自己充实地度过圣·希尔维斯特节，在节日里，他总要在记事本上记下一些对自己的过去、现在、未来的沉思。1873年的12月31日，他写信给欧文·罗德，信中运用了他对朋友们惯用的语气。

看了卡尔·希尔德布兰特的《一个异端唯美主义者的书信》，我感到十分欢乐。这些文字是如此提神！我看得出，卡尔·希尔德布兰特是个懂得阅读和赞美的人，他和我们心意相通，对这个社会充满了希望。愿新一年中社会欣欣向荣，愿我们的友谊地久天长！啊，亲爱的朋友，一个人的情感毫无选择，他要么充满希望，要么怀着绝望。我已经将希望永存我心。让我们在新的一年里保持我们的友谊并互相帮助，直到我们走向生命的终点。你的弗里德里希·尼采。1873～1874，圣·希尔维斯特节，瑙姆堡。

一月份悄然来临了，尼采重新投入到了自己的工作之中。由于拜洛特出现的意想不到的不幸（毫无疑问，一个作家在求助被拒后产生的恼怒是此后变化所产生的根源），尼采开始备受焦虑和怀疑的折磨，他渴望能将这些痛苦一扫而光。

他用两行话对瓦格纳艺术进行了历史性的总论，这些总结和他介绍自己思想的话十分相似，他这样写道："任何一种伟大的思想都因为其新颖而带有危险性。印象从来都来自于一些孤立的现象，而这些孤立的现象从来都是为了证明自身的正当性。"在确立了这一总原则之后，尼采开始探讨"瓦格纳是什么样的人，他的艺术意味着什么？"这样本质性的问题。

这是幻境中的一场灾难。即使当代出现过埃斯库罗斯和品达，但他们也都消失了。他们创造出的美丽的、超自然的、宗教式的幻影骤然破灭，而瓦格纳的艺术在这些幻影破灭之后呈现出真的面目——瓦格纳的艺术太像来自十五个世纪的花朵，今时今日，它行将凋谢，壮丽却又充满了病态。

尼采在自己私密的笔记本中写道："让我们扪心自问，这个时代将瓦格纳的艺术当作了自己的艺术，这样的时代究竟有何价值呢？这种所谓的艺术带着无政府主义的色彩，它是奄奄一息的东西。它建立在邪恶、贪婪、不定型、不确定的基础之上，它正在迅速地向着绝望的方向走去。它虽然披着简朴真诚的外衣，但实际上却是纯粹的自我意识。它暴烈而又懦弱，缺乏崇高性。这种艺术只起到了拼凑的作用，他把乱七八糟的东西拼凑成了一个整体，这个整体依然吸引着现代德国人的灵魂。这种艺术在外观和感情方式的层面上都已经变得乱七八糟了。在反艺术时代里他是肯定并支配着自身的荒唐的艺术尝试，其作用只是以毒攻毒。"

尼采的偶像消失了，其本质只是个舞台演员。尼采对此感到绝望，并让自己承认，他一直都在被这个巨大的怪物所左右着。他曾将自己的青春和真诚的热爱付出给这个怪物，但最终却落得个被欺骗的下场。尼采感到愤怒，但是愤怒当中却夹杂着妒忌，他的恨与爱相距不远。这个人曾让他把自己引以为傲的灵魂和思想都奉献出来，但最终这个人却只是以玩弄的心态去对待这些神圣的礼物。

这些私人性的痛苦可以被忽略，但更为深刻的痛苦则源自尼采的受挫，因为他背叛了真理，所以他觉得丢脸。他曾经天真地以为自己是为真理而活的，而足足四年之后，他却恍然大悟，他是为瓦格纳而活。那时，被欺骗的他居然还敢重复伏尔泰说过的话，"必须识别并献身于真理"。事到如今，他发现真理已经被自己忽视了，也许在自从他投入瓦格纳的艺术赞美中时，他就已经与真理擦肩而过了。几年前他曾经写信给自己的妹妹说："如果你寻求的是安逸，你先要相信；如果你渴望的是真理，你先要探索。"而到最后，他自己却没有做到自己给这个孩子所指明的职责。他一直生活在谎言之中，容忍自己迷失于幻象、和谐和语词的魔力之中。

尼采远远低估了自己的错误，因为他还赞同这种自贬。他曾经在《悲剧的诞生》里写道——宇宙十分残酷，残酷得就像一种不和谐的音符，而人的灵魂沉沦于自身的煎熬，跟宇宙一样不和谐。要是幻象和神话不被灵魂所创造——虽然说这种方式能安慰自身又能获得美的慰藉，但它却仅仅是种自我安慰——会使自己远离生活。事实上，要是我们不通过这种方式进行退让，要是我们不为自己创造安慰之物，我们会走向哪里呢？人们总是将自己的注意力放到自己的弱点之上，所有的懦弱都是这样得到授权的。承认弱点就是承认了自己的幻想，这种幻想是高尚的还是邪恶的呢？我们怎样才能知道我们是受到了欺骗还是要求被骗？回忆令尼采意识到过去的堕落，他陷入到了深深的自责之中，这种痛苦挫伤了他的希望。

2月份，《历史的运用与滥用》这本小册子出版了，尼采在这篇文章中将攻击的矛头直指现代人的骄傲——科学和历史，他也在书中评论了人类新近获得的才能，借助于这种才能，他们在内心中重新唤起了过去那些世纪里的情感，虽然这要让他们冒着贬低自己天性之完整并使自己的正直复杂化的危险。只要用一个简单的象征就能完整概括这本书：

来世之人：行为怪诞、精神亢奋、热血沸腾、不屈不挠。他是书本的敌人，是艺术家。在我自己的理想王国中，我将对那自称"有教养"的人赶尽杀绝，就像柏拉图对诗人的驱逐：这将是我的恐怖主义。

尼采就这样赤裸裸地侮辱了上万名"教授先生"，他们掌握着引导公众言论的权力。对这些人而言，历史只是满足他们每日吃喝的面包。他们对尼采的惩罚就是这批人对他的憎恨与沉默。所有人都排斥尼采，没有一个人提到他的书。尼采的朋友们试图为尼采的书找一些读者。欧维贝克写信给自己的学生兼朋友、政治作家、普鲁士历史家特莱斯克说："如果你看了这本书，我敢肯定，尼采的这些沉思里有着最深刻、最严肃、最本能的效忠，这种效忠是献给德国民族的。"对于欧维贝克的话，特莱斯克没有表示赞同。欧维贝克又写道："我将要提起而且一定要提起的就是尼采——我那位痛苦的朋友。"特莱斯克的回信有些急躁，于是二者激烈地争论起来。特莱斯克写道："你的巴塞尔是间闺房，德国民族的文化正在那里备受凌辱。"欧维贝克则回复道："如果你看到尼采、罗门特和我，那在你面前的就是三个好伙伴，我们的分歧对我来说简直是一种痛苦。在德国，存在于政治人与文化人之间的误解十分频繁，这简直是一种灾难，也是一种如此不幸的特色。"特莱斯克反驳欧维贝克道："碰上了尼采这个疯子，这对你来说是多么的不幸！他的说法是如此的不切实际，而最后他会落得一个强烈的丧心病狂的下场。"

尼采的朋友——欧维贝克、格斯道夫、罗德对尼采的书遭遇冷遇表示了怜惜，他们都赏识这本书。罗德写道："这是又一个晴天霹雳，这本书所产生的影响就跟地窖里放出的烟火一样，没有产生任何影响。可是我相信，终有一天，这本书会得到人们的承认，人们会看到作者的勇气和精确。尼采正是以这种勇气和精确提醒我们要直面我们最致命的创伤。他是多么的坚强啊，我们的朋友。"欧维贝克写道："我们的朋友所承受的孤绝感越来越多。失去了支撑自己的树枝，那必然会受到伤害。"格斯道夫写道："对尼采来说，现在最好的办法就是像毕达哥拉斯一样在五年的时间里不读也不写。一旦在这两三年内我获得了自己想要的自由了，我就要收回自己的产权，并将它送给我的朋友作为避难所。"

尽管这些人对尼采的命运怀着同情和关切，但他们都没有猜到尼采悲痛的真正原因，也没有理解尼采到底有多悲伤。他们对他的孤独表示了同情，却并不知道这种孤独究竟有多深，他们更不知道，甚至当尼采跟他们在一起的时候，他的心依然感到孤独。一场思想革命已经将他从这本书中拔了出来，所以这本书的失败对他来说没有什么关系。他写信给欧文·罗德说道："至于我的书，我几乎不敢相信它是我写的。"他已然在书中发现了自己的谬见和错误，由此，他直面自己的悲哀和痛苦并否定了它们。他对格斯道夫这样说道："此时此刻，许多东西在我的体内膨胀着，它们看起来十分极端并且大胆。我不知道如果要将它们传达给我最好的朋友们，该采用何种方式。但是无论如何，我都不能以文字的方式把它们写下来。"然而，一天晚上，激情冲昏了他的头脑。当时他和欧维贝克单独在一起，他们谈论的话题正好是瓦格纳的歌剧《罗安格林》，一种突如其来的愤怒袭来，使得尼采痛斥了这部虚假的浪漫作品。欧维贝克对尼采说出的话感到吃惊。尼采突然沉默了，从那一刻起，他更加小心翼翼地掩盖着自己的真实想法，尽管在他看来，这种隐瞒是十分可耻和虚伪的。

1874年4月，他写信给格斯道夫说道："亲爱的，真诚的朋友，要是你没有对我给予极高的评价就好了。我几乎可以肯定，你对我不再抱有幻想。我想用自己完整负责的解释，让你睁开你的眼睛，看清楚我的真面目。我多么希望你能够理解我的失望，以及我忍受巨大忧郁时的孤独。我不知道自己是否还具备永久写作的能力。自此以后，我只寻求一点点自由和一点点真正的生活气氛。我武装自己，只是为了抵抗包围在我周围的奴隶们，他们人数众多、令人反感。我对成功的前景感到疑虑重重。这个目标实在是太遥远了，即使我确实成功地达到了这一目标，生命中的大好时光也消耗在长期的艰苦斗争中了。那时我会像一只日薄西山的蜉蝣，纵然还有自由，却也已经趋近衰弱。这是我内心中最为真切的恐惧！而一个人完全看清楚了自己的挣扎，这是一种怎样的不幸……"

这封信写作的时间是4月1日。3天之后，4月4日他给弗罗琳·冯·梅森伯格写了一封信，这封信仍然充斥着忧郁，但还不至于像前一封那样绝望。

亲爱的弗罗琳，你带给我如此多的欢乐，你深深地感动了我！我有生以来第一次接到别人送的鲜花，我现在才明白，这些沉默的花能用它们那无穷鲜活的色彩与我们进行交谈。一个星期以来，这些春天的使者一直在我的房间里盛开着，让我享受无穷。这些花存在的价值，就是在我们深处灰暗痛苦时，能向我们展示出自然界的奥秘。它们提醒我们，这个世界上的某些地方还有生活和希望存在着，光明和色彩一定会普照大地。我们是多么容易丧失这种信念啊！当那些共同奋战中的人们，给彼此寄送鲜花和书籍来坚定彼此的勇气，唤醒沉睡的誓言，这种事情是多么美妙和多么幸福啊！

自新年后，我的健康状况（请原谅我简单谈谈这个问题）一直良好，除了我的视力还需要我小心翼翼。但是，正如你所知道的那样，总有这样一些情形，我们应该对肉体上的痛苦感到庆幸，因为它们能够转移我们的注意力，使我们遗忘在别处遭受的磨难。更确切地说，一个人可以对身体开出药方，所以对灵魂也有同样的方法。这就是我的病痛哲学，它给予痛苦的灵魂以希望。充满希望难道不是一件艺术作品吗？

我希望我的精力可以让我继续完成另外十一篇《不合时宜的思想》。到那时，我将会把积压在心中的一切都一吐为快。也许经过这种全面的忏悔，我们会感到自己获得了解放，即使程度十分轻。

衷心地祝福你，亲爱的弗罗琳。

尼采终于开始工作了。他直觉地察觉到自己必须回到在自己最初几年里帮助过他的那位哲学家那里。他想把自己第三篇《不合时宜的思想》奉献给叔本华。十年前，当他在莱比锡身处悲惨之时，叔本华从痛苦中将他拯救了出来。尼采欣赏叔本华那奇异的欢愉、抒情风格以及他借以表达其最尖锐思想的反讽，这使他重新恢复了生活的力量。他给一个朋友写信说道："如果叔本华'使你不安，给你压力'，如果他缺乏提高你、引导你的力量，如果在他的引导下，你不能穿过外部生活的刺痛到达悲哀的却是欢愉的内心状态，那么你就不能自称已经理解了他的哲学。"

他再次回到了青年时代的感觉之中。以前生活的严肃危机带来的痛苦再次袭了过来，但是作为叔本华的信徒，而叔本华又是他在读书时所崇拜的老师，他很快恢复了勇气。他写信给罗德，宣布了接下来的计划："我还要唱出十一首优美的歌。"而叔本华对他来说，完全是一首悦耳的歌曲，这首歌是献给那些孤独、勇敢的思想家的。那一刻，音乐填满了他的内心，于是，他停下了手中写作的工作，创作出了一支友谊的颂歌。他给欧文·罗德写信说道："我的歌是献给你们所有人的。"

尼采的妹妹伊丽莎白又来到了他的身边，这两兄妹离开了巴塞尔，安顿在莱茵河瀑布附近的乡村里。在这里，尼采似乎回到了童年，寻找到了孩童时的欢乐。依据尼采这一时期的日记中记下的一句格言，毫无疑问，他这样做的原因只是想让这个体贴地陪伴在他身边的女孩感到快乐。虽然尼采的内心还有些悲哀，但他的快乐却也是发自内心的。尼采的快乐来自于自己，因为他成了他自己，在生活面前自由而又无暇。

他和妹妹在一起经常做的活动就是散步、交谈、欢笑、憧憬和阅读。他在读什么？毫无疑问，答案一定是叔本华，还有蒙田——这是以前在特里伯森时，为了对他常给瓦格纳家的小女孩们带去木偶表示答谢，科西玛·瓦格纳送给他的礼物，这是一个小巧精致的版本。他常常说道："有了这本书，我在尘世的生活中便找到了更多的乐趣。自从认识这个自由而又勇敢的灵魂开始，我就喜欢重复他引述普鲁塔克时所说的话：'对于我们之间的见面，我有着疑问，因为我不知道和你见面到底有没有用。'如果我将面对责任，我会在他的陪伴下尽量像生活在家里那样生活在地球上。"叔本华和蒙田，同为讽刺家，一个坦率地承认自己的绝望，另一个却隐藏了自己的绝望。尼采选出来的正是这两个人，他试图与他们共同生活。与此同时，他还在阅读了一个年轻思想家的作品，对于这个作家，尼采还有着深深的欣赏，因为这个人与他的理想更为一致，这就是深信不疑的爱默生。在年轻人当中，爱默生是个预言家，他最精练的语言中蕴含了纯粹的情感，而这种情感将尼采的第十八个年头照亮了，但当这一年消失的时候，这种感情也便随着消失了。

早在普尔塔求学的时候，尼采就读过爱默生的作品。1874年春天，他重新发现了这个年轻人，于是将他推荐给了自己的朋友们。

爱默生在他的《典型人》的结尾处写道："世界很年轻，从前的伟人们穿越时间向我们深情地召唤。我们也必须写《圣经》，把天国和世界再次联结起来。而神秘的守护神不容许虚构的存在，我们在高度优雅的现代生活中，在艺术、科学、书籍和人本身中所知道的一切，它都将去为我们实现。经由运用对真理无穷无尽、永无止境的尊重，——这是它将通过强制的手段获得的美好信念、现实和一个目标。"

这些语言对于尼采来说是一个极大的安慰，他喜爱它们。

6月初，尼采完成了《作为教育家的叔本华》这本书的初稿。虽然他几乎已经痊愈，但是他还有别的痛苦。福斯特—尼采夫人讲述道：一天，他的哥哥对小说及其爱情的单调描写感到厌恶时，有人质疑，还有什么感情有这种可以激发出激情的力量。听到这个疑问，尼采飞快地回答："友谊。它和爱情一样，能创造出危机，只不过这种危机更为纯净。首先，共同的交谈会产生吸引力，这种吸引力使双方生出相互钦佩和赞美的情感；接着，一方先产生不信任，而另一方也开始怀疑朋友思想的杰出。这样下去，决裂就是不可避免的结局，而且这个结局必然会带来痛苦。在友谊中，和爱情一样的痛苦太多了，多得难以描述。"从1871年6月起，友谊给尼采带来了各种痛苦。

尼采深爱瓦格纳，而他内心的爱也从未停止过。但现在的他已经能够纠正自己理智上的错误。他明白，瓦格纳不是一个哲学家，也从未能担负起欧洲教育家的责任。但不管怎样,他在艺术上的造诣十分深厚,他的作品是一切美和欢乐的源泉。尼采像渴念一个女人一样渴念他。瓦格纳能给尼采带来欢乐,因此连尼采自己都无法容忍决裂的念头,而他也从未向任何人吐露过这种想法。

现在的处境是虚假而又尴尬的。一月份,瓦格纳在拜洛特遭遇了最为严重的经济危机,就在最严重的危机到来之际,巴伐利亚那个疯子般的国王突然插手,承诺将会承担必要的经济开支,这个决定挽救了拜洛特的事业。为了这个意外之喜,尼采写信给瓦格纳表示祝贺。尼采随信给瓦格纳寄了一本《历史的运用与滥用》。在这本小册子中,尼采从未提及过这位老师的名字,这个情况让在拜洛特的人感到震惊。于是科西玛·瓦格纳承担了开导尼采这一微妙的任务。

她写道:"你曾拥有分担天才痛苦的光荣权力,正是因为这一点,你有资格对我们的文化发表全面的评价,这种权力增加了你作品中崇高的激情。我坚信,在石油和煤气的点点星火熄灭之后,你的激情依然能够存在。如果你未曾如此深入地进入我们的生活,也许你无法如此有把握地看透这个光怪陆离的表象。但现在,这样的经历却让你有资格写出冷嘲热讽和诙谐幽默,而从前分担痛苦的经历让这些反讽和幽默力量得到极致的发挥,对于我们而言,这种力量产生的影响远远要大于单纯玩弄智力的把戏。"

尼采对妹妹说道:"天啦,瞧瞧在他们心中我成了什么人了。"在5月22日瓦格纳生日的时候,尼采写了一封信向瓦格纳致敬,瓦格纳立即回信,并发出请尼采去"他的房间"里待上几天的邀请。尼采找了个借口拒绝了。几天以后,他写信给瓦格纳,现在这些信件已经被丢失或是毁坏了。他收到了如下的回复:

亲爱的朋友,你为什么不来看我们呢?

不要将你自己隔绝起来,否则我将不知如何帮你。

我们已经为你准备好了房间。

我刚刚收到你最近的一封信,这封信我们稍后再谈。

你的真诚的理·瓦

1874年6月9日,瓦恩弗里德

也许瓦格纳对尼采的喜爱已经到达了他的极限。环绕在他周围的所有赞赏者大多都过于顺从，瓦格纳在他们当中挑中了尼采，因为尼采热忱、渴望奉献自己、渴望自由，虽然他的脾气急躁，但瓦格纳却总是能够很快原谅尼采。尽管他并不十分清楚尼采态度转变的原因，却大致猜到了悲剧性的危机已经动摇了这个不安的灵魂，因此在给尼采的信中显得和蔼可亲。瓦格纳的这些努力加剧了尼采的痛苦，他更强烈地意识到他将要失去的东西的价值。尼采失去了勇气，第二次拒绝了老师的邀请。那封由他的信在拜洛特引起的恼怒传到了他的耳边。

他写信给一位朋友说："我听说人们又在拜洛特为我担心，在他们的眼里，我离群索居、性情恶劣，像一条病狗一样。事实上，我想要见一些近在眼前的人不是一种过错。"

忠诚的格斯道夫——他对瓦格纳和尼采都很忠诚——写了一封信给尼采，在信中他请求并敦促尼采前往拜洛特，尼采对这种再三的坚持感到反感，拒绝了这位好朋友的提议。

亲爱的朋友，你让我今年夏天去拜洛特住几天的要求听起来完全是威胁，你是从哪里获得这种古怪的念头的？你我都知道，瓦格纳生性多疑，我觉得再引起他的怀疑不是一个聪明人应该做的事。另外，你还得想想，我要忙自己的工作，他们却还不放过我的病弱之躯。事实上，任何人想要束缚我的行为都是不对的。

然而这些反感并没有持续很久。尼采缺乏与瓦格纳决裂的决心。虽然他拒绝去拜洛特，但是他却在全心全意地对待他和瓦格纳之间的友谊，对此他表示了歉意。他找了时间和工作这个借口，答复老师说将来再去。快到7月底的时候，又一个邀请寄了过来，这让尼采无法克制自己的不耐烦了，于是他终于出发了。

正在这时，一个稀奇古怪的念头在他的脑中冒了出来。

难道他这样做仅仅只是想获得独立？难道他不是想纠正瓦格纳？他抱着这种狂热的幻想试图去影响自己的老师，他想净化他，使他纯净到足以配得上自己对他的热爱高度。他在自己的行李箱里塞进了一本勃拉姆斯的乐谱，他欣赏勃拉姆斯，但瓦格纳却对勃拉姆斯怀着妒忌，在尼采看来，这种妒忌简直滑稽可笑。在到达拜洛特的当晚，尼采就把乐谱拿了出来，摆在瓦格纳钢琴上显眼的地方。这本乐谱由大红色的封面装订，因此十分显眼，瓦格纳一眼就看到了它，毫无疑问瓦格纳立即就明白了尼采的意思，然而他却很明智，一直保持着沉默，隐忍不发。然而，第二天，尼采又重复了这个花招，这个举动激怒了这个伟人，他怒火中烧、高声诅咒、大发雷霆，接着，他冲出了房间，"砰"的一声关上了房门。此时他意外地遇上了与尼采同来的妹妹，他突然对自己的行为感到了好笑，于是他便向这位女士快活地转述了这则趣事。

"你哥哥硬把那本红乐谱放到了我的钢琴上，这是第二次了，走进房间的第一眼看到的就是它！于是我就像一头公牛看见了红布一样勃然大怒。我很清楚，尼采想要的音乐是那个人创作的，他希望我像那个人一样。我爆发了——地地道道地爆发了！"

说完这些话，瓦格纳放声大笑。伊丽莎白·尼采困惑地走开了，找到了自己的哥哥。

"弗里德里希，你到底做什么了？这里怎么了？"

尼采的回答是："唉，伊丽莎白，瓦格纳并不是个伟大的人……"瓦格纳对自己的愤怒一笑而过，当晚，他便又和这个喜欢恶作剧的人言归于好了。但是尼采的想法却有所不同，当他跟自己的老师握手的时候，他知道自己对面前的这个人已经不再有什么幻想了。他们之间的裂痕越来越深，这离最后的决裂已经不远了。

尼采离开了拜洛特，8月份的时候他的身体还能勉强支撑，到了9月份情况就开始变糟了，但是不管身体的情况如何，他仍在修改《叔本华》的校样。这本书将在10月份出版。

他给弗罗琳·冯·梅森伯格写信说道："从我的书里，我充分认识到了生活的艰难。事实上，这种磨难要远远比你看到的艰巨，它更加残酷、更加严峻。尽管如此，情况却都还不错。阳光不再存在于我的生活当中，可我却依然往前，这对我来说，就是巨大的幸福……此时，我真正想要讲清楚的是我们的'现代世界'赖以存在的基础——对抗力制度。幸运的是，我对政治或社会没有野心，所以我不会面对任何危险的威胁，也不会遭遇阻碍，我也无须屈从或是被迫妥协。总之，我迟早会获得自由，而我终将会知道，我们这一代人对自由思想的容忍度到底有多少，虽然他们似乎很满意现在思想的这种自由程度。当这些纠缠于心的否定和执拗的倾向被摆脱时，我的热情肯定会达到另一种程度啊！然而，我敢预言，这个宏伟的目标在五年左右的时间里就会实现。"

这虽是一个希望，但却充满了阴影。尼采的心里渴望拥有和渴望行动，但他却必须要面对一个非常乏味的工作和充满各种非难的五年。他在一本笔记本上记下了这样的话："当一个人到达三十岁的阶段时，生活就开始变得越发艰难。我看不到可以快乐的动机，但是总应该有一些快乐的动机吧。"

尼采重新回到巴塞尔，开始了自己的工作。这个工作对于尼采来说原本就是负担，而现在他的工作则开始变得更加沉重。他接受了给年轻学生们讲授希腊文的任务。他已经很清楚时间的价值了，对他来说，五年的时间太长，而在大学里的每一小时都会延迟这段时间。他对自己所度过的每一小时都感到痛苦，就像是一个文人没有尽到职责，而感受到的悔恨的痛苦那样。

秋天，尼采给母亲写信说："我面前的工作要花掉我五十年的时间，因此我必须要牢牢控制住时间。但现在我还要对各方面都进行一番浏览，这便加剧了我的工作量。唉，冬天已经快要来到了，我可以预见，这个冬天将会非常艰难。圣诞节那天也许会很冷。如果我去看你，会打扰你吗？一想到可以在你身边，且可以获得十天的自由，我就感到高兴。所以我请求母亲在圣诞节给我准备一个乡间角落，原本我应该在这个平静的角落中度过余生，并且在那里写下优美的作品。唉！（一声叹息）"

每逢这种沮丧的时刻，那些同瓦格纳的回忆总是会涌上尼采的心头，他总会想起，与瓦格纳密切交往的那些年几乎是他目前的生命经历中最静谧的时期。此时，这位老师曾一度暗淡的荣光开始再度焕发，面对他那巨大的成功，公众卑躬屈膝。而学生尼采正处在艰难的时刻，尼采没有韬到老师的荣光，他在胜利的时刻靠边站着。他一直都以为瓦格纳的艺术也有他的份，这种念头总是以"十五个魔幻世界"的奇迹效果出现；他认为瓦格纳就在那个魔幻世界当中，而他自己也在那里发现了亲切、充裕、快活、温柔、崇高和抚慰，这种发现就像一个神创造了众生；他曾经以为自己有大把的美丽在手，而且如果他能谦卑，就还可以获得再次拥有的机会，而他自己却永世不想再次拥有它。这一切想法对尼采而言都是永久的悲哀。

最后，为了宣泄内心的感情，他给自己在这件事情上唯一的安慰者瓦格纳写了一封信。这封信和其他所有写给瓦格纳的信一样被遗失了或被毁掉了。不过瓦格纳回信的语气可以帮助我们想象出这封信的内容。

瓦格纳回信说道：

亲爱的朋友——你的信使我们再次为你的处境而感到深深的不安，不久，我的妻子将给你寄来一封更为详尽的信。不过，我现在正好有休息时间，虽然我的做法可能会使你感到厌烦，但是我还是用这点空闲时间写信给你，让你知道我们在如何谈论你。在一生之中，我似乎未曾有过你在巴塞尔大学那样的社交圈，圈子里全是知识分子，可以在晚上的交谈中给你带来乐趣。然而，如果圈子里的人全都患有疑心病，我敢肯定这种社交不会带来太大的好处。我想，你们这些年轻人真正需要的是女人。但是我清楚这不是件容易的事。正如我的朋友萨尔泽所说："女人难道不是偷来的吗？"而且，一个人在走投无路的时候也会偷。我说这些话的意思是说，你应当组建一个家庭，或者创作一出歌剧，这两者的区别不大，结果可能是同样的好或者同样的糟糕。无论如何，我还是坚持认为，在二者之中，结婚比较好。

同时，我想推荐一种可以让自己平静的方法，但是你却总是提前将自己的生活日程排得很满，这样如果有人想要对你说点什么也没有机会。譬如说：我在拜洛特的家专门布置了一个房间，不管生活多么艰难，我都不曾用过它，因为这个房间是专门为你准备的——你应当将你的整个暑假都花在这里。但是冬季才刚刚开始，你就非常慎重地向我们宣布，你的暑假将在瑞士一座偏僻的高山上度过！这看起来难道不像是为了预防我们提出邀请的借口吗？在很多方面，我们都可以帮助你，你为什么这样忽视如此善意的帮助呢？在拜洛特，格斯道夫和巴塞尔的所有人都感到了快乐，这里有很多值得看的东西：我在挑选演唱《尼伯龙根》的歌手，制景员在布置舞台，机械师在装置器械，所有有血有肉的人都在这里。

但是有人了解尼采这个朋友的怪癖！

因此，我决定保持沉默，因为我知道自己无论做什么都无济于事。

上天啊，你赶紧娶个富裕的女人吧！唉，为什么格斯道夫是如此能干呢！结婚、旅行，用美妙的印象丰富自己！再然后……你就可以创作出一幕歌剧。你的歌剧必须要负有极大的难度。你干吗非要做一个教书匠呢？

好吧，就写这么多，明年夏天，我的作品将在拜洛特做最后一次可能带管弦乐的排演。正式的公演估计最早都得到 1876 年了。

我每天都坚持游泳，以此来拯救那让我无法忍受的胃，你也学学我的方式，最好也像我一样多吃肉。

真诚地祝福你

你的忠诚的

理·瓦

瓦格纳预料到这封信的作用不大，但没有预料到它会带来伤害，尼采对自己的行为感到不满，认为是自己惹出了这些温和体贴的建议，但是他还是不能接受瓦格纳在信中说出的话。他认为自己不应该在信里表现出软弱。他纠结在一个问题之中，瓦格纳的排演时间即将到来，而他是否应当前往？如果他拒绝了这个邀请，他又应该用什么来作借口呢？他是否还能在瓦格纳面前抑制自己的不满？他是否会坦诚自己内心的想法？

尼采《不合时宜的思想》第四篇《我们其他的语言学家们》已经开始动笔，但他很快就放弃了写作，他声称自己放弃的原因是工作的繁重和身体的疲倦，但这种说辞明显就是欺骗，要么欺骗自己，要么欺骗后人。圣诞节的时候，他和母亲一起在瑙姆堡待了十天，他有足够的时间可以进行写作，但是他却放弃了，在这段时间中，他创作了四声部的《友谊颂》。整个圣·希尔维斯特节，他都是在重读自己青年时代的作品中度过的，他沉浸在这种对过去的检视中。他写信给梅森伯格说："品质在音乐中总会显露真身，对于这一点，我很赞赏。一个小孩在音乐中表达的一切就是他天性中最本质的东西，即使在成年之后，他都不能阻止这种天性的流露。"

寄情音乐暗示着尼采正处在糟糕的环境中，他对自己的思想感到了虚弱和恐惧。格斯道夫和科西玛·瓦格纳寄来了两份信，这两份信的到来扰乱了他孤独的纪念活动。他们的朋友在信里说了拜洛特的情况，而信中的暗示性的语言让尼采感到绝望。

他写信给弗罗琳·冯·梅森伯格说："昨天，是新年的第一天，但我在这一天却遭遇了恐惧，因为我清晰地看到了未来。活着是一件如此可怕而又危险的事情，那个以诚实的方式获得死亡的人反而让我嫉妒。以后，我要长寿。我的工作并不是能帮助我活到老的满意的生活方式。你要理解这种决心。"

1875年1月和2月，尼采一直都很悠闲，处在一种沮丧的状态之中。他这样写道"每两个星期，我大约花十分钟创作一曲《孤独颂》，创作的时刻极其罕有，我要在歌中表现孤独可怕的美。"

3月，格斯道夫来到了巴塞尔。他的到来激起了尼采的兴致，他向这个旅居的朋友口授了一些笔记。快乐的日子帮助他逃脱了忧郁，但没多久，一桩新的伤心事又袭来了，让尼采重新陷入到了这种状态之中。

尼采常和欧维贝克和罗门特住在一起，这是他的生活习惯，这种习惯自然而且合乎他的趣味。他们三人正是瓦格纳提到的知识分子社交圈。到了1875年2月，罗门特突然对欧维贝克和尼采宣布，他将要加入教会，因此被迫离开他们。尼采被这个消息惊得目瞪口呆，同时他感到非常愤慨：他和这个人相处已久，将他看作了自己的朋友。而现在这位朋友突然宣布的消息，让尼采毫无防备。罗门特从未就这件事和他的朋友们开诚布公地谈过。由于宗教信仰的压力，罗门特已经丧失了单纯美好的信念和对友谊的责任，而尼采却相反，他对友谊一直都抱有崇高的理想。罗门特的背叛勾起了另外一桩往事，也使尼采理解了在瓦格纳追随者中流传的消息：他的老师将要创作一出名为《帕西法尔》的基督教神秘剧。在所有的事情中，回归基督教是最不能让尼采忍受的事情了。在他看来，这是丧失了人生原则的事情。几年前，瓦格纳与亲朋好友们谈到过各种计划，尼采见证了整个过程，并对这个过程表示了钦佩。当时瓦格纳谈到了路德、腓特烈大帝，他希望能在自己的作品中对一位德国的民族英雄进行赞颂，并且再进行一次像《名歌手》那样的愉快试验。可最终瓦格纳为什么放弃了他的计划呢？为什么喜欢帕西法尔多过路德？为什么他赞扬的是格拉人的宗教信仰，而不是德国文艺复兴时期那种质朴的生活呢？在整件事情当中，尼采直面了悲观主义，并理解且估量到了危险。这种悲观主义容易让灵魂习惯于抱怨，它会削弱灵魂，使其亲近于神秘。他曾给罗门特讲过一则教条，这个教条对他来说过于残酷，直接促使了罗门特的软弱，尼采对此自责不已。

他写信给罗德说：" 新教的气氛是多么美好纯净啊！我第一次强烈地感受到，如果有路德精神来使自己充实，这是一件多么好的事！而这个人却背弃了如此之多的天才而投入了宗教，多么可怜！我常常问自己，他是否还保持着清醒，泼冷水或施行灌注的疗法是不是会令情况更加糟糕？这件事是如此的不可思议，这样一个幽灵竟然从我的眼皮下冒了出来，抓住了我长达八年的朋友。更糟糕的是，整件事都是我的责任。天知道，我说出这样的话并不是为了利己。但是我仍然相信是我自己描述的一件神圣的事引发了他那可鄙的宗教皈依，如果我因为跟天主教有一丝一毫的瓜葛而令我受到的责罚显得很恰当的话，我会非常自责。"

尼采希望自己的朋友能够回心转意，他试图将罗门特说服，但讨论是不可行的。罗门特保持着沉默，对朋友的劝告不做任何答辩，只是坚守着自己的想法。在规定的日期里，罗门特离开了。尼采写信给格斯道夫，在信中他详细讲述了这次分别的情形。

这种离别的悲哀令人恐惧，罗门特对整件事情都非常清楚，他不断重复：从现在开始，他生命中最好、最幸福的部分都已经结束了。那会儿他流着泪请求我们的宽恕。悲哀从他的内心涌了出来，最后一刻，真正的恐怖攫住了我。乘务员关闭了车门，罗门特因为想要跟我们说话而试图放下车窗，但是窗户却被挡住了。

罗门特拼命地用劲，想让我们听清他在说什么，但一切都是徒劳的，这会儿列车已经开始启动，我们通过手势交流着。我觉得整个场景可怕而又富有象征意义，（后来欧维贝克对我坦白了），当时他也认为这个场景十分可怕。这个场景让我不能忍受。第二天，我头痛欲裂，只能卧床休息。这次头痛持续了三十个小时，难受得连胆汁都吐出来了。

这次的病是一场大病的预告。被病魔袭击后，尼采被迫离开了巴塞尔，到孤独的山林中静养。他这样写道："我总是一个人在游荡，这样方便我清理自己的思绪。"尼采所说的这些思绪是什么？我们可以通过探索他的笔记得知。尼采对罗德说："请给我带来一些令人欣慰的消息吧！我可以从你的友谊中获得帮助我承受这件可怕的事情的力量。从我的友谊观出发，我确信自己已经被深深地伤害了。我更加痛恨那种跟任何人都保持友好相处的作风，在我看来，这种方式的本质其实是虚伪不实，将来在交朋友这方面我可得更加慎重。"

伊丽莎白住在拜洛特，3月份，她是与瓦格纳一家一起度过的，此后，她便回到了哥哥身边，她被哥哥当时的状态吓到了，因为对罗门特的悲伤回忆总是纠缠着他。尼采反复说道："虽然同在一个屋檐下，但我却从未想到过自己亲密的朋友会遭遇如此不幸，这简直是个惊天大事。"事实上，此时他也在挂念另外一个朋友理查德·瓦格纳，这是他正在失去的老师。他自言自语道："我曾经经历了怎样的危险啊！我崇拜着这个人，从中感到幸福，我将自己托付出去，结果到最后却发现自己跟随的只是幻象，而且这些幻象都是相互关联的。瓦格纳的理论已经近似于基督教教义了。"伊丽莎白对哥哥说了很多在拜洛特发生的种种令人感到惊奇的事情，那儿的活动、激情和所有欢乐并没有使尼采感到厌倦。一天，伊丽莎白和哥哥在公园里散步，她又向哥哥讲述了发生在拜洛特的事情，这已经是她第十次跟哥哥讲述这件事了，她注意到尼采的脸上有着奇特的神情。她询问他，不断地发问，于是在他长篇大论、滔滔不绝的感叹中，他保守了一年的秘密被泄露了。他的声音突然戛然而止了，因为他看到了一个徒步旅行者正跟在后面，监视着他。他一把抓住妹妹飞快地离开了，自那天开始，他一直都处在精神恐惧之中，因为他担心自己的话会传到拜洛特。几天以后，他再次遇到了那个古怪的旅行者，他知道了后者的名字：伊凡·屠格涅夫。

1875年7月，原定四联剧排演的日子越来越近了。这几场排演引起了尼采朋友们的关注，这是他们唯一关心的事，也是他们书信和交谈的唯一内容。在这些交流中，尼采继续遮遮掩掩，始终都不敢决定是否出席排演？他身体一日弱似一日，他的老毛病又犯了：头痛、失眠、呕吐、内部器官痉挛再次袭来。最后，他用自己的健康状况给自己找到了一个借口。他写信给格斯道夫说："我知道你会去拜洛特，所以我请你预先通知他们我会缺席。我知道瓦格纳对于这件事会感到很愤怒，而我也不会感到愉快。"

7月初左右，他的朋友们匆匆朝着拜洛特赶去，此时巴塞尔大学放了假，尼采选择在一个小疗养所隐居，这是一家名叫施泰纳巴德的疗养所，尼采选择这里完全是听从了医生的建议，此地坐落于黑森林的一个村庄里。

尼采拥有着一种超乎常人的本领，他总是从个人的悲欢中超脱出来。他完全明白自己可以在危机之后享受到它所带来的奇观，仿佛在他面前的不是危机，而是混合着众多声音的交响乐。接着，他及时抑制住了内心的痛苦，反而带着狂喜去对生命的悲剧性进展进行思考。这就是他在施泰纳巴德的全部生活。然而，尼采却没有在这种生活中获得乐观。他身体里的疾病同治疗做着顽强的抵抗，于是医生让他推测一下病因，因为这个病因一直以来始终如一且难以觉察和神秘莫测，而尼采所有的病都来自于这个病因。尼采的心中牢牢记住了父亲三十六岁生命中的那场疾病，他感受到了父亲疾病的暗示，并从中嗅到了危险的味道。但是他认为这种危险是人生的奇观，并正视了它、接受了它。

施泰纳巴德前往拜洛特，这件事对尼采形成了吸引力。去还是留？尼采向来优柔寡断，因此这个纠结的问题让他足够消受了，他的精神最终完全垮掉了。7月底，一场严重的疾病再次袭来，这使得尼采在床上整整躺了两天，两天的休养消除了尼采的各种烦恼。8月1日，他写信给罗德说：

亲爱的朋友，如果我没有搞错，今天你们已经都到达拜洛特了，只有我不在。

我依然执着地相信自己会突然到达那里,和你们在一起享受友谊,但这种想法却终是徒劳的。我敢肯定,今天的治疗才刚刚完成一半。

病魔的嚣张已经被治疗压制了下去,现在尼采可以从床上起来到林间散步了。他身上带着一本《堂吉诃德》,阅读中让他"最痛苦的是",他必须要带着嘲笑来面对这一切高尚的努力。

尼采鼓足了勇气,他怀着不太强烈的痛苦去回忆那些充满欢乐的过去。面对险恶的未来,他毫不惧怕。那项对古希腊文化进行研究的巨大工作依然在提醒着他,这是他从未抛弃过的古老梦想。同时出现在他脑海中的还有他中断了的《不合时宜的思想》之系列。更为重要的是,他现在带着快乐的心情重新开始构思那本美丽的书,一旦他心里有了底,他就会着手动笔写书了。他想:为了这一工作,我必须牺牲一切。这些年来,我一直保持着写作的状态,成果有很多,但也常常犯错误。现在我必须让自己沉寂,投身于工作之中,这项工作需要付出多年的坚持,七年或者八年。我的寿命能有这么长吗?八年之后我就四十岁了。父亲去世时只有三十六岁。没关系,我愿意为了这个事业而去冒险,重新回到我沉默的生活中去。我曾经对现代人进行过激烈的诽谤,但我其实也是他们中的一员。我同他们同甘共苦,对他们怀有好感,但对他们我也怀着过多的和复杂的希望。我被推上了老师的位置,为了教导众生,我必须要控制我自己,将苦恼抑制在心中。我要控制自己的天性,而控制的前提是对它们的了解和判断。我必须要约束和分析我自己。我批判科学,抬高灵感的地位,可我还没有分析灵感产生的原因,还没有追寻到灵感的深度,那是多么难测的深度啊!以前,我总拿年轻当作借口,我需要陶醉。如今,我已经不再拥有年轻。罗德、格斯道夫、欧维贝克都前往了拜洛特,我对他们怀着妒忌且同情的心情。他们已经不再是做梦的青年,不应当再去那里了。我即将要面对的任务是什么?我要研究自然科学、数学、物理、化学、历史和政治经济学。认识人类的前提是积累大量的工具。因此我要阅读古代的历史著作、小说和书信。这项工作是如此艰巨,但我愿意去做,因为我要让柏拉图、亚里士多德、歌德、叔本华永远在我的周围。我深爱着这些天才们,因为他们的陪伴,我的痛苦和孤独也减轻了很多。

每一天都有一封信从拜洛特寄给尼采，这些信扰乱了尼采的思绪。他不带痛苦地阅读着这些信件。他在一些极为私密的笔记里记下瓦格纳带给他的快乐回忆。接着，他给朋友们回信："虽然我们不在一起，但我生命中四分之三的时间都在与你们进行神交，我的灵魂漫游在拜洛特的周围。亲爱的朋友，请将一切告诉我，不要担心我会妒忌。在散步时，我会在心里演奏乐章，然后开始抱怨和发怒。请代我向瓦格纳致以深沉的敬意！再见，我深爱的朋友们，这封信是写给你们所有人的，我全心全意地爱着你们。"

尼采返回了巴塞尔，这有利于他的治疗。伊丽莎白陪伴着他，希望能够终日在他身边照顾他。尼采终日与报纸、书籍和钢琴为友，他在施泰纳巴德那种完全沉思和几乎快乐的生活仍然在持续。

他这样写道（并在这些话下面画了横线）："我梦想，有一种联盟，联盟中的人都不受束缚。这些人做事不会畏首畏尾，只将自己称作'摧毁者'。他们坚持自己的标准，并用这个标准衡量着一切，他们将自己献身于真理。那些可疑和虚假的东西都会被曝晒在阳光之下。我们并不希望过早地建设，我们甚至不知道自己能否把这件事做好，不知道无所建树是种更好的状态。我们不希望自己最后成为懦弱而又温顺的悲观主义者。"

尼采开始给自己制定研究计划，这个研究十分漫长。首先，他阅读了杜林的《人生的价值》。杜林是一个实证主义者，反对叔本华和瓦格纳的信徒们的论战都是由他发起的。他教导人们："唯心主义都是骗人的，毫无例外。如果试图要逃避生活，那么必然的结果就是让自己沉沦于幻象之中。"

对于杜林这一观点的前提，尼采并不反对。杜林又说："健全生命的价值在于自身，我反对禁欲，禁欲是不健康的，完全由谬误造成。"对此，尼采答道："禁欲主义是一种天性，人类之中拥有最高尚心灵和最强壮体质的人已经感觉到了。这是不可否认的事实。如果真正意识到了人生的价值，就不应该否认这种天性。一个巨大的谬误存在于观念之中，而且这种谬误的可能性也应当成为人类自身的忧郁特质的一部分。"

杜林又说："生命的悲剧无法被减弱。从表面看利己主义处于统治地位，但实际上真正起作用的则是利他主义的本能。"

尼采惊叫:"利己主义只是表面现象!"杜林在这个问题上太幼稚了。我希望他在这里说的是真话!如果这就是所谓的真话,那么我们都可以表扬上帝了!他简直是在胡说八道,而且如果他坚信自己所说的每一句话,那么他就成熟到足以适合所有的社会主义了。最后,尼采还是将目光投向了他一直坚持的赫拉克利特和叔本华教导他的悲剧哲学,他以此来作为反对杜林的武器。杜林说,逃避是不可能的,因为所有的逃避都是一种诱惑和懦弱。杜林这话说得很好。但是他提供的只是一种甜美的幻象,对于我们这种处于困顿的人来说毫无好处,他削弱了任务的艰巨性。在这一点上,他如果不是愚蠢的话,便是虚伪。人生是艰难的。

尼采很愉快,至少看起来是这样的。到了晚上(因为视力的缘故他不在晚上工作),妹妹伊丽莎白会给他朗读司各特的小说。对于这些小说,他表示了赞美,小说质朴的叙述风格让他喜欢。他这样评价道:"这种艺术是平静的,像音乐中缓慢的行板。"他也喜欢英雄主义的、朴素而又复杂的冒险。每当读到啰唆的盛宴时,他总会惊叫:"好家伙!这些人真是好胃口!吃得这么慢!"一会儿之后,他就会开始演奏自己的作品《孤独颂》,这一弹就是好长时间。伊丽莎白·尼采目睹到哥哥情感的大起大落,感到十分惊讶。

她的惊讶并不是没有依据的:尼采伪装出快乐的样子,但实际上,他却是悲哀的。他骗过了妹妹的眼睛,却无法欺骗自己。

他曾试图去研究鲍尔弗·斯图尔特有关能量守恒方面的著作,但是在读了一页之后他就停止了这项工作。他无法忍受这样的工作,因为在这项工作里没有艺术的安慰,也不能体会到憧憬的乐趣。他想,也许印度智慧具有吸引力,于是他开始研究英译本的《经集》,然而看完之后,他只搞懂了其中那彻底的虚无主义。

12月,尼采给格斯道夫写信:"当我生病卧床时,我听到了很多有关人生是没有价值的、任何目的都是虚幻的说法,我任由这些说法压到了我的身上。"此时他的健康状况十分不佳,每隔两个星期,他就会受到头痛、内部器官痉挛、眼睛阵痛的折磨。

尼采记住了《经集》之一章的最后一句话:"我四处徘徊,就像犀牛一样孤独。"他将这句话用到了自己的身上，这看起来很幽默，但实际上却满含着伤感。那时，他的最好的朋友们都将要结婚了。如果一个人说尼采时刻准备着攻击婚姻和妇女，那么他就是缺乏真诚的，但是换到尼采身上，却是个例外。

1874年，尼采写信给弗罗琳·冯·梅森伯格说道："我的朋友比我想要的要更多更好，坦白跟你说，我现在渴求的是一个好妻子，越快越好。只有寻找到这个好妻子，我才获得了生活的全部。其余的事则看我自己了。"

尼采向即将成为丈夫的格斯道夫、罗德、欧维贝克表示祝贺，他替自己的朋友感到高兴。但他也从不同的人生境遇中感到了自己命运的差异。

他写信给格斯道夫说道："现在你幸福了吧，你拥有了家庭，再也不用四处徘徊，像犀牛一样孤独了。"

1876年就要来临了，四联剧的公演时间确定在夏天。尼采听到这个消息后清楚地知道，他必须要做一个决定了。他后来写道："我被一种无情的悲哀的预感搞得筋疲力尽——这种预感就是，此次梦想的幻灭将使我更加不信任自己，我会更加鄙视自己并且生活在比过去更深的孤独中。"

他依然生活在圣诞节和新年的强烈印象中，这无疑加深了他的忧郁。12月，他再一次病倒，直到3月份才能从床上起来，此时他的身体仍然非常虚弱。

1876年1月18日，他写信给格斯道夫说道："我现在觉得写作都十分消耗体力，我会尽量写得简洁一些。这是我度过的最悲哀痛苦的圣诞节，而我之前根本没有得到任何预兆来做心理准备。我不得不怀疑。困扰我的是大脑系统的疾病，而另一种什么病则给我的胃和眼睛带来了痛苦。我父亲三十六岁时死于脑炎，我很可能也会有这种病……我有耐心走到前方去搞清楚究竟是什么，但我依然有着很多疑虑。现在是牛奶在维持我的生命。牛奶的效果不错，我的睡眠不错。目前，牛奶和睡眠对我来说是我最好的食物。"

在春天快要到来的时候，尼采产生了离开巴塞尔的念头。格斯道夫提出与他同行，于是这两个朋友在日内瓦湖边的奇隆安顿了下来。但他们在那里的两个星期的假期非常糟糕。那里气候潮湿，空气中多少带着电荷，只要天气出现些许变化，尼采的神经就会感到疼痛。更糟糕的是，尼采在那里还深受"燥热风"之苦，燥热风是一种在三月天里出现的和风，它可以使积雪融化。这种柔和温热的风使尼采变得消沉，他的疑虑和痛苦便情不自禁地流露了出来，这些情绪的流露令人感到不安。出于对朋友健康状况的担忧，格斯道夫被迫回到了德国。

但是一个人待着，尼采就感觉好多了。可能是天气的转变让尼采开始感觉良好，也许是他倾诉的对象格斯道夫不在身边，尼采收敛了自己的沮丧。他的脾气变好了，而好运气的意外到来使他彻底获得了解脱：一段自由的时光。梅森伯格刚刚出版了她的《一个理想主义者的自传》。尼采在离开时带走了这两卷书。他非常喜爱这个五十岁的妇女，而且喜爱之情还在逐日增加。她的生存境遇不佳，却对这种生活怀着勇气，她总是展现出美好和善意。在尼采看来，科西玛·瓦格纳和她完全不在同一水平之上。她并不拥有非凡卓绝的才智，但是她的性情却豪爽勇敢。尼采将他无尽的尊重都献给了这位妇女，因为她是一个真正的女性。当然，他开始只是带着一般的期望去阅读这部作品。然而最终这部作品却吸引了他。这是对19世纪最优美的记载之一。梅森伯格经历了所有的这一切，见证了所有的世故、英雄和希望。她出生的德国还是由许多小宫廷组成的——她父亲就是其中一个宫廷里的大臣——还在孩提时代，她就亲耳倾听过洪堡和歌德的朋友们的交谈；少女时代，人道主义影响了她，让她放弃了自己的基督教信仰，从宗教中独立了出来。接着1848年来到了，代表时代梦想的社会主义者及其作品随之而来，这些人为的是一种更高尚、更友爱的生活。对于这些人，梅森伯格表达了自己的崇敬之情，她希望自己能够加入其中，跟他们一起奋斗。家人责备了她的行径，她离开了家庭，在不求帮助和没有建议的情况下开始独自行动。她是一个十足的理想主义者，但她勇于行动，不停留于幻想。她在汉堡加入了共产主义者的行列，跟他们一起奋斗，创立起了一个空想的共产村庄，老师们在这所理性主义者的学校内共同生活。在她的领导下，这个学校繁荣了起来，但是这同时也招来了警察。迫于当局的威胁，梅森伯格只好选择了逃亡。此后，她辗转来到了伦敦，伦敦为忧伤者提供了避难所，也为被征服者提供了坟墓，在这里，她混迹于各种各样的流浪者当中，以教书为生。

在这里她认识了马西尼、路易·布朗、赫尔岑，她与这些不幸的人结为了朋友。

在第二帝国、拿破仑三世、俾斯麦以及民众沉默的时期，梅森伯格在具有灿烂文化的巴黎认识了理查德·瓦格纳，她很早就接触了瓦格纳的音乐并被其深深地吸引。她钦佩瓦格纳，她喜欢聆听他的谈话，佩服他的才华，并为此而弃绝了人道主义信仰，她将自己的热情投进了对艺术的狂热崇拜中。她的仁善发乎本心，而她总是毫不吝啬地行使着它：赫尔岑去世后留下了两个遗孤，弗罗琳·冯·梅森伯格收养了她们，挑起了母亲的重担。尼采很早就认识了这些年轻的女孩子，他对朋友表现出的体贴关心表示钦佩，发自内心地赞美她那慷慨而又健全的自我牺牲精神，他不知道究竟是哪一种全力奉献的人生才能浇灌出这样的花朵。

《一个理想主义者的自传》这本书鼓舞了尼采，它让尼采安于人生，重新找回了自信并且恢复了健康。他给格斯道夫写信说道："我的健康和我的希望连在一起，当我充满希望时就能恢复健康了。"

尼采离开了他的膳宿公寓，前往日内瓦。在那儿他结识了一个朋友，音乐家桑格；还结识了一些法国人，这些法国人因为支持巴黎公社而被政府放逐。尼采喜欢他的新朋友，他喜欢跟他们交谈，尊敬这些有着健全的头脑并勇于自我牺牲的狂热分子。他似乎还和两个"高雅"的俄罗斯人关系暧昧。随后，他重返了巴塞尔。回到巴塞尔后他寄出的第一封信是写给梅森伯格的。

1876年4月14日，晴朗的星期五，巴塞尔。

亲爱的弗罗琳，大约四天前，我还孤单地待在日内瓦湖畔，星期日那整整一天，从曙光初显的黎明到月光如洗的晚上，我都和你待在一起。我从头到尾仔细读了你的书，我被书中的每一页吸引着。我不断思索，这将是我有生以来最幸福的星期天。我在你的书中看到了纯洁和爱，这让我印象深刻，永不忘怀。在读你的书的那一天，大自然都予我以启示。你以至高的形式出现在了我的面前！但这没有令我自惭形秽，我从中看到的是你的鼓舞。你轻易地穿越了我的思想，我从你的生活中读懂了我的生活，我轻易地察觉到了我的缺失是什么——它们竟然如此之多！因此我对你的感激要比我对一本书的感激多得多。

我刚从病中康复，生病时我怀疑自己的力量和目标。我以为自己会不得不舍弃一切,这是我最大的恐惧,在我看来一个人要是抛弃了最崇高的目标,那么漫长的人生对他来说都只不过是一种残酷的负担。庆幸的是,现在我已经从病中康复了,不用在履行责任时感受到病痛的折磨。我曾经强烈地希望你近在身边,这样我可以随时向你请教一些问题,这些问题只有那些拥有高尚品德的灵魂才能作答。你的书感动了我,还解答了我思考中的疑问。我想,只有得到你的首肯,我才会对自己的行为感到满意。但是,也许生活中的你远不如你的书那样严厉。我常常自问:如果一个男人比较了你的生活后,不愿被指责缺乏男儿气概,那么他该采取何种行动?唯一的方法是让他做你所做过的一切。但是,毫无疑问,他无法办到,因为他没有确信的向导,也缺乏时刻准备着奉献自己的爱的本能。你的存在让我发现最严肃的道德主题之一,那就是存在于没有血缘关系的母子之间的爱。它是最崇高的博爱。请赐予我一点这样的爱吧,我最亲爱的女士和亲爱的朋友,请把我看作一个缺乏母爱的儿子吧!唉!这个需要是如此迫切!

如果我们能在拜洛特会面的话,就可以谈论很多话题。说到这里,我又希望能够去那里,可是在过去的两个月里,我却曾经打消过自己的这种想法。如今,我强烈地希望自己的身体能够更加健康,这样我就能够为你效劳了。

为什么我们的住所不能挨得更近?

再见,我的朋友,无论如何,我都活着并将继续活下去。

你的弗里德里希·尼采

弗罗琳·冯·梅森伯格立即给尼采写了回信。"如果我的书真能配得上你信中所描述的欢乐,我会为自己的书而感到高兴。如果我真的可以帮助你,我一定会这样做。等下个冬天来临时,你必须离开巴塞尔,去寻找一个气候更温和阳光最明媚的地方。我对我们的分离感到烦恼。今年冬天我照顾了你那位巴塞尔的年轻学生阿尔弗雷德·布伦纳,他还在生病,到时你把他交给我。我能够为你和他找到很棒的寓所。来到我这边,向我保证。"接到这封信,尼采立即回信:"今天我只能说出一句话,谢谢你的邀请,我一定来。"

由于找到了一个未来的避难所,尼采恢复了信心和勇气。

几天后，他给格斯道夫写信说道："我已经找回了自己的良心。我知道，到目前为止，为了解放自己，我已经尽力了。而且在这样工作的时候，我不只是在为我自己。我要重新走上这条路，不畏惧任何阻碍，无论是对过去的悲伤回忆还是对未来令人绝望的预感都不能让我退缩。我发现了一个道理：只有在高尚行为面前人们才会产生敬仰和为之倾倒的行为。妥协？决不！获得巨大成功的保证是永远忠实于自己。在经验中我已经认识到自己所产生的影响，我知道假如我变得比以往更软弱多疑，我就会陷入枯竭，同时陷入枯竭的还有那些许多同我一块前进的人们的心灵。"

在即将到来的危机面前，尼采需要有这种骄傲。瓦格纳的弟子们设宴款待他，尼采找借口推掉了邀请。他给瓦格纳写了一封充满激情的信，从措辞中，瓦格纳也许领会到了隐藏于这封信中的真实含义。

七年前，我在特里伯森第一次拜访了你。每年的5月是你的生日，在大家庆祝你的生日的时候，我则在为自己的精神庆祝诞辰。因为从那时起，你就像一滴新鲜的血液，流进了我的血管，在里面生存流动着。这滴血一直都在驱策、羞辱、鼓舞和刺激着我。它鞭策着我一直向前。要不是我明白它的鞭策是为了让我前往一个更自由、更美好的境界，我或许还会因为这种持续不断的灵魂不安而怨恨你。

瓦格纳立即给自己的爱徒写了几行热情洋溢的信作答。他谈到了宴会的情况，大家为他的辉煌事业而干了杯，而他则以幽默的答谢来作答。这封回信中满是双关语、荒诞的故事和令人费解的引喻，它是如此精彩以至于我们不得不放弃了翻译，以免我们那庸俗的语言曲解了瓦格纳的意思。尼采被这封信感动了。在看完回信的那一刻，他感到自己是完全自主的，对未来非常肯定。他从前的经历就像是一场盛大的奇遇般突然在脑海中涌现了出来，而这一段记忆将永远被他缩在心灵之内。他释放了自己的激情，让自己不再小心翼翼，并用一种放纵的敬意思考着这段经历，权衡着瓦格纳给他带来的欢乐，他希望能够释放这种感激之情。多年前的一个夏天，在施泰纳巴德，他曾有着和现在相似的感情，他将这些感情写在了纸上，整整写了好几页的笔记。他将这些笔记重新翻了出来，顾不上神经性的眼疾（这种眼疾让他只有在别人的帮助下才能工作），他开始在这些笔记里提取写作素材。这个常识是如此的奇特！希望幻灭之后，他还可以创作出一本充满激情的书，这本书将是他所写的所有关于瓦格纳的文字中最优美的作品。但是那些得知了警告的读者都会在字里行间读懂尼采的真实思想。这是一部对诗人的颂歌，与哲学家毫无关系。那些能够理解这部作品的人无法在书中看到尼采对它的教育意义的认同。

　　他这样写道："对我们来说，拜洛特就像是作战时刻的献祭……人们认为悲剧在我们这儿可以获得安慰，这种神秘的想法并不是一种软弱或麻痹人的魅惑，但它给了我们一种宁静的状态。因为作战的时刻我们并不会获得美，但是在战前或战时，我们会让过去复活并预示未来，这种时刻稍纵即逝且极其平静，在我们看穿了所有象征的时刻，在轻微的疲倦之后，重新振奋的梦幻将会再次降临，美就降临在我们的身上。新的一天及新的斗争将要开始了，神圣和艺术再次远离了我们，但是它们却留下了它们的安慰，就像是一滴晨露滴落在了我们的身上……"

　　这些思想和激发《悲剧的诞生》这本书的思想之间存在着根本性的对立。艺术不再是生存的理由，而是在为生活准备必要的休息。最后，尼采用三行咄咄逼人的句子结束了全书："实际上，瓦格纳并不如我们所愿是未来的先知，他只是对过去做出了解释和讴歌。"尼采自己承认，他希望没有人能听出这些隐晦简洁的话的弦外之音，他的希望得到了实现。这本小册子一出版，瓦格纳就写了一封信：

　　朋友，你在书中展现的思想实在是太丰富了！
　　你怎么能如此了解我呢？快到拜洛特来吧，在这里待到正式公演吧！
7月12日，你的理·瓦

　　7月中旬，排演开始了。那时尼采的身体并不处于健康的状态，但是为了欣赏每一场演出，他还是去了拜洛特，他表现出的迫不及待让他的妹妹大为吃惊。

尼采到达拜洛特两天后，给他妹妹写了一封信："我十分后悔来到了这里，至今为止，所有的事情都糟糕透了……星期一我去看了演出，它让我觉得非常不舒服，中途我便退场了。"

在拜洛特发生什么了？伊丽莎白·尼采非常不安地等待着。但第二封信的到来使她稍稍放下了心："亲爱的好妹妹，眼下情况还不错……"不过信的结语很奇怪："我应该长期独自生活，我要拒绝一切邀请，甚至是瓦格纳的也不例外。他发现我悄悄溜走了。"差不多同时，她收到了最后一封信："我一定要走，待在这儿真是太愚蠢了。音乐晚会没完没了，让我一直都怀着恐惧，但是我却不得不待在这儿。我无法忍受了，我压根儿就不该来，我要走了，不管去哪里，只要我能离开，这里的一切都是无法忍受的。"

究竟发生什么了？他急切地想离开难道是因为对这个世界的看法吗？尼采在过去的两年时间中过着一种极其艰难的生活，终日与"谜团和疑问的朋友"相伴。他将人们抛到了脑后，如今重新同他们站在了一起，感受到了他们的痛苦。瓦格纳将人们全部征服了，他替他们解决了谜团和令人不安的问题，而人们似乎也安于生活在这种阴影之中。人们从不思考，将灌输给他们的公式狂热地重复着。一些黑格尔的信徒们也来了，瓦格纳自封为他们的第二导师。叔本华的所有追随者们也都在那里，有人告诉他们：瓦格纳和叔本华自成一脉，只不过他的表达体系是音乐。一些年轻人称自己为"理想主义者"、"纯粹的德国人"。瓦格纳公开宣告："德国的理想主义征服高卢人的感觉主义，这便是我艺术的映射。"所有的人，黑格尔主义者、叔本华主义者、纯粹的德国人对此感到十分得意，他们一致赞同：他们已经获得成功了。成功了？对于这个词，尼采保持了沉默，他对这个措辞表示惊异。他想：哪一个人，哪一个民族胆敢称自己成功？就连英勇的古希腊人都不可以，因为他们在极其漂亮的溃退中碰得鼻青脸肿？为此，尼采不再关注这种滑稽的场面，他开始观察着瓦格纳：这个快乐的始作俑者在成功面前会不会感到不安呢？没有，瓦格纳春风得意，因为他已经成功了。这个人的满足比大众的满足更加让人震惊和悲哀。

不过快乐终究是快乐，尽管它十分廉价。拜洛特沉醉在极度的快乐之中。尼采亲身体验并分享了这种狂喜，但同时，他也对这种快乐表现出了同情和妒忌。他听了一场演出：他进入庄严的剧院，感受到了公众的激情，以及最终瓦格纳的露面和暗场，绝妙的音乐，演出的一切都使他感到激动。他还是很容易陷入到瓦格纳的感染力中的，因此他匆匆地起身离去了。这就是他在信中所做的解释："我去看了演出，它让我觉得非常不舒服，我中途便退场了。"

另一个事件让尼采感到更加不安。他确切地知道了即将诞生的作品《帕西法尔》的真正意义所在。理查德·瓦格纳将要宣布自己皈依基督教。这样，在这十八个月里，尼采目睹了两次宗教皈依：罗门特多半是因为性格的软弱而沦为了命运的牺牲品，但是尼采清楚，对瓦格纳而言，一切都是严肃的，一切都为了响应时代的需要。尼采在整个《帕西法尔》中清楚地感到，新的信仰已经不存在了。他察觉到了这种由现代人一手炮制的危险，这些人对自己不自信，以至于落入了基督教的信仰当中，这种信仰强大有力，能够召唤、承诺并能够给予和平。如果尼采本人不是加倍努力去发现他的新的"生活的可能性"，那么他很可能会像那些懦弱的鼓励者一样退回到基督教中去了。尼采注视着这些人，打心底对他们的欢乐表示了轻视。这些人已经到达了最后崩溃的临界点，并且是被这位所谓的大师，这位已经将他们征服的骗子亲自引往深渊的。他们中没有一个人清醒地知道，这双强有力的手不久就要把他们带向何方。他们几乎没有宗教信仰，可是他们将立即成为基督徒。1872年5月在拜洛特，瓦格纳亲自指挥演奏了贝多芬和席勒的自由、欢乐的颂歌，那一天离现在已经是多么遥远了啊！

弗里德里希·尼采替还蒙在鼓里的人们清楚地看到了这一切，这种无意识的生活场景使他感到绝望，这种绝望同中世纪那些神秘主义者在面对社会景象时的感觉一样。尼采想拯救这些处在麻木中的人，用一句话警告他们，用一声猛喝制止他们。他想："这是我的职责，因为只有我一个人知道正在发生什么。"但是没有人会听他的。他只好保持平静，掩饰自己那可怕的想法，保留下勇气，观看这场悲剧性的庄重仪式。

但是他还是不能容忍，不久他就支撑不住逃掉了。"继续待在这里我会精神失常的。音乐晚会没完没了，让我一直怀着恐惧，但是我却不得不待在这儿。我无法忍受了，我压根儿就不该来，我要走了，不管去哪里，只要我能离开，这里的一切都是无法忍受的。"

离拜洛特几公里远的地方是波希米亚与弗兰科尼分界线的那片高地，尼采隐居于坐落在树木掩映的森林中的克林根布隆村。这场危机没有尼采预计的那么长久和严重。既然他已经洞察了瓦格纳艺术的危险，那么他就已经想出了清楚的补救措施。他这样写道："没有明确的思想做支撑的信仰招人反感。"他想起了自己在施泰纳巴德的思考，并再次肯定了当时所做的决定。他想清理往事，抵制形而上学的诱惑，同时放弃浪漫的艺术，保存理性的判断力，像笛卡儿一样，从怀疑开始。在这样的前提下，如果他能够发现某种新的可靠性的话，他的伟大思考就可以拥有一个确定不移的基础。

他漫游在静谧的林间，他在森林严肃的沉静中听到了训诫："如果我们不能从树林和山峦之中找到坚实而又安宁的精神，那么我们就必将不能平静。安静将被驱逐，因此我们不能懂得幸福，更不要谈获得幸福。"尼采的灵魂被深深地伤害了，而他在伤害之中释放出了一声呼喊："我誓将安静还给人类，只有它存在，文化才能生存。"

一旦找回了自己，尼采便重回了拜洛特，他希望在那里完成自己的伟绩。他回到拜洛特的那一天，观众的兴致较他走那天要更高。此时皇帝威廉正好在去检阅演习的路上路过了拜洛特，因此他也观看了演出。他整整参加了两个晚上的音乐会，这让瓦格纳增辉不少。这简直轰动了整个巴伐利亚和法兰克尼亚，周围的人们都潮水般涌来向国王致敬。短短的时间里，拜洛特挤进了大量的群众，这让这座小城的供给发生了极大的困难。

尼采完整地观看完了演出，他对瓦格纳追随者的评价表示了沉默，在内心衡量着自己的评语，虽然这个问题是他长期以来都在回避的问题。他见了自己的朋友们：梅森伯格、齐默恩小姐、谢尔、蒙纳特、布伦纳，布伦纳注意到尼采异常的沉默。尼采常常在幕间或者下午离开，他常常和一位夫人在一起，这位夫人的国籍不明，既像普鲁士人又像俄罗斯人。他被这位女性优雅的论调吸引了，但同时又因为她是瓦格纳的追随者而深感遗憾。

谢尔是在音乐会上认识尼采的，他这样描述尼采：

当我和他交谈时，他高傲的内心和奇特的容貌打动了我。他有着宽阔的前额，头上的短发从额角往上梳着，他有着斯拉夫式突出的颧骨。如果不是他的举止拘谨而又傲慢，我一定会从他粗壮下垂的胡须和线条分明的脸中判断出他是个骑兵官。他的艺术家的资质是从悦耳的嗓音和和缓的谈话中流露出来的，他有着哲学家所特有的谨慎的沉思表情。他神态平静，这是最具欺骗性的。他那沉郁的思想活动从凝视的目光中暴露了出来。目光中带着狂热、敏锐和梦幻。这种双重性格让他烦恼也令人不安。而且他的这种目光的凝固让这种因素显得更加明显。在他感情奔放时，他的双眼释放出了一种柔和的梦幻，但是很快，敌意又将重新出来……在总排演和四联剧的前三场正式演出时，尼采的表情悲哀而又沮丧。

每个晚会的成功都会增加尼采的忧伤。尼采在《莱茵河的金子》、《女武神》这些作品中回忆起自己的青年时期，当年他还不认识也不敢期望认识的瓦格纳所怀有的激情再一次涌现出来。《齐格弗里德》是特里伯森的纪念品，这是尼采刚认识瓦格纳时，瓦格纳正在完成的曲谱。

在瓦格纳创造的英雄中，尼采最喜欢齐格弗里德。他在这个无所畏惧的年轻人身上看到了自己的影子。那时，他还在笔记本上这样写道："我们是精神的骑士，我和鸟儿心意相通，并跟随着它们。"毫无疑问，他在听《齐格弗里德》时是快乐的。在瓦格纳的所有歌剧里，这是他能够不遗憾地倾听的唯一一部。最后一幕是《众神的黄昏》。齐格弗里德已经与群众打成了一片，但是群众却欺骗了他，一天晚上，当他在他们面前天真地叙述着自己的一生的时候，一个叛徒从背后袭击了他，并把他杀了。这个巨人被除掉意味着矮子们的胜利，英雄无能为力，众神退位了，金子重被放进了莱茵河的河底，汹涌的波涛淹没了整个世界。在等待死亡的时刻，人们对这场宇宙的灾难进行了反思。

这就是结局。帷幕徐徐落下了，交响乐消失在寂静的夜空中，观众们突然一齐起身，爆发出热烈的欢呼喝彩声。当帷幕再次升起时，瓦格纳一个人出现在了台上。他身材瘦小，站得笔直，穿着一件双层胸襟的外衣和布裤子。他用手势示意大家安静下来。场地中便开始变得安静了。

他大声说："我们已经把我们希望展示的一切向你们展示了。如果你们赞同我们的追求，那么你们就到达了艺术的殿堂。"

他退场了，又再次露了面。观众一次接一次地召唤着他回场。尼采注视着站在舞台照明灯中的老师，他没有鼓掌。

他想："他在那里，我的同盟者，我的老师。他原本是荷马，但已经被柏拉图的精神滋养了。"

帷幕最后一次降落了，尼采站起了身，沉默地消失在了人群当中，就像是失事的船骸顺着流水孤独地飘向了远方。

第五章 险机与康复

尼采回到了巴塞尔。他双目疼痛,视力很差,因此有两个朋友前来帮助他。其中一个叫作科斯莱茨,他很年轻,尼采给他取了个昵称叫彼得·加斯特,意思是客人彼得,这个外号伴随着他终身,另一个是保尔·李,他是尼采在两年前认识的朋友,一个才思敏捷的犹太人。由于他们提供了热情的帮助,尼采才得以重新阅读写于克林根布隆的日记。尼采希望能从这些笔记里提取一些东西作为《不合时宜的思想》第二部分的素材。当时保尔·李刚刚发表了他的《心理学考察报告》,他的英国老师斯图亚特·密尔和法国老师拉·罗什福科鼓励他,让他将自己的沉思记录下来。他给尼采朗读了自己的作品。尼采很欣赏这篇短小的作品。文中在处理思想时表现出的谨慎作风让他钦佩。保尔是在拜洛特音乐大典礼的次日将这部作品读给尼采听的,这多少都减缓了拜洛特给尼采带来的不适,他从中获得了休息。此外,尼采还做出了一个重要决定,他要到保尔·李及其老师的学校去学习,尽管这样,他还是能够感受到摒弃理查德·瓦格纳后所带来的巨大空缺。

1876年9月20日,尼采写下了这样的话:"我的眼科医生要我长时间地坐在昏暗的房间里什么都不干,因此我在所有的空闲中都在思考过去——久远的和最近的。度过了这样一个夏天，秋天对我来说就更加显现得萧条了。在这次巨大事件之后，我陷入了一场更为严重的忧郁之中。要摆脱它，我就不能即刻飞往意大利或投入工作，而想要同时兼顾这两者则更是不可能完成的事情。"

尼采已经申请到了假期，现在他生活中的唯一快乐就是他能够有几个月的时间来摆脱老师的工作。

10月底，阿尔弗雷德·布伦纳和保尔·李陪伴尼采离开了瑞士。这三个德国人一直走到了热那亚，又在热那亚乘船前往了那不勒斯，此时梅森伯格正在那里等候着他们的到来。

弗罗琳·冯·梅森伯格曾经这样写道："我发现尼采情绪很低落，因为他经历了长途跋涉，到达的却是一个喧闹嘈杂、人群缠绕不休的城市，这让他感到十分不快。然而，到了晚上情况就不一样了。我邀请我的客人们乘车去波西利普观光，在那儿可以看到十分美妙的夜色、天空和大地，在无法描摹的色彩的光晕中荡漾着的大海，这一切就像迷人的音乐一般充溢于心，天地仿佛一曲和声，在这种美景面前，所有不协调的音都消失了。我看到尼采像孩子一般快乐，他对眼前的景象感到十分惊讶，他容光焕发，完全沉浸在了极度的激动之中。最后，他对自己看到的一切发出了热烈的赞叹，这个场面预示着他的这次来访将会收到极好的成效，对此，我深感欢喜。"

弗罗琳·冯·梅森伯格已经租了一幢别墅，这是一座陡峭斜坡上的老膳宿公寓，陡坡上长满了橄榄树、柠檬树、柏树，葡萄藤也顺势而下，与海波相接。梅森伯格这样写道："绅士们住在底楼带阳台的房间，我的女仆住在二楼，另外还有一个客厅供我们大家共同使用。"

她把客人们安顿在了她预先订好的休养所里，但是在开始隐居生活之前，他们还得再等一会儿，因为有一个声望卓著的邻居此时正住在休养所附近——这个人就是理查德·瓦格纳。在拜洛特获得巨大的成功之后，瓦格纳和家人便来到了索伦托进行休养。

虽然经过了长期的工作，此时的瓦格纳依然毫无倦态。他白天在附近散步，晚上和不同的人交谈。对于梅森伯格和瓦格纳的朋友们来说，他和他们的见面就和国王接见臣民无异。

我们很想知道，自己的老师以这种方式再次出现了，尼采是否会感到高兴。散步和晚会是他无法回避的活动，但是他至少在参与的时候表现出了一丝细微的冷淡。每当瓦格纳畅谈其未来的计划，谈到他即将开始的工作和想要表达的宗教思想时，尼采愿意与保尔·李一起谈论钱福特和司汤达的话题。瓦格纳自然注意到了尼采和李的谈话，当时瓦格纳排斥犹太人，同时李也不喜欢他。他自以为好心地告诉尼采："和他交往要当心，那个人对你没好处。"但尼采明显不打算改变自己的态度。他几乎一直都在沉默着，即使被带入了交谈，他脸上那不自然的热情和快乐也传递出了他内心的勉强。对于这种情况，弗罗琳·冯·梅森伯格不止一次地感到惊奇。

她这样写道："但是我从未认为他在情绪上有些什么问题。我全身心地沉浸在与朋友相处的欢乐之中，因为这种欢乐使刚刚在拜洛特结束的欢乐显得更加圆满。一天，我们一起坐在餐桌旁，屋子里有着看似亲密的氛围，这氛围引起的快乐使我想起了歌德的一段话，这是我非常喜欢的一段话，'那个人因为有自己朋友的陪伴，宽容地退出了这个世界，享受着人们既不知道、又不怀疑，可以帮助人们在黑夜中走出心灵迷宫的东西，这个人实在是幸福。'瓦格纳一家以前从未听说过这段话，因此他们一听到就感到十分着迷，央求我把这句话又重复了一遍。唉！当时的我却没有意识到，在这暗夜中，魔鬼也穿越了心的迷宫，他悄悄地注视着这两颗高尚的心灵，他们曾意气相投拥有共同的神圣秘密，但是他在中间却撒下了混乱和分裂的种子。"

10月即将过去的时候，瓦格纳离开了索伦托，弗罗琳·冯·梅森伯格和她的朋友们这才得以有空闲将生活重新调整得井井有条。他们对自己的时间做出了详细的安排：午前每个人都独自工作，中午一起进餐，接着外出散步、交谈，黄昏的时候依然独自工作，晚餐后进行阅读。尼采和弗罗琳·冯·梅森伯格都近视，布伦纳有肺部疾病，这是个病弱的知识分子圈子，而圈子里唯一的健康者就是保尔·李，他承担了朗读的任务。他要给大家读的是什么呢？雅各布·布克哈特关于希腊文化的演讲（这份演讲稿是一位巴塞尔的学生友情借出的笔记），另外还有米什莱、希罗多德、修昔底德的一点作品。有时候，听众总是因为自己的问题或者对文章的疑问而打断李的朗读，而最后几乎都是尼采来解决这些问题，打消听众的疑问。

梅森伯格记下了有趣的笔记："尼采和蔼可亲。幸好他善良友好的天性在与他毁灭性的智力做有效的抗衡！他非常懂得获得快乐的方法，懂得在笑话中寻找乐趣，正是这些笑话扫除了存在我们这个小圈子中的严肃气氛。晚上我们在一起时，尼采坐在扶手椅里，扶手椅处在窗帘的阴影之下，而尼采也会为自己选择一个舒服的姿势，桌子上放着灯，李博士就坐在一旁朗读，年轻的布伦纳则坐在我对面，他靠近壁炉架，边听着朗读边帮我削做饭用的橙子。我常常开玩笑说：'我们几个人在一起简直就是一个理想的家庭。我们四个人从前素不相识，没有血缘关系，没有共同的经历，但我们现在却完全和谐地住在了一起，保持着自己的个人自由和心灵的完全充实。'因此，我们很快便草拟了一个计划以补充和扩大这种愉快的经历。"

难道每年来到这个意大利海滨的休养所，拜访朋友，摆脱学校或教堂里的一切杂务，建立一种精神上的避难所只是一种奢望吗？1848年大革命的第二天，梅森伯格曾在汉堡帮助建成了一种社会主义的共产村庄，这件事一直都是她生命中最优美、最值得纪念的一个章节，她一直将这段记忆作为自己一生当中最伟大的记忆保存在了心里。而对尼采来说，他从未放弃过创建那个世俗修道院的古老梦想，这一老一少的希望正好契合，保尔·李和阿尔弗雷德·布伦纳对这个计划也表示了赞同，因此，这四个志同道合的朋友对这项计划进行了严肃的思考。

梅森伯格这样写道："我们已经在为我们的设想寻找一个合适的地方。这里是索伦托，它不在闭塞的城市之中，而是位于美丽的风景区中，所以我们的计划很快就能成形了。在海岸附近，我们发现了各种各样由人工扩建过的宽敞洞穴，这些都是名副其实的岩洞，我们进去查看发现里面竟然还有着类似讲坛的东西，它们看上去完全是为一个演讲家而准备的。我们设想，如果夏天天气闷热时，我们可以把这里当做教室。我们还构思了学校的计划，这个计划的基础以古希腊为模型。而主要的教学方式则是承袭逍遥学派的互相训导。"

尼采对这进一步的计划感到高兴，他写信对妹妹说道："我关于教育者的学校的理想，或者是你提到的那种现代修道院，理想聚居地和自由大学总是一个飘浮在空中的幻想。会有什么发生呢，谁知道？我们预计这个机构包括四十个人，并决定任命你为这个机构里的女校长和行政官。"

初春季节到来时，布伦纳和保尔·李离开了索伦托。现在只剩下了弗罗琳·冯·梅森伯格和尼采两个人。他们互相给对方朗读，但朗读只坚持了一会儿，因为阅读太费眼力而两个人的视力都不好，他们放弃了阅读，选择了交谈这种更简单的方式。朋友的叙述丝毫都不让尼采感到厌倦。梅森伯格向他讲到了 1848 年那些崇高的日子，尼采喜欢这些内容，而且尤其喜欢涉及马西尼的话题。

尼采一直记得，在 1871 年 4 月，当他穿越阿尔卑斯山时，他意外地与这位意大利英雄在同一辆马车上成了同路人。马西尼向他转述了歌德的格言："永不妥协。完全生活在整体、全部和美之中。"每当想到这个人时，尼采就会想起这句格言。而弗罗琳·冯·梅森伯格和马西尼则是在伦敦结识的。她一直钦佩他在指挥上的魄力，在服从时的严格，还有他对每一个同志的热心肠，无论这些人被称作卡富尔还是加里波第，马西尼都会向他们提供热心的帮助。但是马西尼也为这种谦卑付出了代价，在胜利的时刻，人们遗忘了他的付出，将他一个人放逐了。他最大的希望就是能够在他热爱的利古里亚度过余生，他隐姓埋名前往了那里，并在那里了却余生。当他临死时，他一口纯正的意大利语让护理他的那个医生大吃一惊，因为他一直将他当作英国人。他向医生说道："你瞧，从来没有一个人像我这样深爱过意大利。"尼采仔细地聆听了这些故事。他对梅森伯格说："我最敬重马西尼。"

梅森伯格是否已经猜到她眼前这位年轻人，这个年轻、温和、热情的德国人，在听到这些故事后，他的内心已经有了微妙的变化，他已经决定向那些阻碍他澄清自己的观念的温和而又热烈的天性宣战了呢？她是否想到眼前这个年轻人，这位叔本华的后继者、瓦格纳的朋友，此时正在放弃自己从前的信念，选择拉·罗什福科、钱福特和司汤达做自己的精神导师呢？她是否已经猜到这位和自己分享梦想的朋友正在训练自己面对反抗和孤独的生活所造成的忧郁呢？

尼采明确地表达了这样的一套生活原则：

对人保持中立。
不涉政治。
保持中产的经济地位。
不走显贵者的生活道路。
不同自己生活圈内的人结婚。
让朋友照顾孩子。
排斥任何宗教信仰。

梅森伯格最终明白了尼采的心意。一天，尼采将一堆手稿交给她说："请读一读这些东西，这都是我在树下产生的想法。我从来不会因为坐在那棵树的阴影下而忽略它的思想。"梅森伯格读了这些东西，她在文字中发现了一个全新的尼采，这让她始料未及，这是一个兼批评家和否定者于一身的尼采。她告诫尼采："不要着急将它发表。这需要好的时间，你最好再想想。"尼采对她好心的告诫报之一笑。她坚持自己的劝说，这使得谈话充满了火药味，最后他们通过阅读修昔底德的作品解决了争战。

5月初，天气开始变得炎热。尼采变得烦躁起来，他想要离开休养所。弗罗琳·冯·梅森伯格想要他推迟行期，至少得从先前的疲劳中恢复过来之后才能离开。尼采拒绝了这个提议。

梅森伯格对李写信："尼采明天真的要走了。你知道，他是个十分固执的人，一旦他下定决心，便立即就要行动，即使是老天爷也不能扭转他的决定。在这一点上，他和希腊人完全不同，因为他不相信神谕。就拿最近的事来说吧，天气是如此的恶劣，他却要启程做一次短途旅行，他现在就要走，完全不顾自己处在筋疲力尽的情况之下，也不顾外面的狂风会掀起巨浪、使他生病。唯一的原因就是因为他已经做出决定了，要从那不勒斯乘船去热那亚。"

在她写给李的另一封信里她说道："是的，他已经离开了。纵然索伦托花团锦簇，他也不想留在这里了，他一定要走。想到他在这样的状态下旅行，我就感到非常难过。他有些理想，无法解决自己面临的问题。最幸运的是今天的海面情况稍微好了些……唉！遗憾的事情太多了！仅仅在八天前，我们还在一起为他规划未来呢。是他强烈想摆脱疾病的愿望使他产生了这种唐突的决定吗？因为他突然产生了莫名其妙的想法，觉得他的病与这有点反常的春天的气候有关系。可是春季总是恼人的，别处也一样，他又会比在这儿好多少呢？我想在临出发时，他自己也觉察到了自己的离别有点仓促，但是为时已晚，这种忧郁的离别屡次上演，让我难过。"

尼采去了罗森劳埃，他在那里的温泉里接受了一次治疗，但收效甚微。他担心着自己的将来。9月份到来时，他必须要重新回到教师的岗位，这是他生活的来源，也是他害怕失去的训练。同时，他也承认这项工作无聊得可怕。曾有人提议，鉴于他对巴塞尔大学的贡献和他的病情，校方可以考虑让他退职，但给予他充足的年薪。梅森伯格建议他退休，但他的妹妹却持相反的意见，希望他保留公职，尼采最后采纳了妹妹的意见。然而随着返校的日期越来越近，他的反感也与日俱增。

当时，他写信给一个正在帮助他工作的学生家长夫人玛丽·鲍姆加登说："我很清楚，一种崇高的命运正等待着我。我可以继续语言学的工作，但我的身份却不仅仅是个语言学家。过去十年间，我一直认为'我把自己歪曲了'，在过去一年的隐居生活中，我已经将我自己的问题思考得很清楚（我无法描述出自己独处的感觉，当我一人时，不管有什么痛苦的折磨，我都能感受到巨大的充实和创造。）。现在，我坦率地告诉你，我不想回到巴塞尔了。事情将如何发展？我不知道，但是我的自由（啊！我对物质的需求十分简单，因为它们无关紧要。），我的自由，我想要争取到它，为我自己。"

他的妹妹来到了巴塞尔，终日陪伴着他。一开始，他为妹妹的陪伴而感到高兴，但他马上就意识到自己和这位女孩无话可说，她从里到外都成了瓦格纳的信徒并虔诚地支持着拜洛特的理想。他喜欢保尔·李的陪伴，但是由于健康原因，保尔·李还滞留在德国北部，不能前往巴塞尔。

他写信给李说:"我希望我很快就能得到好消息,你已经摆脱了可恶的病魔。新的一年即将到来,我衷心地祝福,祝福你像现在这样活着,像过去那样活着。我要告诉你,对于我来说,去年的友谊十分甜蜜,这是我之前从未经历过的,为此,我要感谢你……一听说你的作品,我就急切地想一睹为快,因为我急切地想同你待在一起。我们都因为对方的存在而正确地理解自己,我们总是感到十分默契,我想,我们之间就像那些好邻居一样,当他们同时冒出某个念头时,就会互相拜访,并且常常发现对方也正在向自己走来……什么时候我们才能好好地谈谈人生问题,不是书信交谈,而是面对面地呢?"

12月,他再次给李修书一封:"每天我都无数次地想起你。"此时,尼采已经写完了他的书。如果换种确切的说法,他并没有写完,因为文字还像他写笔记那般自由。想法从他的脑海中一个接一个地蹦了出来,没有连贯性,而尼采喜欢保持这些想法的原样。更重要的原因是,他的健康状况十分糟糕,这使得他无法将它们富有条理地编排起来。但是这又有什么关系呢?他回想起那些法国作家,帕斯卡尔、罗什福科、沃夫纳格、蒙田,他喜欢这些作家对自己思想的忠诚,并希望学习他们的做法,在自己的思想中留下一些混乱和断裂。他渴望写一本简单明了的书,希望这本书能使那些最急切的狂热者冷静下来慎重地思考这个问题。许多"美好的灵魂"围绕在瓦格纳和拜洛特的周围,尼采曾经是他们中的一员,最近刚刚从其中挣脱出来,他希望自己能像老苏格拉底一样对这些"美好的灵魂"讲话,使他们意识到自己信仰的荒谬。他为自己的书取了个《人性的,太人性的》的标题。在他精神崩溃之前,他详细叙述了写作这本书的目的。

他这样写道:"我手中握有火炬,这火光没有燃烧出烟雾。现在我们位于地下的观念世界里,我将要在其中投射一道充满生气的光芒。这是一场没有炸药和硝烟、没有作战部署、没有悲怆、没有伤残的战争,因为这是个属于'理想主义'的世界。错误接踵而来,我伸手接住了它们,将它们放到冰上,于是这些观念被冻僵了。在这儿,比如说,'天才'就冻僵在这里,另一个角落则是'圣人'冻僵在另一个角落,这一层层厚冰之下就是'英雄',接着是'信仰'、'同情',很明显,'同情'已经变得越来越僵冷——事实上,这些'物自体'在任何一个角落都冻着。"

这部作品里满是悖论。尼采炽烈的感情超乎常人，他十分确定自己的工作、使命和人生的崇高结局。尽管这样，他将嘲笑的轻蔑投以了它们。他从前有一次写道："打倒真实，肯定生命！"现在他推翻了自己的论点，改为："打倒生命，肯定真实。"他将科学置于更高的位置，将诗歌放在科学之下，将曾经赞扬过的埃斯库罗斯放在曾被谴责过的苏格拉底之下。毫无疑问，这是尼采的伪装，而他自己很清楚自己的伪装。他所表达的这些思想并不是发自他的内心的，他想以此来反讽自己，与自己做了一场短兵相接的格斗。他这样做的原因并不是因为他是一个反讽家，他真正的目的是想寻找可以激发他的伟大作品的、尚未发现的激情，他对这件事充满了自信。《人性的，太人性的》彰显着一个充满危机的时间，但它也预示了这段时间终究会过去。然而，这种危机令人赞叹，而过渡的过程却是如此的艰难！尼采这样写道："这就是那本使病弱者感到震惊的书。"

1879 年 1 月 3 日，瓦格纳给尼采寄来了诗剧《帕西法尔》，尼采阅读了这部作品，这部作品唯一的作用是使尼采在内心中更好地估量了促使自己和老师分手的距离。他给拜伦·冯·塞利兹写信说道："我在第一遍阅读后感觉这部作品更像是李斯特而不是瓦格纳的作品。作品中充满了反革新的精神，我深知希腊人和人类的氛围，所以我明白这一切都属于过度褊狭的基督教。人物的心理活动简直是异想天开的捏造，整部剧作远离生活远离人性（在我看来，这种远离在剧中最后的晚餐中表现得尤甚）。我讨厌剧中歇斯底里的侍女。文体的风格看上去很生硬，像是从外文翻译过来的。不过从剧情及其发展的角度来看，虽然通常它们是存在于一种最伟大的诗的脉络之中，但就这部作品而言，音乐家的剧作没有超越他的音乐的使命。"

在这封信里，尼采保留了一些他的想法。从他对这部诗剧的某些评价（远离人性且远离生活）中，我们通过直觉能推测到在他心中已经非常活跃和强烈的反感，虽然这在十年之后才表现了出来。但是他心中却依然对这位无与伦比的老师怀有热爱，并且第一次明确地思考了决裂的问题。他已收到了诗剧《帕西法尔》，他是否应当回信呢？如果回信，应该在信中用何种措辞？或者他用不回信这种坦率和简单的办法来解决问题？

疑虑和烦恼在他心中不断地增长。因此要搞清他当时的情形十分困难。他几乎不信任自己的妹妹了。而我们也许可以从他写给保尔·李的信中得到启发。

从 1877 年圣诞节开始，弗里德里希·尼采就有了更多的空闲，他教师的工作任务没有以前繁重了，因此他每天拥有了更多的自由时间。这是个很好的机会，因此他利用这个机会每周都会离开巴塞尔，他会独自在附近地区闲逛。他没有去爬那些高山，因为这些"庞然大物"无法吸引他，他更中意的是侏罗山和黑森林，因为，在这些林木茂密的高地中，他可以回忆起他的童年生活。

此时他在思考什么？我们可以猜测瓦格纳的作品完全占据了他的思想。两个月过去，他仍然没有对收到《帕西法尔》做任何答复。出版商已经印好了《人性的，太人性的》，等待着最后的出售。但是尼采应当怎样提醒老师，怎样使他做好准备而不至于倍感惊讶呢？他已经习惯了他的信徒们的巴结逢迎。尼采深知，这部作品对独持己见的坚持必将激起拜洛特那帮温顺的人的愤慨。当大家都撕破脸的时候，他会胆怯。他对瓦格纳和公众的反应一样顾虑重重。他对自己将要拿出来的、作为自己哲学的东西感到惭愧了。他已经写了这些文字，并且永远都不会后悔。这些富有生命的逻辑曾经支配过他的内心，他也很清楚，这相同的逻辑总有一天会引领他走向一种新的激情，而且还会使他习惯于掩饰这些年里不断出现的危机。他的脑海里突然蹦出了一个奇怪的主意：他可以用匿名的方式出版这本书，他只让瓦格纳一个人知晓这部作品的作者是他的朋友兼学生，并理解学生内心对他的忠诚。于是，尼采起草了一封长信，这封信至今还保留着：

我将《人性的，太人性的》这本书寄给你，我信任你，并要把我的秘密完全告诉你和你那些高贵的朋友们，这个秘密是属于你的，同时又和我的作风相符。我是这本书的作者……

我总觉得自己在精神上已经攻克了许多堡垒，我像指挥官一样伤痕累累，却仍坚持屹立在高地上挥舞着手中的战旗。我知道周围的场面很可怕，但我看到的是欢乐，比痛苦多得多的欢乐。

我曾经告诉过你，我没有思想上的知己。而且，我还自以为，我已经深刻体会并思考了关于孤独和社交的最独一无二的感情，在思考这些问题时，我不是一个人，而是一个团体的代表……

先驱者总是行动敏捷，但他并没有清楚地知道骑兵是否紧跟其后，甚至不知道骑兵是否存在。

出版商拒绝了尼采匿名发表的提议，尼采只好放弃了这个主意。他最终下定了决心。1878年5月，伏尔泰逝世一百周年时，欧洲正在准备各种纪念活动，尼采挑选这个日子来作为自己作品的出版日，并将这本小册子作为对这个伟大作家的纪念。

1879年，他这样写道："在挪威，人们称那些太阳整天停留在地平线下的日子为'阴暗时期'。在阴暗时期里，温度持续缓慢下降。这个象征对所有的思想家来说是多么的绝妙！对他们而言，象征人类将来的太阳也曾一度昏暗过。"尼采了解自己的"阴暗时期"，欧文·罗德不赞成这本书的观点，理查德·瓦格纳对他的回信不作应答，但是尼采清楚在老师的圈子里，追随者们是怎样评价自己的。他们会说："如果这个拜洛特的漫画家不是个背信弃义的人的话，他一定就是个疯子。"一个匿名的人（格斯道夫，难道不是吗？）从巴黎寄来一个小盒子，盒子里装着一个伏尔泰的半身塑像和一张便条：

"伏尔泰先生的英灵向弗里德里希·尼采先生致敬。"伊丽莎白一想到自己的哥哥，这样一个内心纯粹的德国人，竟然愿意拜倒在这样一个法国人的旗帜下时，便难过地哭了。

毫无疑问，尼采的一些朋友对这本书做出了不同的评价。雅各布·布克哈特说道："你的书让精神变得更加独立。"保尔·李写信则说："你的书和歌德、爱克曼的谈话录一样给了我如此多的启示。"除此之外，彼得·加斯特忠诚不渝。欧维贝克及其夫人也给予了尼采鼓励和支持。尽管如此，尼采依然有着深深的挫败感，《人性的，太人性的》没有获得成功。据说当理查德·瓦格纳听到这本书的销售量少时曾经幸灾乐祸。他打趣地说道："哈，哈，你瞧，尼采只有在捍卫我的事业时才会被人关注，否则，没门！"

1878年8月，拜洛特杂志对《人性的，太人性的》进行了评价，这篇文章名为评价，其实是谴责。作者匿名写道："德国教授一生之中都得写一本书来帮助自己获得声誉，但这并不意味着遍地都能发现真理，所以有的人就满足于通过证明前人的观点是谬误来博得眼球，而且当这个被侮辱的前辈声名卓著时，这种效果也就愈加明显。"尼采认出了这个匿名的作者，他是瓦格纳。

老师这种低劣的批评方式使得尼采深感痛心。他现在想表达对从前的老师叔本华和瓦格纳的态度，只不过现在他想用一种平静和尊敬的口吻进行解释。对他而言，他已不再需要在一些人面前保持谦恭。在重新思考索伦托的笔记之后，他开始着手写《人性的，太人性的》一书思想的续篇了。

此时，伊丽莎白离开了巴塞尔。他度过了一个痛苦凄惨的9月份，我们可以知道其中的一部分情形。由于他那激动不安的境况令人感到惊恐，因此好多人都在回避他。他常常在走出校门时，碰见雅各布·布克哈特，这位历史学家十分明智，总会以机灵的手腕溜走，他在内心里尊敬尼采，但是却很害怕他。尼采试图在巴塞尔召集新的信徒，但是他所有的努力都是徒劳无功的。他这样写道："我像海盗一般追捕着人们，我不是要让他们卖身为奴，而是想引导他们奔向自由。"年轻人无法被他提出的那种不合群的自由所吸引。尼采的一个学生，赫尔·沙弗拉曾记下了他的回忆："我去听了尼采的讲座，但我几乎并不了解他。一次课间，他正好在我身边，于是我们并肩走了出去。此时天际掠过了轻柔的云彩，他说道：'这些美丽的云彩飘得真快啊！'我于是回答道：'它们就像保尔·维罗尼斯画中的云彩。'他突然转过头，一把抓住我的胳膊，说道：'假期很快就要到来了，我也很快就要离开，跟我一起走吧，我们一起去威尼斯看云彩。'他的行为让我大吃一惊，当时我结结巴巴，口中说着含糊不清的话，尼采看到我的行为后转过了身，面如死灰。他沉默地走开了，把我一个人撇了下来。"

与瓦格纳的决裂给尼采带来了巨大和持久的痛苦。他写道："当一个人的情感方式与判断方式发生了分歧，而最终导致他和某个人分手时，这样的诀别会阻止自己与其他人的友情，于是我们就会全力去拆除那堵大自然竖立在我们与他之间的墙。"1879年2月，伊丽莎白写信给科西玛·瓦格纳。是她的哥哥授意她做出这种表示的吗？尼采知道吗？态度如何？这些疑问我们不得而知。科西玛回了信，信中用了一种庄严、温和且又坚决的语气："不要在我面前提起《人性的，太人性的》这本书。在给你的这封信中，我只愿回忆的是，你的哥哥曾经为我写了一些篇章，至今为止，我都认为那是最优美的……我对他没有怨恨，他已经被痛苦击垮，失去了自控力，只有这一点可以帮他开脱罪过。"她接下来的言辞带着更多的情绪而不是理智："现在不用认定他目前的作品，我反对这种认为它们只是代表着心灵寻求自身的阶段这种说法，这几乎和贝多芬所说的话类似：'在我的第三种风格中去看我。'而且，一个人在阅读的时候就会看出作者本人的怀疑，那么这部作品仅仅是没有动力的诡辩，只会引起读者的同情。"

1879年，尼采发表了《人性的，太人性的》一书的续篇《杂乱无章的观点和箴言》。如果说这第二篇引起的冒犯减少了，倒不如说是那些以前认识尼采的人回避了这篇文章，他们不再排斥尼采，反倒开始同情他。因为尼采的健康正在恶化，他终日被头痛、胃病和眼疾折磨着。就连医生们都在为他们无法确诊的症状和无法治愈的病人感到不安。在医生们看来，病魔正在威胁尼采的视力或者还有他的神志。尼采凭借直觉猜到了医生们的恐慌。彼得·加斯特在威尼斯等着尼采，但是尼采因为身体原因被迫放弃了这次旅行计划，他只能待在自己在巴塞尔门窗紧闭的房间里。

他的病情将如何发展呢？罗德和格斯道夫曾将希望放在尼采身上，而尼采的健康状况令他们感到大为震惊，他们写信问欧维贝克："听说尼采的病无法挽回了，这个消息是真的吗，告诉我们。"

欧维贝克回信道："唉！他的状况简直糟透了。"尼采的病情甚至让瓦格纳都深受震动，他写信给欧维贝克说道："我无法忘记他，这个以如此激烈的方式与我分手的朋友。我非常清楚，如果一个灵魂被如此的激情所折磨，那么要求他合乎常情地进行思考是不恰当的。一个人必须对这种异常的行为保持沉默，并对这个人心怀同情。但是我对他的生活和痛苦一无所知，这让我陷入到了苦恼当中，我冒昧地请你把我朋友的消息写信告诉给我。"

显然，尼采不知道瓦格纳写了这封信。就在这件事的几个月前，他在笔记中写下了这样的一段话："感恩是资产阶级的美德，但它不适合瓦格纳那样的人。"如果那时他能够读到他老师所写的"要求他合乎常情地思考是不恰当的"，尼采一定会感到非常高兴，因为这句话和尼采的思想十分一致。

欧维贝克和他的妻子悉心照顾着这位病人，他们写信给伊丽莎白，向她描述了尼采的病情并告诉她，她应当在哥哥身旁。伊丽莎白接到信立即赶了过来，她一时之间几乎没有认出她的哥哥，这个一年之间老了十岁的佝偻、衰竭的人，后者只能通过手势表达对她的到来的感激。

尼采放弃了他的教授工作，他提交的辞职书获得了同意。学校给予他一笔三千法郎的退休金作为报答。

伊丽莎白带走了尼采。他觉得自己无法康复，于是说出遗愿："答应我，伊丽莎白，为我守灵的人只能是我的朋友们，赶走那些泛泛之交和仅仅出于好奇的人，要不然，我无法保护自己，请你一定这样做。在我灵柩前不能有牧师和其他人讲一些不真诚的话，不能让他们把我作为一个忠诚的从未撒过谎的异教徒那样埋葬。"

此时的尼采渴望去最偏僻、最安静的地方孤独终老，于是伊丽莎白把他带到了恩加丁的山谷间。那里人迹罕至。这个瑞士的偏远之地让尼采得到了意想不到的慰藉。那儿的空气轻盈纯粹，草原的光线柔和宜人，而他衰竭的双眼正好在那里得到休养。星罗棋布的湖泊让尼采感到欣慰，它们令他想起了芬兰，尼采也喜欢那些有着歌唱般名字的村庄和善良的农民。他写信给李说道："我熟悉这里的特质，我并不感到惊讶，因为我们之间有着共同之处。"他开始康复，怀着一种康复的惊异开始重新生活。他几乎和朋友们断绝了书信的往来，只给自己写点东西，也正是在这些东西里我们找出了信息。以下是他对攀登恩加丁的叙述：

我生活在世外桃源之中。这里的山坡波浪般起伏着，在庄严的松树和古老的冷杉树林之后有个混浊的绿色小湖。各种形状的岩石遍布在我的周围，那儿还有一片被野草和花朵点缀得五彩斑斓的土地。牧羊在我的面前时时移动，呈现散开或聚集的形态,远处的松林下聚集着一些牛,它们在落日的余晖中悠闲地站着。其他近处的景色显得十分暗淡。所有的一切都在渐渐袭来的暮色中显得安详沉静。此时正是五点半。河水泛着白浪,牧羊人正在河里走着。他的步伐缓慢而又矫健,忽而逆水前进,忽而绕浪前行。很显然,他在行走中获得了很大的乐趣。羊群的牧羊人是两个皮肤黝黑的贝加莫人,那个小姑娘穿得几乎像个男孩。右边是一大片森林地带,森林地带之上有着各种棱角的岩石和雪原,左边是两个巨大的冰叉高悬在我的上方,被清澈的薄雾裹着。我眼前的一切都显得宏伟、宁静、灿烂。这种美在乍见之下会让人战栗,并体会到一种无声的崇拜。一个人一旦进入这个光色纯净、轮廓鲜明的世界(在这个世界中,人们可以避开不安和欲望、期待和遗憾),就会自然而然地想把古希腊的英雄们也带进来。一个人就不得不用普桑及其学生的方式去感受这种史诗和田园般的生活方式。曾经有人这样生活过,用这种方式感受过人生,这种将激荡身心的变化持续不断地发生过,而我就是这群人中的一个,我甚至认出了这群人中的最伟大者伊壁鸠鲁,他是具有史诗式和田园式风格的哲学家和发现者。

尼采在恩加丁一直停留到了9月初,尽管这儿的物质条件极差,又没有朋友在身边,但书籍和音乐依然让他感到很满意。他并不十分痛苦:他还能工作,而且没过多久就将自己平静的思想记录满了六本练习本。这些思想中满是怀疑,但从中却并不会看到痛苦,一种意想不到的沉迷将痛苦调和了。他对自己病痛的痊愈不抱任何幻想,他知道现在的情况只是一种缓和,所以他不抱希望。不过他仍然很高兴自己在彻底垮掉之前还可以诉说,有对事物、人性、高山和天空做简单沉思所获得乐趣的机会。他急于体会这最后的幸福。1879年9月初,他将自己在这里完成了的作品寄给了彼得·加斯特。

他这样写道:"我亲爱的朋友,当你看到这几行字时,你很快就能看到我的手稿了。我自己的作品业已完成,我十分高兴,或许你能体会到这种心情。我很快就要到三十六岁了,几千年前人们就说这个岁数是'生命的中午',但丁在这个年龄时正富于想象,他在诗歌的开篇中写道,此刻,我正处在人生的中间,而且从各方面来说，死亡正在向我靠拢，我知道在任何时候，它都可以把我带走。现在我的生命在这种境况之中，以至于我不得不预料到速死的结局，而且是在痉挛之中……因此，我觉得自己已经垂垂老矣，而且我完成作品这一事实让我的这种感觉变得更为明显。我已经吐出了一大滴油，它将是对我生命的交代。我已经享受过生活而很多人将在我之后继续享受。至今为止，我的情绪还不曾为频繁而又剧烈的疼痛所改变，相反地，我现在处于最快活、最温和的极端。是什么使我坚强、改善了我的状况？显然不是来自于人，因为现在除了极少数的几个，几乎所有的人都被我的作品激怒了，对我群起而攻之，而且他们都很高调，十分乐意让我知道他们的愤怒。亲爱的朋友，请从头到尾认真读一读这部最新的手稿，看看文字里面是否还流露出痛苦和沮丧的痕迹。我认为是没有的，而我的自信让我肯定，一定还有着某种潜伏的力量存在我的思想里面，这一点和那些反对我的人预料的不同，我想他们更愿意看到的是一个没精打采和软弱无力的我。"

在这一时刻，尼采已经做好了迎接死亡的准备。但问题在于他将如何死去？这不是一个很复杂的问题。他等待着的是"在痉挛之中的快速死亡"，因为他的父亲就是在这种疯狂之中离世的。他的心中又涌出了一种虔诚的感情，他想到了自己的家庭。在辞掉教授的工作之后，他可以随心所欲地选择自己的隐居地。他拒绝了加斯特邀请他前往威尼斯的邀请。对他而言，他时日不多了，已经没有时间去认识和热爱一种新的美了。他在给加斯特的回信中说道："我不会来，虽然欧维贝克和我妹妹都催我与你再聚，我还是不会去。我认为，在现在的这种情形下，更合适的做法是与自己的母亲、家庭和童年时代遗留的东西离得近一些。"

因此，他唯一要去的地方就是瑙姆堡。他希望在那里享受一种完全平静的生活，他想通过一些体力活儿来分散自己的思想。他租下了一座古老的城堡里的一间大屋子。在那里，连高墙都十分古老，它的下面延伸着一片空地，尼采将这些空地出租给了别人，剩下的则自己耕种。他这样写道："我有十棵果树，还有玫瑰、丁香、石竹、草莓、醋栗灌木和常青醋栗。明年春天来临的时候，我还要种十排蔬菜。"

但是，天气让这个病人被迫放弃了这些计划。冬天，这里的气候非常严酷，尼采的眼睛无法适应耀眼的雪光，而他虚弱的身体也抵挡不住潮湿的空气，在瑙姆堡只待了短短几个星期，他在恩加丁短期休养获得的健康又重新丧失了。

此时，加斯特修改了《漂泊者及其影子》的样稿并将它出版了。显然，这本书比尼采以前出版的集子要更加浅显。罗德给尼采写了一封信，这封信给尼采带来了快乐。当然，罗德的赞扬是有所保留的。他说："在看了你对人性的清晰而又不动心的观察后，让我们这些爱你、听从你的每个字的朋友感到痛苦。"但是，无论如何，他还是赞同这本书的。

他在信中说道："你几乎不知道自己为读者带来了什么东西，因为你生活在你自己的思想里。从前，我们从来没有在生活中还是书本里听到过像你这样的声音。而且当我读你的书的时候，我想到的是我们作为你的朋友在你身边感受到的东西，我觉得自己在精神上得到了升华。书的结尾简直是看穿了灵魂，直达深处。当然除了这些不对称的和谐之外，你也能够给我们更柔和、更非凡的旋律。再见，我亲爱的朋友，你永远是真理的给予者，而我则永远是受益者。"

这封信让尼采感到高兴。1879年12月28日，他在回信中写道："谢谢，亲爱的朋友，我将你和我多年的友谊铭记于心。这是我在这个圣诞节收到的最珍贵的礼物。"这封回信很简短，尼采在信后的两句话说明了原因："我的身体又变糟了，痛苦又开始折磨我，我必须要忍耐、禁欲，对此，我自己也深感吃惊。"

这种非常强烈的语言并不是夸张。他的母亲和妹妹目睹了他遭受病痛折磨的过程。尼采将这种痛苦视作一场考验，他认为这是对他精神的磨砺并最终安然地接受了。他比较了自己和那些伟大人物的命运，比如说，利奥巴底。但是利奥巴底却并不是真正的勇敢，因为他遭遇疾病折磨时诋毁了生命。但是尼采在病中发现了一个明确的真理——病人没有权利做一个悲观主义者，比如说基督。但是基督在被钉到十字架上时也失去了力量。他大声疾呼："天父，天父啊，你为何要把我抛弃？"尼采不信仰上帝，失去父亲，没有信仰，没有朋友。他所有的精神支柱都源自他自身，而且他从不屈服。即使是不经意的抱怨都是公开承认失败。尼采拒绝向命运认输，痛苦无法压倒他，相反，他从中获得了教育，并且激励了思想。

他这样写道:"理智拥有巨大的张力,但他只专注于对痛苦的控制,他展示的是一道新的光芒,新光芒都拥有难以言传的魄力,这种魄力常常强大到足以战胜自杀的念头。这足以把对生命的延续提升为最值得向往的东西,而这些东西最值得展示给受难者。他对这个温暖舒适的梦幻世界表示出了轻蔑,在那里,健康者忙碌着,却缺乏自己的思考,他还轻蔑地回顾着自己从前沉醉其中的那些最高尚、最宝贵的幻想,这种轻蔑是他生存的乐趣,拥有了它,他便能够获得一种抵抗肉体痛苦的平衡力,这也是他想生存下去时必不可少的平衡力……我们的自尊爆发出了前所未有的力量,要在欢快的情绪中保护生命抵抗痛苦这个暴君,这个暴君强迫我们损害生命。面对暴君,支持生命,这是一项具有无穷魅力的任务。"

尼采感觉到了死亡的威胁。1月14日,尼采想将自己最后的思想暗示给某些朋友知道,他写了一封信给梅森伯格,这封信带有诀别书的性质,尼采也将它看做了一份精神遗嘱。他花了不少心血在这封信上。

尽管写信对我来说是一件不适合做的事情,但我仍然坚持要写,因为我希望你能再收到一封我的信。你在我的心中就像一位心爱的姐姐那样,虽然这可能是最后一次,但我还是要向你表示我对你的爱和尊敬!我经历了可怕的生活和不间断的磨难,这些痛苦让我渴望死亡。并且我身体的某些迹象在暗示我,我很快就要开始发烧了,如果允许我有这样的希望,我相信这些迹象将是我获得解脱的征兆。我已经被痛苦折磨得死去活来,从而放弃了如此多的东西,以至于在我最近经历的一年里,我觉得自己的生活与任何时期任何禁欲者的生活都相差无几。然而,我已经在苦难的生活中获得了很多。在纯净和甜美中,我的灵魂已经找到了自己想要的东西,再不需要宗教或者艺术的抚慰了。(你会注意到,我的措辞有些骄傲,虽然我已经完全弃绝了生活,但我最终还是在生活里发现了安慰的内心源泉。)我想我已经完成了自己作为一个人在一生中的任务。也许这个人的时日无多,但是我却知道我已经为人们奉献出了自己生命中的最后一滴优质油。我知道,许多人将在我的带领下走向更高尚、更平静、更清醒的生活。我还要补充一点:当我不再被称为一个人的时候,人们就会这样说。正如我清楚地明白,我在过去、将来都不会因为痛苦而在我生命的问题上提供虚假的证据。

这些话除了像你诉说以外我还能对谁诉说呢？我想我们彼此性情相投，或许这样说显得我很自大，但这是我的真实感受。比如说，我们都勇敢，无论面对的情况是多么的让人沮丧，我们都不会偏离我们自认为正确的道路。我们的同代人不曾察觉到真理的炫目光彩，但我们都从自身和周遭的环境中掌握了许多真理。我们认为人类的未来一片光明，而且我们都愿意为他们默默献身，不是吗？

你了解瓦格纳一家的近况吗？这三年我没有听到过他们的任何消息。他们已经完全忘记了。我很早的时候就明白，一旦瓦格纳认识到我们的追求不同，他就会跟我分道扬镳。我听说他撰文批评了我。随他吧，因为一切手段都必须被用来揭示真理。我永远都对他怀着感激之情，因为正是有了他的强有力的刺激，我才可以获得精神自由。至于瓦格纳夫人，你知道，我认为她是最富有同情心的妇女。但是我们断交了，而我绝不是会重修旧好的那类人，太迟了。

亲爱的朋友，我的姐姐，我虽年纪轻轻，但已经垂垂老矣，请你接受一个年轻老人的致敬，对他来说，虽然他想过死，但生活并非是残酷的。

尼采最终活了下来。保尔·李来探望他，给他朗读，李的探望成功地分散了尼采的注意力。天气转暖，不再给予尼采严峻的考验，那些会模糊视力的积雪也融化了。加斯特从去年到现在一直都住在威尼斯，他再三写信邀请尼采前往。2月中旬，尼采惊讶地发现自己的身体正在好转，他前往威尼斯的好奇与愿望也重新复苏。于是，他立即便动身了。

尼采花了一个月的时间待在加尔达湖边的里瓦，这期间他写信给亲人告诉他们自己的健康状况正在转好，这让他的家人获得了希望。3月13日，尼采到达了威尼斯，这是一个值得纪念的日子，因为从这一天起，他的身体便开始复原，而潜伏在他身上的危机则结束了。直至那时，他还没有坠入到对意大利的爱恋之中。他熟悉意大利哪些地方呢？湖？但是意大利的气候有点闷热，这并不适宜他的身体，而且他也无法接受那儿过于温柔的和谐。那不勒斯及其海湾？他不喜欢那里众多的人群，他无法爱上壮丽的景色。他的精神情感同那儿令人眼花缭乱的景色还没有建立起密切的联系。但是一到威尼斯，尼采就被意大利的魅力征服了。在那里，他迅速地发现了从前在自己的古希腊老师们——荷马、西奥格尼斯、修昔底德那里学到的没有梦幻和顾忌的清醒的理智感。整整四年的时间里，尼采一直都在反抗梦幻、反抗顾忌、反抗浪漫主义艺术的威望中战斗。而威尼斯之美将他从中拯救了出来。他记起了自己在战斗中经历的痛苦，但现在只能冲自己微微一笑。他一直把自己当作最悲惨的人，这难道不是对自己的抬举吗？那些身处痛苦的人，哪一个没有产生过尼采这种想法，没有这种孩子气的自负呢？

他这样写道："当健康的曙光升起时，我们总会羞辱从前陪伴我们忍受痛苦的骄傲，而且毫不留情。那时的我们十分天真，认为自己经历的就是全世界独一无二的。我们带着希望环顾人们的自然，生活用它温和的光芒安慰着我们，健康同我们玩起了神奇的把戏。面对这些奇观，我们沉思着，发现自己变形了、仁善了、疲乏了。而此时此刻，音乐则成了催泪的工具。"

加斯特一直仁慈地照顾着尼采，他的细心让人感动。他陪伴尼采散步，为他朗读书籍，甚至弹奏尼采最喜爱的曲子。这段时间中，尼采钟爱肖邦，因为他从肖邦的狂想曲中发现了一种自由无畏的激情，这在德国艺术中十分罕见。其实上面那段文字的最后一句就是在描述肖邦，"而此时此刻，音乐则成了催泪的工具"。

除了朋友的身份之外，加斯特还成了尼采的秘书，他让尼采恢复了工作的热情，他每天向自己的朋友口述自己的思想，还马上为自己的新集子选了一个名为《威尼斯的阴影》的名字，但很快他又放弃了自己的想法。实际上，此刻他丰富的内心，浑身的力量和细腻难道不应该归功于威尼斯吗？他尝试了一项新研究。难道正如他所料，人们的行为是由对利益的冷静计算来决定的吗？极致的美是由安全、闲适和快乐的愿望造就的吗？威尼斯是美的象征。它独一无二，因此必然得到存在的解释。这种物理的奇迹只能用精神的征兆来作答。那么解释我们行为的潜在动因是什么？叔本华曾经说过：生命的本质是一种纯粹的生存意志，每一个人都渴望长寿。尼采想，也许我们可以在此基础上进行拓展，生命一直渴望着延伸和超越。它不要求保存而要求增长，它的本质是一种征服和提高。但现在怎样系统地阐述这一原则呢？尼采还不清楚，不过这种想法却一直在尼采的身边纠缠不休。他觉得自己已经无限地接近答案了，面前是一个未知的世界。他写道，准确说是对他的朋友口述道：

行动和它的表现从来都不一致。外部事物显示出来的样子也不是它自身，这个道理需要我们在经历困难之后才能有所了解。当然，主观世界的情形也是一样的。事实上，行动是"别的东西"——我不能对这个问题说得太多。所有的行动在本质上都是未知的。

7月，尼采前往马林巴德尝试了温泉治疗。他停留在一个坐落在森林对面的小旅馆里，终日都在森林里散步。

他给加斯特写信说道："我全神贯注于思考，怀着极大的热情去挖掘我的精神宝库。我似乎整个都变成了一个地下工作者，现在，我似乎已经找到了通道和出口，我无数次地坚信能够出去，但又无数次地感到失望。"

9月，尼采重新回到了瑙姆堡。此时，他精神愉快、特别健谈。伊丽莎白在尼采的脸上看到了久违的欢乐，这种精神状态意味着他的大脑正处于良好的工作状态，文思如泉涌一般。10月8日，怀着对雾的恐惧，尼采移居到了意大利，他停留在马焦雷湖岸上的斯特伦萨。但他的神经受到那里气候的影响，再一次被扰乱了。他也再一次意识到了外界环境对他的控制很大，他对这种情况感到了恐惧。假如他总是被环境所影响，那他是否还有机会表达那些压迫在他心中的不计其数、富有哲学也富有激情的思想吗？他对这个前景怀有恐惧，他认为自己的第一要务就是要获得健康。于是他离开了斯特伦萨，前往索伦托。

尼采的途中经过了热那亚，他停留在了那里。他对这个地方一见钟情。那儿的人民充满了活力、简朴而又快乐。虽然已经是9月了，可那里还是和夏天的气候一样。热那亚有着高山和大海的双重活力。那些矗立在小街上的坚固的宫殿让尼采感到欢喜，这是为了纪念那些天性不受任何道德约束的海盗船上的商人。尼采是个富有想象的人，而这些宫殿让这些人在尼采的心中得以复活。他的研究需要这些昔日的意大利人，他们清醒地看待世界而又十分贪婪。在他们身上根本看不到基督徒的品行，他们在到处撒谎，却对自己非常坦率。这些人正好帮助尼采压抑心中一直燃烧着的浪漫主义幻想。他和卢梭一样，十分渴望回归自然。但是卢梭和尼采眼里的欧洲却十分不同。卢梭眼中的欧洲是虔诚的感情、人类的同情心和善良的天性相敌对的，而尼采的欧洲则被群众所统治，十分懒散，与其他的感情相敌对。而且尼采和卢梭还有一点不同，就是他们赞扬的受压制的天性完全相异，尼采想在这种天性中求得治疗灵魂的良药和帮助其成长的养分。

尼采想待在热那亚，他好不容易为自己找到了一个理想的住处。他为自己选择了一个阁楼，需要爬上一百零四级的楼梯，阁楼里面有一张舒适的床，而对面则是一条陡峭难行的小路，平常人迹罕至，野草长在铺路石间。这儿就是 Salita delle Battistine 8 号。

他的生活像他自己的住房一样简单，这是他很多梦想中的一个，现在他实现了。他过去常常对自己的母亲说："普通人如何过日子？我也想尝试一下。"每次听到这句话，他母亲就会大笑："他们以土豆、肥肉、劣质咖啡和酒为生。"尼采叹息一声："哦，这就是德国人的生活啊！"但是那些住在他那幢房子内的贫民的生活习惯就十分不同。邻居们生活节制，尼采效仿他们，吃住简单，这样的生活让他思维敏捷。他向房东借了一盏酒精灯，并且在女房东的指导下，学会了烹饪意式焖饭、炸洋蓟。他在这幢楼里非常受欢迎。每当他头痛发作的时候就会有很多邻居关切地前来看望。而他总会礼貌并且简单地说道："我睡眠很好，不需要什么。"

晚上，为了休息那疲倦的眼睛，他就会熄灭灯火，伸展四肢躺在房间里。邻居们看到这种情况都这样想："这个德国教授真穷啊，穷得连蜡烛都买不起。"有人看了这个情况主动上门送蜡烛，对于这些好心人的行为，他表示感激，微笑着向好心人解释了自己的境况。邻居们称呼他为"圣者，小圣人"。他明白这个称呼的含义，并且深感欢喜。他这样写道："我想，如果我们中的一些人被放到公元 6 到 10 世纪的半野蛮状态中，那么他们一定会被那些人当作圣徒一样去尊敬，而他们崇高的原因仅仅是因为他们有节制、有规律、善良而又清醒。"他设想并草拟了一种生活原则：

一种独立,但这种独立不激怒任何人;一种骄傲,这种骄傲需要平静含蓄,不使自己凌驾于他人之上,因为这种骄傲不妒忌他们的荣誉或快乐,并经得起嘲笑的考验。睡眠警觉,举止安详自如,不喝酒,不结交权贵,不要女人也不看报纸,不要荣誉,不要社交——破例的前提是对方一定要拥有卓越的心灵,如果没有这种人,就和质朴的人进行交往(这种人是不能缺少的,因为只有看到他们,一个人才会思考健全有力的简单生活)。如果有可能的话,自己做最简单的饮食,这样我们才不会沦为那些贪吃咂嘴的下层群众。

健康对尼采来说显得尤为珍贵,他需要不断获取,然后失去,又再次获取,这样一来健康便显得更加珍贵了。他对每一个健康的日子都感到惊讶,这便给这个正处在康复期的病人带来了特有的快乐。

每天早上醒来的时候,他就从床上一跃而起,穿上衣服,往口袋里塞进一捆笔记、一本书、一些水果和面包上路。他这样写道:"太阳一升起,我就来到海边,我会找一块靠近海浪的幽静的岩石,撑起一把伞,然后像蜥蜴一样躺在岩石上一动不动。我的眼前只有大海和纯净的天空,别无他物。"他会花很长时间待在那里,直到黄昏的最后时分。他那双衰弱的眼睛很适合这种时光,他的眼睛怕光,也常因光线的刺激而失明,所以眼睛能够享受到这一点乐趣对尼采来说也是一种幸福。

他写道:"这儿的大海可以让我们忘记城市。祈祷时刻,城市的钟声仍然在敲响,这钟声在黄昏之际听起来是如此的悲哀、愚蠢而又甜美,再过一分钟,整个世界便都会变得万籁俱寂。辽阔的大海伸展着,苍白发光,沉默无言。傍晚十分沉默,天空在辉煌中闪闪发光,红的、黄的、绿的色彩变幻着。它也沉默无语,那些突入大海的悬崖峭壁也沉默无语,他们就像是想要寻找到最孤独的所在。这种景象有着令人敬畏的美,会在刹那间征服我们。它使人的内心膨胀起来……"

他无数次赞美过这种时光啊,正如他自己描述的一样,在那时候,就连地位最卑微的渔夫们也"划着金色的船桨"。而他在这时光中花了一天的时间采集果实,在本子上记下那些新产生的想法,用文学性或音乐性的语言把它们表达出来。他重新开始了自己在威尼斯的研究。什么是人类的活力?其愿望的最终目的是什么？怎样解释其历史的混乱和习惯的困境？现在他寻找到了答案，那推动人抵抗自己的力量都源自一种残酷而又野心勃勃的力量。为了引导它，尼采不得不仔细分析和解释了这一力量。这就是他给自己提出的问题，而且坚信总有一天会解决它的。他乐于将自己看作伟大的航海家，或者是那个手握测水缆，在珊瑚礁丛航行达三月之久的库克船长。在1881年这一年，存在他心目中的英雄是热那亚人克里斯托夫·哥伦布，此人仅仅从一株海草中就判断出了新大陆的存在，这株海草是由新大陆某条不知名的河流冲入大海的，那条不知名的河流水质混浊，没有盐分。

他这样写道："我们想去哪儿呢？难道我们渴望穿越大海吗？我们认为这种欲望高于其他所有感情，那它会把我们驱向何方呢？为什么这种疯狂总是朝着一个方向，朝着那个至今为止太阳每天沉没和消失的地方呢？也许终有一天，太阳会向我们指明答案：我们也在向西前进，希望到达一个前人从未到达的印度，然而命中注定我们将灭绝在茫无涯际当中。否则，我的弟兄们，否则？"

尼采喜欢这段抒情文字，作为颂歌，他将它置于书末，他这样写道："从前有哪一本书是用'否则'来结束的呢？"

1月末，他完成了自己的作品，手的神经质和极差的视力让他无法誊清手稿。于是他把手稿寄给了自己的好友彼得·加斯特。加斯特在3月13日誊清手稿，将它正式交给了出版商。

"这就是手稿，我发现我十分依赖它……现在，请快出吧！快，赶快！当书问世的时候我就会离开热那亚。在此之前，我只能靠自己残留的生命去生活。快一点，让印刷工快点排印。他们可不可以给你立据保证最迟在4月底发行这本印好的完整无缺的作品？……我亲爱的施迈茨勒先生，这一次请全力以赴吧！这本书的内容实在是非常重要！它和我们的荣誉紧紧相关，它完美无缺，有资格洁白无瑕地来到这个世界上。我恳求你低调地进行出版和宣传。我可以提供给你比书中更多的信息。不过当你读完全书时，你自己也就能够彻底理解它了。"

出版商读了原稿，但是却没能搞懂。他表示出对这部作品没有任何兴趣。4月，尼采仍在热那亚固执地等待书的校样，他想要通过这部作品让朋友们大吃一惊。

所以他只告诉了彼得·加斯特这个秘密。最后，他还是放弃了保守这个秘密的乐趣，他写信给妹妹说道："好消息，我将出版一本新书，这是一本决定性的大著作。他无时无刻不在振奋我的精神。"5月，他和彼得·加斯特再度相聚并一起前往了阿尔卑斯山脚下的威尼斯乡村——雷考罗。他开始对等待失去了耐心，而出版商的延误使他无法梳理自己内心积压已久的新思想。

他最后给自己的书选定了《朝霞》的名字，而这本书终于在这一年最不舒服的7月出版了。

第六章　查拉图斯特拉的分娩

I　永恒轮回的观点

尼采把《朝霞》视作对他疾病康复的一种锻炼，他在各种愿望和思想中获得了娱乐，从中寻找到那种带着恶意的或有趣的欢乐。这是一场人生的游戏，游戏总会走到终点。他想，我现在必须要做出一个抉择，这里还有一些尚未想透的思想，我必须从中抓住一个，表达清楚它的含义，用这种方式来终结我隐居和蹉跎的岁月。他曾经写过"当一个人处在平静岁月之中时，他的好战天性总要反过来对付自身"。尼采刚刚结束了自己的战斗，新的作战机会便接踵而至了。

时间已经到了7月的中旬，此时尼采还住在威尼斯。夏日的到来使他不得不找到了一个更凉快的隐居地。他的脑海中依然记得两年前在高高的阿尔卑斯上的那些山谷，那个地方对他的病弱之躯来说是个可以提供休息和短暂快乐的宜居之地。他重新登上了这些山谷，回到希尔斯—马利亚的恩加丁，就像当地的一个农民那样，停留在了乡村里。他在一个农民家里租了一间屋子，房租是每天一法郎，而他的食物则由隔壁的酒店解决。那个村庄里几乎没有过往的行人，每当尼采想找人谈话时，他就去拜访教区牧师或者学校的校长。直到很久以后，这些善良的人们还能想起这个举止奇特的德国教授，在他们的眼里，尼采是个十分博学、谦逊并且慈善的人。

那时，在尼采脑海中盘旋的是有关自然主义哲学方面的问题。那时，斯宾塞建立的哲学体系成了哲学圈子里的流行物。尼采没有跟随潮流，他鄙视斯宾塞的宇宙进化论，这种学说穿着排斥基督教的外衣，实际上骨子里却有着对基督教的谦恭。但是斯宾塞不信天命，他认为万事万物都是进步着的。他认为，真实的和谐存在于事物的运动和人的愿望之间。他的宇宙里没有上帝，但是一样有着基督教一般的和谐。尼采曾经有在一些比较富有男子气的学校里学习的生涯，他曾经亲耳聆听过恩培多克勒、赫拉克利特、斯宾诺莎和歌德这些思想家的思想，他们认为可以用平静的心去看待自然，研究自然，但不必强求要从中寻求到与其渴望相一致的东西。他一直将这些思想家放在自己心中最高的位置，并感受到了一种伟大的新思想正在他的心中生成。

从他的信件中我们可以推测到当时某些因素支配着他的情绪。他需要的是安静和独处，并用强硬的姿态去捍卫着自己的孤独。保尔·李很欣赏《朝霞》，他想去恩加丁探望尼采，他在书信中将自己的愿望告诉给了尼采。尼采知道这个消息后感到十分绝望。

他给妹妹写信说："我亲爱的伊丽莎白，李想要过来，但是我现在想要的是独处而不是朋友的陪伴，但是我现在无法狠下心来发电报叫李不要来。但是，他的到来让我不得不把他当作了一个要来打扰我在恩加丁的夏日工作的敌人，他的到来威胁了我的责任，打扰我'不可或缺的一件事'。在这个时候，我思如泉涌，一个人的拜访对我来说是一件可怕的事情。要是我无法让自己保持在孤独的状态，那么我还是长久地离开欧洲好了。我发誓，我的时间不多，需要抓紧。"

伊丽莎白提前写信将尼采的矛盾原原本本地告诉了保尔·李，李理解了尼采的心情，放弃了他的计划。

最后，尼采终于找到了他想发掘的思想，在未发现这个思想之前，他曾经被自己内心强烈的预感激烈地搅动过。一天，他外出去散步，他穿过了希尔斯—马利亚森林，这片森林一直延伸到了席尔瓦普拉纳，随后尼采在离苏莱不远的一块锥形岩石下坐了下来。此时此地，尼采的内心中想到了永恒轮回的思想。他想，时间总是在无限地延续，它将保持同种状态的事物从一个时期带到了另一个时期。既然这种在时间中的穿越是必然的，那么同理，所有事物也会从时间中返回。在整个时间过程中，在之前或之后许多无法预料、浩瀚而又有限的日子里，肯定有个与我极为相似、事实上就是我自己的人，同样坐在这块岩石的阴影下，将再次在此时此地发现同一个思想。而且这个人无数次地发现这同一个思想，因为时间的无限使事物产生无数次轮回的运动是无限的。在这种情况下，人们就必须弃置前往天堂的希望，进行坚定的思考，因为没有天堂，也没有所谓的更好来世。我们只是自然的影子，重复盲目而又单调的人生，我们只是时间的囚徒。请注意！如果我们真的失去了希望，那现在我们生命的每一分钟就都变得崇高而又激昂。要是这种时刻永远在回复，那么现在发生的每一件事就不再是偶然性的事件。它一直在时间的过程中无限重复着，连那些最微不足道的事物都会被赋予无限永久性的非凡价值。尼采这样写道："变化的世界和存在的世界的最终和睦状态就是让万物陷入永不停歇的轮回。这是沉思所能达到的最高峰。"

由于自己发现的思想是如此富有冲击力，尼采情不自禁地哭了。他长时间的泪流满面是因为他认为自己的努力并没有白费。残酷的现实没有打击到尼采，在面对悲观主义时，他也没有退却，相反，在深入挖掘了悲观主义的思想之后，尼采找到了最后的结论——永恒轮回的学说。轮回通过赋予最短暂的事物以永恒来完成，而事物在不断的轮回中可以找回自身抒情性的力量，同时能够找回灵魂所必需的宗教价值。他言简意赅地阐述了自己的思想，并在旁边标明了自己思考的日期："1881年8月初，在希尔斯—马利亚海拔六千五百英尺以上的地方，这个地方远远超越于人类之上。"

在接下来的几个星期里，他的生活经历了狂喜和痛苦的大起大落。毫无疑问，这种状态只有神秘主义者们才能了解，只有他们才能用自己的词汇描述出尼采此时的情形。他为自己的思考成果感到了骄傲，但同时他也面对着恐惧和战栗，这种情绪让他退缩，现在的尼采就像站在上帝面前等待接受天职的以色列先知们。这个生来就很不幸的人，经历了生活的种种磨难，现在却要怀着恐惧的心情去面对自己的永恒轮回。这让尼采感觉无法承受，他怕自己一次又一次地经历这种折磨，但从心底来说，他也热爱这种折磨，并强迫自己接受了这种永恒轮回的思想，现在他就像一个苦修者一样，明知前方有苦难，但却还是将苦难强加到了自己身上。他在笔记本上这样写道："照亮我的十字架，穿过我的光辉。"他现在的情绪已经到达了极致。因为身体的原因，他开始变得惊恐不安。

8月14日，他给彼得·加斯特写信说道："无数的思想浮现在了我心头，这都是怎么样的思想啊！我坚信这类思想。但我不会再谈它，我现在想要的只是一种坚定的平静。唉，我的朋友，我总是能觉察到预感出现在我的脑海中。我所过的是一种非常危险的生活，因为组成我身体的零件随时都有可能垮掉。强烈的感情支配着我的情绪，我颤抖和大笑——曾经有两次，我都不得不待在屋子里，待在屋子里的原因十分可笑，因为我的眼睛发炎了，为什么？因为我总是在散步的时候哭泣，这不是因为我感伤，而是因为我欢喜。我在为我自己的思想歌唱，口里说着各种蠢话，我必须要把这伟大的思想奉献给人类。"

尼采接下来便开始考虑新的任务。到现在为止，他所做的一切都只是为实质性的工作所进行的笨拙的实验，而现在时机成熟了，他可以开始建立作品框架了。但是他要为自己哪一方面的研究搭建框架呢？这一点让他感到犹豫，他兼艺术家、批评家和哲学家的种种天赋于一身，而这些天赋争相将他引向了各个方向。他应当建立起一个大体系来阐述自己的学说吗？不行，这只是一种象征，他要做得是围绕着诗和韵律来建立。难道他可以在古希腊思想家们创造的形式上进行更新吗？卢克莱修传承了这种典范。尼采喜欢这个念头，他十分愿意用诗的语言来转化自己的自然观，他愿意将它们转化成音乐和有节奏的散文。他继续思考着，他从自己对那种活泼明快的语言的追求中生出了一个新的想法：为什么他不可加一个富有人情味的先知的形象（一个英雄）到自己的作品中呢？查拉图斯特拉这个名字突然出现在了他的脑海中，尼采想起这个波斯传道士与火的传播者。他很快便动了笔，在纸上写下了标题、副标题和四行文字，这几句简单的文字宣告了这部诗作的诞生。

中午与永恒
——一种新生活的标志

查拉图斯特拉出生在乌鲁米亚湖边，三十岁的时候，他离开了故乡，来到了阿里亚省，他在这里度过了十年的孤独时光，并创作了《波斯古经》。

自开始创作以后，尼采就不再是进行简单的散步与沉思了。弗里德里希·尼采一刻不停地倾听和收集着查拉图斯特拉的言论。以下三组柔和到几乎是温柔的对句详细地记述了查拉图斯特拉是怎样走进尼采的生活的：

希尔斯—马利亚
这是我坐着等待的地方——却没有等待的对象，
在善恶之外，我享受着生活，
此刻的光和影，只有白天黑夜、湖泊、正午和没有终结的时间。
那会儿，我突然有了两个朋友，
查拉图斯特拉已经来到了我的身边。

9月，恩加丁开始变冷，天气突然变得阴冷多雪。尼采不得不离开了那里。

恶劣的气候再一次开始考验着尼采的身体，尼采失去了休养的兴致，开始了每一年都会经历的长时间的消沉。以前，他不断思考着永恒轮回的问题，但是现在他却没有勇气去面对这个问题，他对这种可怕的思想感到恐惧。他写信对彼得·加斯特说道："我好像又重新回到了那年在巴塞尔的日子，我看到死神就在我的身边。"他的抱怨十分简短，但仅仅这一句话就让我们清楚地看到了尼采所看到的是怎样的死亡深渊。9月和10月的几个星期里，尼采三次试图自杀。到底是什么诱惑尼采走向了死亡呢？尼采从来都不是个怯懦的人，所以他自杀的原因不可能是因为他想要逃避痛苦。那么他的自杀是不是为了阻止理智的毁灭呢？也许这第二种假设才是真的。

尼采再次来到了热那亚。但那这里的气候依然不利于尼采的康复，这里的风很潮湿，而且这里的秋季变幻莫测，气温十分低，这一切对于尼采来说是一种考验。没有阳光的天气让他无法忍受。同时，另外一件事也加深了尼采的忧郁：他的新书《朝霞》又失败了。评论界根本就没有关注过这部作品，他的朋友们也对这本书感到费解，雅各布·布克哈特做了评价，但是这个评价明显是礼貌而又谨慎的，他这样写道："在读到某些章节的时候，我发觉自己就像是一个老人，因为我总是感到眩晕。"尼采最亲密最珍视的朋友欧文·罗德在听到尼采出书后从来都没有向尼采表示过想要拿到书的渴望。10月21日，弗里德里希·尼采在热那亚给罗德寄去了一封信：

亲爱的老朋友，不用说，你一定是遭遇了某种令人尴尬的情形，因此你一直都没有给我写信。如果事情真的是这样，那么我真心诚意地恳求你，不用再给我写信了。无论什么都无法影响我们彼此之间的感情，要是因为我寄书给你会给你带来困难，那么一本书又有什么要紧！其实最要紧的是我未竟的事业，否则我还忍受痛苦活着干吗呢？现在气候恶劣，天气让我苦不堪言。

你的忠诚的
弗·尼

欧文·罗德甚至连这封信都没有回。《朝霞》失败的事又如何解释呢？毫无疑问，这是一个老生常谈的问题，天将降大任于斯，总是会让天才经历不幸的命运，在未被承认之前天才这种新鲜事物总会令人感到反感。不过，我们还可以找到一些更为明确的原因。自从退出了瓦格纳的圈子之后，尼采就被众多人排斥，他没有更多的朋友。而这种正在接受磨炼的伟大心灵和公众之间总是需要中介的，而一批朋友就是必不可少的中介。在读者前面，尼采是孤独的，而读者也早已被他不断变化的思想搅得不安起来。他坚持认为自己的作品生机勃勃，而这些作品一定能够抓住读者的心，继而征服他们。但实际上这种形式也不利于作品的传播，因为在此之前没有哪一本书拥有这本书所展示的思想，而这些简练的思想和格言又是被如此艰深的方式综合起来的。这本书的每一页都要让读者全力以赴，去解决谜团，这样的内容让读者感到了疲倦，而他们很快也就会厌倦的。此外，德国公众对散文艺术缺乏敏感，他们不善于抓住这本书的艺术特征，他们喜欢的是那些节奏缓慢、深思熟虑的作品，因此这种始料未及的作品让读者没有准备。

11月的时候，天气十分晴朗，由于天气的原因，尼采重新振作了起来。他这样写道："我解脱出来了。"他漫步在热那亚海岸的群山之上，再次来到了那块岩石的边上，这是他构思《朝霞》的地方。天气十分温暖，即使他跳到海里洗个澡都不会感觉到冷。他给彼得·加斯特写信说道："我觉得自己在精神上是如此的富足，也为自己感到骄傲，我就像一位多利安王子。此时此刻，我只想念你，亲爱的朋友，你和你的音乐。"

此时离拜洛特演出《尼伯龙根》已经有五年了，整整五年时间，弗里德里希·尼采剥夺了自己享受音乐的权利。他这样写道："小心音乐家。"他害怕自己一旦纵情于音乐之中，就会重新被瓦格纳艺术的魅力所俘虏，但是他终于让自己从担心中解脱了出来。6月的时候，加斯特曾经在雷考罗演奏了几首他自己根据歌德讽刺短诗创作的歌曲和叠句。保尔·李以前曾说过："这些诗句是如此轻快，因此现代音乐家很难为它谱曲。"加斯特创作出的轻松活泼的韵律让尼采极为欣赏，在他看来加斯特在这一挑战上取得了成功。他对加斯特说："坚持下去，努力反对作为音乐家的瓦格纳，就像我反对作为哲学家的瓦格纳一样。让我们三个，李、你和我，为解放德国而努力。如果你成功地为歌德的世界找到了音乐（虽然这一世界并不存在），那么你简直就可以算作伟大的人了。"尼采在每一封信中都反复提到了这个想法。他的朋友在威尼斯，而他在热那亚，他希望在这个冬天里，他们两个无根的德国人会在意大利产生新的形而上学的哲学和新的音乐灵感。

在健康回复的间隙，他去剧院里看了戏。在那里他看了一遍罗西尼的《西密拉米斯》，还听了四遍贝利亚的《裘丽亚特》。一天晚上，他出于好奇，还去听了一部法国歌剧，当时他还不认识歌剧的作者。

他给加斯特写信说道："哇，亲爱的朋友，我又有了一个令人欣喜的发现，那就是乔治·比才（他究竟是谁呢？）的歌剧《卡门》。他和梅里美的小说《卡门》

一样优雅有力,甚至有时还很动人。他是一个真正的法国天才,他没有受到瓦格纳的影响而误入歧途,他是一个柏辽兹的真诚的信徒……在现存歌剧中,我认为《卡门》是最出色的一部。只要我们还活着,它就会一直是欧洲的保留剧目。"

对尼采来说,这个冬天最重大的事件就是发现了《卡门》。他不断谈到了它,一次又一次地前去倾听。只要这部诚挚而又热烈的音乐在他耳边响起,他就觉得自己找到了可以对抗灵魂中强大的浪漫主义诱惑的武器。他会这样写:"《卡门》拯救了我。"

尼采再一次体会到了去年所享有的欢乐,这种欢乐似曾相识,但现在的这种显得更为庄重。他经历了思想的黎明,现在正午升起了。12月底,一场危机袭来,尼采超越了它。他写下了一组散文诗纪念了这次危机,我们翻译了这一组诗,这是他沉思的结果,他在文中对自己的良心进行了考察,当年轻的时候,他就常常在圣·希尔维斯特节这一天写下自己的观察。

写给新年,我还活着,我仍然保持着思考,我必须活下去,因为我还得继续思考。我在故我思,我思故我在。今天是节日,每个人都有权利表达他的愿望和他最隐秘的思想。同样,我也想表达我内心深处的愿望,我首先要倾诉的是我的思想,这一年它一直都萦绕着我——我选择的这一思想是怎样的思想啊!在我心里,它就是未来生活的保证和甜美的源泉。每一天,我都把必须视作美——这样一来,我就是一个使事物变得美好的人。自此以后,我要让命运之爱成为我的所爱。我不愿将丑陋的东西挂在心上。我不愿指责别人,更不愿指责那些总是指责别人的人。调转我的目光,让这成为我唯一的否定。一句话,我希望自己在任何情况下说的都是"是"。

1月份整整三十天的天气都很晴朗。尼采想感谢这个晴朗的天气,因此他想把《快乐的科学》的第四部奉献给1月作为感谢。他给这本书取了一个《神圣的一月》的名字。这本书十分绝妙,内部结构非常精致而且富有批判性,命运之爱这种神圣情感从头到尾都支配着这本书。

2月，保尔·李经过了热那亚，他在那里停留了几天陪伴尼采。尼采将朋友带到了自己最爱散步的地方，还带他去看了那些布满岩石的小溪，这些地方他曾在给加斯特的信中快乐地提到过，"在那块岩石那儿，大约六百年或一千年之后，后人们会为《朝霞》的作者竖立起一座塑像。"接着，保尔·李继续前往了罗马，与在那儿等他的梅森伯格见了面。尼采一直都十分好奇瓦格纳的世界，他非常想将这件事情看透，而即将演出的《帕西法尔》再次刺激了尼采的好奇。7月，这出基督教的神秘剧将在拜洛特上演。尼采不打算与李同行，《帕西法尔》不断逼近的演出日期最多只能提高他的工作热情，难道他——不错，是他自己——没有责任创作出一部更伟大的作品吗？难道他不想拥有自己的反基督教神秘剧——他的永恒轮回的诗篇吗？这长久以来一直萦绕在他心里的想法让他感到快乐，也正是因为有了这种想法，他在缅怀这位昔日老师的时候，会不那么痛苦。瓦格纳似远似近。从思想上来说，瓦格纳离尼采很远，可是对于一个诗人来说，思想却没有价值。从情绪、愿望和不羁的激情上来说，瓦格纳离尼采很近，这些就是最基本的东西，这两位诗人的分歧仅仅只是一个细微差别的问题，因为他们面对着相同的生存环境，都怀着相似的情感在工作，都想改变世界上这些人类的心灵，他们想给予心灵重要和至高的价值。看看尼采当时写下的这一段话，就很容易理解他当时的心境：

我曾经以为我们之间有着永恒的友谊——我们曾经是朋友，而事到如今却形同陌路。啊，是的，这样的结果也不算太坏，因为我们真诚相待，不愿对彼此有所隐瞒和伪装，对于我们的交恶，我们没有什么可以感到羞愧的。我们就像是两条船，各自向着自己的目标前进。我们的相交只是在旅途中偶然的交会，我们已经一起度过了假期，况且我们这两条情况不错的航船已经平静地在同一个太阳下停靠在了同一个码头，这已经够了，它们似乎都已经达到了自己的目的。现在，我们生命中最强大的力量已经在重新驱策着我们前进，向着不同的大海和太阳进发，现在看来我们再也不会相见，甚至会忘掉对方的容貌。不同的目标让我们不得不变成陌路人，其实这最重要的原因是因为我们应当互相尊重自己。宇宙中有一种循环遥远无形而又奇特,虽然我们的漫游微不足道,但它依然给予了这种漫游共同的法则,让我们提升自己以达到共同的思想高度吧!但是我们的生命稍纵即逝,同时鼠目寸光,我们必须在这种至高无上中满足自己。如果我们要注定为敌,那无论如何,我们都得相信我们之间永恒的友谊。

我们不知道,他自己内心接受的对永恒轮回的诗化解释是怎样的。尼采不愿谈论自己的工作,他总是在完成作品之后才发表宣告。但是他希望自己的朋友们能时时了解自己思想的新动向。他写信给梅森伯格,在信中轻描淡写地提到了瓦格纳,接着他又给梅森伯格做了一个非常神秘的承诺:"因为我对自己的未来充满了幻想,所以我相信从前在瓦格纳作品中出现的最出色的东西就将持续出现在我的作品里——也许这是这场冒险中富有喜剧性的一面。"

初春时节的时候,尼采突发奇想,他搭上一个意大利帆船主的船,取道地中海前往了墨西拿。这个旅途异常艰辛,他在船上陷入了疾病之中。但是在刚到墨西拿的日子里,尼采还是十分高兴的。他重新开始写诗,这是他放弃了多年的乐趣。也许是从加斯特谱成乐曲的那些歌德妙语中获得的灵感,尼采的诗作多是即兴之作或是警句。尼采找到了一个风土人情和自然环境都很适宜创作作品的角落,那就是西西里。这里和老荷马所说的相差无几,"这个居住着欢乐的世界边缘"是一处极为理想的避难所。西西里打动了尼采,让尼采忘记了那儿的炎热,他做了在墨西拿呆一个夏天的决定。4月底的时候,西西里刮起了几天的西洛可风,尼采再次陷入到了被天气折磨的痛苦中,他准备离开那儿。就在这时,梅森伯格给尼采写来了一封信,她急切地敦促尼采前往罗马。由于罗马是尼采归途的必经之地,所以他便答应了下来。为何梅森伯格坚持要尼采前往罗马呢?我们知道,这位善良的妇女从来都在急切地关注着她的朋友,虽然她的努力都是徒劳,但她却一直都在努力地想要改善尼采的命运。她理解尼采有着一颗纤细敏感的心灵,因此一直都试图给尼采找一个好伴侣,就连尼采自己也在信中这样写道:"我坦率地告诉你,我唯一需要的只是一个好女人。"这年春天,梅森伯格认为她已经为尼采找到了这样一个女人。

这就是为什么梅森伯格会给尼采写信。梅森伯格向来喜欢行善,但是她行善的时候可能忘记了,由于行善的后果总是残酷,因此行善是件困难的艺术。

梅森伯格碰见的那位姑娘叫露·莎乐美,她是个俄国人,那时还不到二十岁。她十分聪明,在智识上非常热心,虽然她在容貌上不够完美,但是这种不完美反而让她有了高雅的气质,因此,她非常具有魅力。某个令人兴奋的年轻女子总是会出现在巴黎、佛罗伦萨和罗马。她是在费城、布加勒斯特或基辅土生土长的,怀着一种粗俗的急切感进入了文化圈,最后她会在古都征服某个家庭,从而成功地进入文化阶层。这儿提到的这位女子非同寻常,她带着斗篷、围巾和自己的母亲跨越了整个欧洲。

梅森伯格为她安排了一次恋爱。她将尼采的作品给她读了,莎乐美读了之后似乎理解了其中的思想。梅森伯格不停地在莎乐美面前谈论这位非凡的男子,在她的口中,尼采是一个为了保持自己的自由而可以牺牲友谊的人。她说:尼采是一个非常严肃的哲学家,但又敏感多情,而且对他那些朋友来说,他保持孤独的想法是被迫的,这完全来自于他的悲哀。莎乐美小姐对尼采的事情表示出了很大的热情和渴望,她说,她肯定自己应当为尼采的生活奉献一份精神上的力量,因此她表现出想结识尼采的愿望。保尔·李很早就认识了莎乐美,并对她表示了欣赏,梅森伯格在跟李商量之后,便写了信邀请尼采前往。

尼采到了罗马,他在那里听到朋友们对露小姐歌声的赞美,他还听说这是位具有高尚情操的妇女,她机敏勇敢,拥有自己的主见,是位举止天真的女英雄,她表现出来的这种举止预示了她即将开始伟大的生活。尼采同意和这位优秀的妇女见面。一天早晨他们相约在圣彼得教堂,莎乐美被介绍给了尼采,尼采在第一次和这位妇女见面的时候就被她征服了。很长的时间里,尼采都沉浸在了沉思之中,孤独让他忘记了交谈的乐趣。"这个年轻的俄国人"(在信中,尼采就是这样称呼这位年轻的女士的)认真地听着,表现出极大的兴趣。她几乎一直都在沉默,但是她敏捷的才思和高贵的灵魂都在她平静的神情、自信而又优雅的举止和简洁的语言中显露无遗。尼采很快就喜欢上了她,或许甚至是一见钟情。他在梅森伯格面前这样评价着莎乐美:"在呼吸短促的时间里,她就可以把我的灵魂具象化。"

然而莎乐美小姐在这件事情上却保持了冷静,她没有让自己受到同样的诱惑。尽管如此,她也从这个男子身上感受到了他那独一无二的气质,他们两个花了很长时间进行畅谈,他在思想上表现出的力度甚至让她无法入眠。这场奇遇——事实上是一出早已安排好的戏剧——立即开始了。

距离和尼采初次见面没有几天,莎乐美小姐和她的母亲就离开了罗马。尼采和李这两位哲学家陪伴着她们,他俩都坠入了对这位年轻女子的爱河之中。尼采对李说道:"她简直令人赞美,娶她回家吧!"李回答道:"不,我不能娶她,我坚持的是悲观主义的哲学,生儿育女的世俗生活让我反感,你自己娶她吧,她是最适合你的伴侣。"尼采反对李的意见。也许他的想法同当年曾对妹妹说的一样:"结婚?决不!我可能在任何事情上撒谎,但这件事绝对不可能。"莎乐美小姐的母亲仔细观察了这两位男子,这两个人都对女儿如此殷勤,她看不透弗里德里希·尼采,她更喜欢保尔·李。

这四个人在卢塞恩停了下来。弗里德里希·尼采想让莎乐美去参观特里伯森,这是他认识理查德·瓦格纳的地方。他把她一直带到了花园中,花园中有着高高的白杨树,树叶把整个花园都围住了。他向她讲述了那些无法忘却的时光,里面有着欢乐和这位伟人发怒时的壮观场景。他坐在湖边,声音低沉而又克制,对快乐的回忆令他感到痛苦,因此他把脸微微别到了一边,不让他的同伴看到他的表情。他突然间陷入了沉默,一直认真观察着他的年轻姑娘突然发现,一行泪从尼采的脸上流了下来。

尼采对他的新朋友很坦率,他给她讲了自己过去几十年的生活经历,他暗淡的童年、牧师的房子、英年早逝的父亲,以及他身上种种神秘的高贵,他堕入宗教时虔诚的岁月,他对在一个没有上帝的世界里一个人必须决定活下去的恐惧,同时还有他是怎样发现叔本华和瓦格纳,以及他们在他身上激起的宗教情感,正是这种情感让尼采在失去宗教信仰的日子中挨了过来。

他说道(这是莎乐美小姐转述的话):"是的,我就是这样开始冒险的,直到现在,它们还远没有结束。我将在它们的带领下走向何方呢?我的下一次冒险会在哪儿呢?回不到原先的信仰上去,我会怎样呢?去找到某种新的信仰?"

说完后，他又表情严肃地补充了一句："无论如何，比起原地不动，回到过去的可能性应该更大一些。"

尼采还没有向这位极富吸引力的女子表露自己的爱慕之情，但是爱情的力量还是影响了他，而他在这种强大力量面前已经毫无招架之力了。他害怕当面进行的表白，因此他请求自己的好友保尔·李以自己的名义去表明心迹，自己则退出了这场爱情游戏。

尼采在巴塞尔住了几天，5月8日，他和欧维贝克一家碰了面，并以一种前所未见的兴奋告诉了他们这个消息。一个女子闯入了他的生活，对他来说，这是一种巨大的幸福，而且这将有利于他的思考，从这件事之后，尼采的思维会更活跃，感情也会更丰富。当然，他的态度是不娶露小姐，他鄙视一切肉体上的结合，但是也许他应当与她联姻，以免他被诽谤者的流言蜚语所骚扰，而且这种精神上的联姻还可以获得一个很好的结果：一个精神上的儿子查拉图斯特拉。他的贫穷是联姻的巨大障碍，难道他不能靠变卖作品来改变这种窘况吗？他考虑过这种做法，他在情感上的爆发让欧维贝克一家深感忧虑，他们看到的是一场在按捺不住的激情之上诞生的一次不同寻常的联姻，他们有着一种不祥的预感。

最后，尼采收到了莎乐美不想结婚的答复，她说自己刚刚走出一场失败的恋爱，还没有精力再一次谈恋爱。因此她拒绝了尼采的求婚，但是她在极力使自己的拒绝显得委婉，她对尼采的答复是可以和尼采建立友谊关系和精神上的恋爱关系。

弗里德里希·尼采立即回到了卢塞恩，他见到了莎乐美，希望用自己执着的劝告让莎乐美回心转意，但是莎乐美却再次拒绝了。7月份，她将前往拜洛特参加音乐会，而这是尼采所坚决回避的，她向尼采保证，等到音乐节一结束，她就会和他再聚，并跟他一起度过几个星期。到那时候，无论尼采向她说什么，她都会去做一个虔诚的聆听者，她会像一个解放的信徒一样严肃看待这位老师的最新想法。最后，尼采只好接受了这些条件，接受了和这个年轻女孩限制重重的友谊。尼采给她推荐了一本他的书《作为教育家的叔本华》。对于这部年轻时代的作品，他总是怀着欣赏，这是一首对思想者的勇气和自愿承受孤独的赞美诗。他对她说道:"读一下这本书,这样你就会对我的思想和行为有心理准备了。"

尼采想要重新回到祖国的怀抱,于是他离开巴塞尔,回到了德国。正如我们一直知道的一样,他的脑子里总是产生一些引人入胜而又出人意料的希望。他曾经在墨西拿认识了一个瑞士人,这个人在他的面前赞叹柏林附近的格伦瓦尔德,他说那里有着非常优美的景色,于是他想去那儿居住。他在写给彼得·加斯特的信中透露了这个想法,而时间倒回到六个星期前,他还在写给加斯特的信中建议他到墨西拿避暑呢。

尼采亲自去了格伦瓦尔德一趟,那儿的环境让他感到非常满意,但同时他也亲眼看到了柏林和一些令他很反感的柏林人。那儿的人都没有读过他的最新作品,完全不知道他的思想。他们只知道尼采是保尔·李的朋友这个身份,而且他们都把他当作了保尔·李的徒弟。尼采对这种情况感到十分不满。他立即离开了柏林,前往瑙姆堡待了几个星期,在瑙姆堡他口授了《快乐的科学》这篇文章,这是他即将发表的手稿。他似乎对他的家人,他的母亲和妹妹,提到了他的新朋友,虽然他的措辞很谨慎,但他所表现出来的快乐却很令她们惊讶,但是她们并没有觉察到真正的原因。她们不清楚,柔情正在古怪的弗里德里希的内心悄悄生发,他在莎乐美的身上看到了幸福。

7月27日是《帕西法尔》演出的日子。尼采来到了离拜洛特不远的陶顿堡,这是位于都灵森林区的一个乡村,他在这里安顿了下来。他所有的朋友,欧维贝克夫妇、塞利兹夫妇、格斯道夫、弗罗琳·冯·梅森伯格、露·莎乐美和伊丽莎白·尼采已经提前到达了拜洛特。唯独他缺席了这次聚会。此时,如果瓦格纳说一句话,尼采也许会回心转意,也许此时尼采正在等着这句话。弗罗琳·冯·梅森伯格曾试图修复二人的关系,她当着瓦格纳的面提到了尼采的名字,但是瓦格纳立即要她闭嘴,接着他走出了房间,重重地摔上了门。

毫无疑问,尼采从来就不知道发生过这些事情,因此他继续停留在森林里,他曾在1876年于同一地点度过了一段艰难的时光。那时他被痛苦深深折磨着,但随着时间的转换,他现在已经变得十分富足了。他已经抑制住了内心的疑虑,他的精神已经被一种伟大的思想所深深地激励,而且爱情也正在激励着他的心灵。

莎乐美刚刚献给了他一首诗,她想用这首优美的诗歌来象征着他们精神上的共鸣。

献给悲哀[1]
谁能够从你掌心逃脱,
要是他注意到你凝视他时的严肃神情?
当你抓住我时,我就无法摆脱,
我永不曾相信,你仅仅是在摧毁!
我知道,你会将你的光芒洒向世间的每一个生灵,
没有人能够逃脱,
没有你的生活,它依然美丽,
而你,有你有活下去的理由。

彼得·加斯特读了这些诗句,他看到这些语言还以为是尼采写的,尼采对此感到很高兴。

他写信对彼得·加斯特说道:"不,这不是我的作品。这篇诗作让我感到惊心,这是令我惊心的众多事物之一,它总是让我流泪,它所带的音调是我期待已久的,自孩提时代我就盼望着这样的音调出现。这首诗的作者是我的朋友露,你应该还不认识他。露是一个俄国将军的女儿,她很年轻,只有二十岁,她的理智就像鹰的眼睛一样锐利,还有着狮子一样的勇气,同时她又非常女性化,也许还像一个小姑娘一样几乎不会生活……"

尼采最后一次读了原稿,将它交给了出版商。在出版这本新的格言式的集子时,尼采有过些许的迟疑。正如他所预料的那样,书中庞大的容量、过于简洁的文字和几乎还不成形的结构会让朋友们挑剔。他在他们的评价中听到了他所预料的他们必然要说的意见,他感激地回答了他们。显而易见,他这种态度是装出来的,尽管这部作品文字简洁,结构松散,但尼采还是无法接受自己的作品毫无价

---

[1] 原文为德语。

值这种说法。

他在心里十分关注拜洛特的音乐节，但他却很好地掩饰了自己这种真实的心情，或者他只表现了自己一部分的遗憾。他给莎乐美写信说道："我从没有因为自己不能去而感到后悔，但是如果我能够待在你的身边，与你愉快地交谈，那么《帕西法尔》这种音乐则根本不会影响到我的情绪（否则不行）。"

《帕西法尔》再次获得了成功。对于这则消息，尼采用嘲笑表示了欢迎，他写信对彼得·加斯特说道："卡利奥斯特罗[1]万岁！这个像巫师一样的家伙居然再一次取得了奇妙的成功，这个结果让那个上了年纪的绅士呜咽着哭了。"

音乐节一结束，伊丽莎白陪伴着莎乐美前来与尼采重聚。这两位女子同尼采住在了同一家旅馆，接着尼采便开始向她的新朋友传教。

莎乐美已经在拜洛特看了这出带有基督教神秘的戏剧，她从剧中看到人类的悲哀史是一场来来回回的考验，但她最终却在考验中得到了祝福的安慰。但是，弗里德里希·尼采则给她讲授了另外一种神秘剧，这种剧较之前的一种则更具悲剧色彩：我们生活和命运本身就是痛苦，超越是不太可能的，我们要做的仅是比任何时候的基督徒都更彻底地接受它。我们要把它当作信仰来信奉，面对它，我们需要有积极的爱，让我们来承袭它的热烈和无情，在对待自己和别人的时候都用冷硬的态度，无论它是如何的冷酷、野蛮，我们都要接受它。贬低它的行为是懦弱的，让我们去接受永恒轮回的象征，这样我们就可以锻铸自己的勇气。莎乐美小姐这样写道："对我而言，最难忘的便是那些他向我展示他的思想的时光。他在向我倾诉的时候就好像他自己的思想无法启齿、难以言传那样。他的脸上总是有着各种大为恐惧的表情，用低沉的声音倾诉着。的确，他所过的生活是痛苦的，以至于当他接受永恒轮回时，感受到自己遭受的痛苦是残酷的必然。"莎乐美小姐有着很强的领悟力，她带着真诚的感情倾听了这些表白，这一点在她后来所写的一些回忆中得到了证实。

她创作了一篇简短的颂歌，并把它献给了尼采。

---

[1] 卡利奥斯特罗：18世纪生活在西西里的炼丹术士和骗子。

就像朋友之间的深爱，

我深爱着你，生活是多么神奇！

因为你我有了流泪欢笑，

将我的情绪传递给你，

我的感情中有着欢喜与苦痛，我爱你。

如果你必须要毁灭我，

我会忍痛离开，

就像朋友挣脱了朋友的臂膀，

我将自己全部的力量用于抚爱你，

难道你不能给予我其他的欢乐？

尽管如此，我仍然与你共同分担着苦痛。

    尼采被这份礼物打动了，他希望用另一份礼物来回报这位小姐的深情。在过去八年的时间里，他禁止自己进行音乐创作，因为创作音乐这种工作会让他的精力大大消耗以至于筋疲力尽。如今他打破了这个禁令，他谱出了一首如泣如诉的赞美曲，而歌词就是莎乐美小姐的诗作，这部作品实在是动人，以至于给他带来了神经症、疑虑的危机、无聊和厌烦。工作完成之后，尼采不得不再度躺到了床上进行休养。他保持着和莎乐美的交流，即使在房间里，他也会给露·莎乐美写便条。"我正在床上经历可怕的病痛，但我却依然嘲笑着生活。"

    但是这一切无法讲清这几个星期以来他们在陶顿堡的生活内情。据伊丽莎白·尼采的记载，莎乐美根本就算不上她哥哥的挚友，她只是对尼采产生了好奇心，而她的激情和热忱全都是装的，她常常为尼采可怕的行为感到厌烦。伊丽莎白给保尔·李写了一封信，后者奇怪的回信让她感到惊讶，信上说："我们的朋友对你的哥哥感到厌倦，如果可能，一定要减少会见。"

    我们更愿意相信这些都是因为伊丽莎白·尼采的妒忌，她妒忌自己从未得到过尼采的授导，也妒忌这位迷人的带着一种神秘色彩的年轻的斯拉夫人。所以对她说的这些话我们必须要保持警惕。

毫无疑问，莎乐美完全没有意识到尼采在感情方面要求具有如此的强度和高度，她对此大为恐慌。她在提议做朋友的时候，从来没有预料到这场友谊的危机要远甚于暴风雨般的爱情。他强制自己完全赞同他所有的思想，但是这位年轻女子却拒绝这种苟同：理智不可能像感情一样，能够毫不保留地奉献。莎乐美自负般的保留触怒了尼采，于是他把这种保留当作错误责备了她想要保持的独立。我们可以在他写给彼得·加斯特的信中看到这些争执。

8月20日，他在信中这样写道："露还要在这里陪我一个星期，她是最聪明的女性，我们每五天就会发生一场悲剧性的小争执。我曾在信中告诉你关于她的一切都是荒唐可笑的，现在，她的荒唐程度要更加严重了。"

这种措辞多少都带着几分谨慎和保留，但这并不意味着感情已经摆脱了自身的束缚。露·莎乐美离开了陶顿堡，弗里德里希·尼采继续和她保持着书信往来，我们看到不少他们之间的信。他在信中详细地讲述了自己的工作和计划，他说自己想去巴黎或者维也纳研究自然科学，并在这基础上深化永恒轮回的理论，因为这一理论不仅仅只是听起来美丽迷人，它必须要是真实的。正如尼采一如既往的表现一样，当他追求一种奔放的灵感时，批判性精神总会限制他，而当他反过来追求某种批判性分析时，抒情性的天性总会是他的束缚。尼采还给莎乐美讲了《生命颂》一曲的成功之处，创作灵感来自于她的诗歌，他已经请音乐界的朋友对这首曲子进行了评定，并且希望可以找到一个管弦乐队的指挥来听听这首曲子，对此他像往常期待自己的作品出版一样热心，因此他不得不向露小姐转达了这个消息。他写道："虽然这里存在着很多平行的路径，但我们可以通过我们这条小小的途径对后代产生影响。"9月16日，尼采自莱比锡写信给彼得·加斯特说道："最新消息：露将要在10月2日来到这儿，两个月后我们将前往巴黎，我的计划是，我们将在那儿呆好些年。"

他的母亲和妹妹在这件事上对他进行了责备，他十分明白，但他不会因为她们的敌意而感到不高兴。他这样写道："瑙姆堡的所有德行都在与我作对，这样也不错……"

但是仅仅在两个月之后，尼采和莎乐美的友谊就宣告破裂了。也许我们能够揣测到发生了什么。莎乐美来到莱比锡赴约,她找到了尼采,但是保尔·李陪在她身边。显而易见,她希望尼采能够理解自己那对他那自由而不盲从的友谊,他们的关系只是在感情上的共鸣,而她,不想付出理智上的效忠。她真的深思熟虑过计划的困难之处,仔细掂量这种尝试会带来危险吗?尼采和李同时爱着她,她在这两个好朋友之间应当持有什么态度呢?她妄图让这两个人留在她身边时,这种做法难道不是对某种也许是无意识的天性的屈服吗?谁又能否定这种天性既有理智上的好奇心,也有女性的征服和控制欲呢?谁又真正了解她内心的真实想法呢?

这件事让尼采变得忧郁多疑起来。一天,他看到自己的两个朋友在一块儿小声地谈话,他立即从这种行为中判断出他们正在嘲笑自己。周围的闲言碎语让他心神不宁。我们有必要讲一则听起来似乎很可笑的轶事。李、尼采和莎乐美曾经一块儿去照相。莎乐美和李对尼采说:"我们拉着童车,你坐到车中,这象征我们三人的联盟。"尼采拒绝了这个提议,他说:"我不同意,坐在童车中的应该是露小姐,让我们两个男人来握车把,保尔·李和我。"露小姐采纳了尼采的意见,而且作为自己至高无上的见证,(根据尼采无数遍听到的转述)她将这张照片送给了许多人。

很快,尼采便产生了一个更为残酷的想法。他认为露和李在一致反对他,而他们一致性的原因只可能是他们彼此相爱,但他们却同时在欺骗他。自从有了这个想法后,周围的一切在尼采的眼中都变得无聊可憎。接着,他渴望已久的精神上的奇遇被一次可悲的冲突结束了。在这次冲突中,尼采失去自己的弟子,这个弟子奇特而富有魅力,在过去的八年中,他一度是尼采最亲密、最聪明的朋友。最后,由于这种羞辱性的情形让尼采感到深受伤害,他自己也做出了不理智的有损友谊的事情,他在露面前诋毁李,他说:"李是个才智出众的人,但是他内心虚弱,缺乏目标,造成这种麻烦的源头是他所受的教育,每个男人都应该拥有战士般的品质,而每一个女人都应当或多或少地被培养成一个战士的妻子。"

在面对这种痛苦的局面时,尼采经验的缺乏让他变得不知所措。伊丽莎白本来就对莎乐美小姐没有好感,所以她的加入更助长了尼采的怀疑和怨怒。她的解决方式十分粗鲁，而且她在未经尼采授权就对此事进行了强行的干预。她写信给莎乐美，而这封信导致了尼采友谊最后的破裂。莎乐美小姐被这种粗暴的信件激怒了。下面是弗里德里希·尼采写给莎乐美小姐最后一封信的草稿，我们通过阅读它可以了解到这难以理解的事情的一些细节。

但是，露，你瞧瞧你都写了些什么啊！你的口气看起来就是一个愤怒的小学生。在这种争吵面前我应该怎么做呢？请你理解我，我希望你所做的能让我看重你，而不是再让我小瞧你。

我责备你的原因很简单：你对我问题的解答实在是太慢了。还在卢塞恩的时候，我就已经将我年轻时的那篇论作交给你了，那是篇有关叔本华的论文——我那会儿告诉过你，这本书上几乎有我全部的想法，而且我相信你会赞同书中所有的观点。我相信你已经读了，你还对我说："不"（在这种事情上我憎恨一切肤浅）。你应当理解我，我现在只是认为你写的那首《献给悲哀》实在是谎言。

我相信，只有我一个人看清楚了你身上的优点和缺点。不要辩解，我已经在我自己和别人面前给你辩解了，而且我的辩护比你的更具说服力。像你这种人，只有那种具有崇高目标的人才受得了。

你缺乏尊敬、感激、虔诚、礼貌、赞美和敏感，我们现在姑且不谈其他，单就勇敢这一品性来说，你勇敢吗？你不会背叛吗？如果我提出了这个问题，你会怎么回答呢？

难道你丝毫没有觉察到，当一个像我这样的男子靠近你时，他需要在你面前保持极大的自制力吗？你所接触到的是所有男人中最宽容和最仁慈的，但是请你牢牢记住，我憎恶狭隘的利己主义和可耻的软弱。我是世界上最容易被憎恶所征服。无论从何种角度出发，我都不会让自己再一次被骗。我看出了你身上有着崇高的利己主义，这种利己主义强迫我们服务于自己心中最高的东西。天知道是什么原因使你用你这种崇高的利己主义与猫一样的利己主义做了交换，后一种利己主义仅仅是渴望生活。

永别了，亲爱的露，我将和你诀别。希望你好好保护自己的心灵不让它被相似的行为侵袭，同时祝愿你在别处受到欢迎，虽然你的品行在我看来已经无可救药。

我没有读完你的信，我已经读了太多了。

你的弗·尼

随后，弗里德里希·尼采便离开了莱比锡。

II 查拉图斯特拉如是说

尼采的离开跟逃跑无异，他在途中经过了巴塞尔，去拜访了他的朋友欧维贝克一家，这家好心人耐心地倾听了尼采的抱怨。尼采最后的梦幻已经破灭了，梦惊醒之后尼采痛苦地发现每个人都背叛了他：露和李，虚弱不堪、背信弃义；伊丽莎白，他的妹妹，行为粗鲁。他究竟在抱怨哪一种背叛和行为呢？尼采没有说清楚，他只是不停地在唠叨，宣泄自己苦涩的怨怒。欧维贝克夫妇诚挚地邀请尼采跟他们一块儿待上几天，但尼采很快便又逃离了。现在尼采希望能够投身于工作，希望通过孤独来遗忘被欺骗的悲哀和自我欺骗的羞辱。没准他还希望能够从绝望引起的突发状态和情感激荡中找到新的灵感。他离开了巴塞尔，离去之前对他的朋友说道："从今天开始，我真的是一个人了。"

离开巴塞尔后，他停留在了热那亚。他给彼加斯特写信说道："这里的寒冷和疾病让我痛苦不堪。"过去在热那亚幸福的时光一直都留在他的脑海当中，因此他在那里停留了片刻，没过多久，尼采离开了这个城市，他沿着海岸继续前进。在那个年代，内尔维、桑塔玛格丽塔、拉帕洛、左格里这些地方还人迹罕至，旅游者很少到这些陌生的地方来。这里的居民大部分以打渔为生，每天傍晚，他们便将三桅帆船拉进海湾深处，然后在岸上边织网边唱歌。这些绝妙的方式被尼采看在了眼里，他很快就选择了其中最优美的拉帕洛作为自己的停留地，他想用这里优美的景色来抑制自己的痛苦。他用简单的语言描述过自己旅居地的环境。

1882 到 1885 年间，我选择了拉帕洛过冬，这是个迷人而又幽静的海湾，这个海湾位于菲诺港和基亚瓦里海角之间,是被地中海海水冲陷而成的。这里的冬季寒冷多雨,这便让我的健康状况不佳。我在一个小旅馆内找到了一个房间,但是这个只能称作斗室的房间从哪个角度看都无法令人满意,旅馆离大海如此之近,以至于夜晚的海涛声传来,都会让我无法入睡。但是——我的格言是,"但是"即使遭遇了坎坷,我依然能够找到自己想要的东西,这正是其中的一个例证——正是在这个让我十分不舒服的冬季,在这个不让人喜欢的环境里,我创作了我那高贵的查拉图斯特拉。每天清早,我都会在一条风景宜人的山间小道上攀行,这条小路往南通向左格里,掩映在一片松林之间,走在小路上可以俯瞰浩瀚的大海。晚上(如果我的健康允许的话),我会沿着整个海湾散步,这个海湾从桑塔玛格丽塔延伸到了菲诺港……查拉图斯特拉正是在这两条路上诞生的,我正是在这里构思着整个查拉图斯特拉的第一部分还有典型的查拉图斯特拉的形象。

  这部诗作花了尼采十个星期的时间。这是一部全新的作品,如果一个人追溯到诗作思想源头的话,那么他会感到更加惊讶。毫无疑问,这部新作热烈奔放、庄严神圣。尼采在永恒轮回的基础上创作出了这部作品,但是在查拉图斯特拉的第一部分,他未表露永恒轮回的观念。尼采遵循了一种超人的思想,这种思想更改万物的真正进步,甚至可能摆脱偶然和命运的承诺。

  查拉图斯特拉的出现宣告了超人的来临,他预言了喜讯。在自己的孤独中发现了幸福的希望,而尼采自己也总是怀着这种希望;尼采散发出来的力量柔和而又仁慈,他将对伟大未来的预告作为对一部伟大作品的回报。要是在其他的场合,尼采一定会借查拉图斯特拉之口表达出隐藏在自己心中的更加痛苦的言论。但是如果读者在阅读第一部分之后小心地将它与后面的内容混为一谈,那么他就会明显地感觉到在第一部分庄严神圣的氛围和语气中处处流露出来的谦和愉悦。

  是什么让尼采在自己的文章中放弃了永恒轮回的思想呢?对此尼采没有留下任何线索让我们来解开这个谜团。莎乐美小姐告诉我们,还在莱比锡的时候,尼采就做过短期的研究,那会儿他就已经认识到了自己的假设在理性推论之上是不成立的。但是,推论的失败不会减少这种思想的抒情价值。仅仅在一年之后,尼采就知道了怎样利用抒情价值了；但这也不能够解释一个相反的思想为何出现。我们该怎样看待这个问题呢？也许在接受了自己两个朋友的背叛之后，他抑制了自己禁欲主义的想法。12月3日，他给加斯特写信说道："这几个月是我人生中最难过的日子，我连想都不愿意想。"我们知道，他一直在自己身上体验其思想的效力。由于他自己都无法忍受这种残酷的象征，因此他认为自己不能把这一象征真诚地奉献给人类。于是，他创造了一种新的象征，即超人。他在笔记本上记下了这样的话："我不愿从头再来，我怎么可能受得了这种思想呢？在创作时，超人吸引了我的注意力，我赞同他时，就赞同了自己的生活。"

尼采年轻时有过这样一个疑问：使人类崇高可能吗？他希望找到这个问题的答案，但他心中已经为这个问题设定了肯定的答案。他希望超人成为信仰，并成功地做到了这一点。这是他的希望，并符合自己作品的构思。他自己打算怎样做呢？在所有能够驱策他的愿望中，他最希望的是用作品来回击作品，他想用自己的作品回应《帕西法尔》。理查德·瓦格纳借着圣餐的神秘色彩来刻画人性，它是从软弱中剥离出来的，基督永流不尽的鲜血净化了人类不安的血液。弗里德里希·尼采想要描写的人性同瓦格纳想要描写的一样，但他的解脱方式不是圣餐的神秘色彩而是靠对人类自身精华的歌颂，靠极少数精选出来的心甘情愿的人的美德，人类的血液都是被这种美德纯化和更新的。回击就是尼采全部的愿望吗？答案当然远不止这些。《查拉图斯特拉如是说》远不止是对《帕西法尔》的一次回击。想要追溯尼采思想的源头十分不易，因为它阴沉而又遥远。他希望的终点是什么？他希望成为人类活动的引导者，他希望创造人类的道德，向全人类公平地分配责任的戒律，以此把弱小者和强大者带向崇高的命运。这个愿望伴随了他的童年、少年、青年时期。现在他到了三十八岁这个具有转折性和决定性的时刻了，他又想起了自己的愿望，并决定将自己的愿望付诸行动。他不再满足于永恒轮回的思想，人类像囚徒一样生活在盲目的自然界里的情况让他感到无法忍受。相反，他现在感兴趣的是超人的思想，因为它代表着一种行动的原则，一种拯救的希望。

超人思想究竟意味着什么？它是真实还是象征？这些都不好说。尼采的思想素来都是激荡并且摇摆不定的。在澎湃的灵感下他无法获得空闲，灵感也无法给他力量，让他去详细说明这些思想。连他自己对这些思想都是丈二和尚摸不着头脑，那也就更谈不上成功地从不同的方面进行解释了。有时候，超人对他而言是一种相当严肃的真实。可更多的时候，他似乎不喜欢那种没有夸张的信念。他的思想只是他的一些抒情的投影，他玩弄这些投影的目的是为了激发基本的人性。他会这样说，这是一种有效且又有益的幻觉，这个时候如果他还崇拜瓦格纳，那么他三十岁时使用的词汇就会再次出现。那时，他喜欢重复席勒的一句格言，"要敢于梦想，敢于撒谎。"我们可以相信，超人主要是一个抒情诗人的梦想和谎言。每个物种之间界限明确，无法超越。尼采深知这个道理，也曾经阐明过这一道理。尼采眼中的人生总是可怕而又痛苦的。他整日生活在忧郁和积怨之下，他不停地在笔记本上记下了自己的想法，他不断温习着自己的笔记，对自己的思想结晶进行着修改和删减。他仍然对自己经历的坎坷心怀恐惧，那些时候他被愤怒冲昏了头脑以至于不能产生出色的思想。每当想起这些的时候，尼采就会召唤自己高贵的英雄，安详的查拉图斯特拉，在他身上获得慰藉。尼采的诗作大部分都是在表达苦恼，但是在诗中他的英雄对他说：

是的，我知道命途多舛，但是以我身上爱和希望的名义，我恳求你，千万不要放弃你的爱和希望。

那些傲慢者、嘲笑者和摧毁者总是会对高贵者造成威胁，唉！我那些曾为高贵者的故人，他们丧失了自己的希望，于是就对别人崇高的希望进行诋毁。

我以我身上爱和希望的名义恳求你，不要抛弃你灵魂中的勇敢和伟大。相信并坚持你的最高希望，因为他们是最崇高的。

尼采的作品中到处都能看到这种挣扎，但尼采却依然持续着自己的创作。每天他都在不断地更新着自己的智慧，同时还让自己不断上升的希望被抑制、扑灭和欺骗。这种训练对尼采来说是十分粗暴的，但是他却坚强地挺了下来，甚至还让自己的灵魂在此过程中走入了平静充裕的境界。他创作了一部诗作，但这只是后面更广阔诗作的开始。查拉图斯特拉弃绝了尘世，重新回到了群山之巅。他会在他口授法律之前重回人间。他的那些话展示了普罗大众的基本结构，它由三个等级组成：位于底层的是普通群众，他们有权保留自己卑微的信仰；群众之上是领袖阶层，由组织者和战士组成；领袖之上是圣者，他们是创作各种幻想，建立价值体系的诗人。这种思想和尼采大为称道的瓦格纳那篇论文在等级制这方面的阐述极为相似。

总体而言，这篇文章呈现了沉着平静的文体风格，这对于尼采来说是一种胜利，因为他成功地抑制了自己的忧郁，他赞扬了人类的力量和扩充，而不是兽性和进攻。1882年2月的最后几天，他被自然主义思想所激发，创作出了最后的也是最优美、最虔诚的篇章。

兄弟们，我恳求你们，怀着深爱的心对大地忠诚，让你们的爱和知识与大地心意相通吧！

不要让你们的道德远走高飞，不要试图和永恒作战，那只是徒劳。哎，总是有如此多的道德误入歧途。

都和我一样，把迷失方向的道德带回大地，把道德赐还给生命，这样的话，道德就可以赋予大地以人的意义。

正当尼采在热那亚海湾进行创作时，噩耗传来，瓦格纳在威尼斯去世了，这个消息让尼采感到心情沉重。他从自己的创作和瓦格纳的去世中看出了一种一致性，他认为这是天意。《齐格弗里德》里的诗人也死了，但正如查拉图斯特拉所说过的那样，人们不会丧失诗歌。

此前六年多的时间里，尼采跟科西玛·瓦格纳没有任何书信往来，但是现在他必须要写信告诉她，昔日的时光依然深藏于他的心中，而老师的去世让他跟她一样同感悲痛。他给弗罗琳·冯·梅森伯格写信说："我想你会赞成我这样做的，我肯定。"

2月14日，他写信给出版商施迈茨勒：

今天，我要告诉你一个消息，我刚刚跨出了决定性的一步，这一步绝对对你有利。这涉及到一本几乎不到一百页，被我命名为《查拉图斯特拉如是说》的小书。我将这部书献给全人类，但我相信无人能够读懂它。与其说它是一部诗作，我倒认为它更像是第五部福音，或者是某种无以名之的东西。至今为止，在我所有的著作中，它是最严肃、最快乐的一本，它面向所有人开放。

在给弗罗琳·冯·梅森伯格和彼得·加斯特的信中，他这样写道："今年我依然会隐居，保持深居简出的状态，拒绝任何社交活动。我要直接从热那亚到希尔斯去。"他的做法和查拉图斯特拉很相似，离开大城市，隐居于群山之中。但弗里德里希·尼采毕竟不是查拉图斯特拉，他身体虚弱，热爱却又惧怕孤独。出版商施迈茨勒在几个星期之后依然没有给予答复。这让尼采感到焦躁不安，于是他就改变了夏天隐居的计划，他需要回到人群之中倾听人们说话的声音。此时，伊丽莎白和梅森伯格正在罗马，她猜想，此时的尼采身体疲倦适合接近，于是她抓住了这个机会与哥哥达成了和解。尼采没有拒绝妹妹的和解，于是答应前往罗马。

当他一到达罗马，他的老朋友便立即把他引进了辉煌的社交圈。那里有伦巴克、伯爵夫人唐霍夫，不过如今她已是布威勒侯爵夫人、一位和蔼可亲的妇女和出色的音乐家了。尼采为这种交际感到苦恼，因为他和这些欢快的交谈者完全不是一路人。在他们中间，他似乎来自另一个世界，他们不明白他的意思，认为他是一个古怪、奇特并且偏执的人。他到底是不是一个伟人？任何人都不愿意做出评价，因为这实在是一种冒险莽撞的行为。人们的反应让自以为是的弗里德里希·尼采感到极为震惊、不安和屈辱。在这些轻视他的人面前，他几乎是虚弱无力的。他惶恐不安，并为自己挚爱的儿子查拉图斯特拉的前途感到忧虑。

他写信给彼得·加斯特的信说："他们对待我的作品一定是草草了事，他们不会认真去理解它，只把它当作一个交谈的话题。这种行为让我憎恶。有谁会做我严肃的倾听者呢？如果我具有瓦格纳的权威，或许情况会好一些。我敢向魔鬼起誓，目前我依然是作为'文人'在任人摆布，没有谁能够解救我。"

此时的尼采还有别的苦恼：整个冬季他都在服用氯醛治疗失眠，现在他停止了这种药物治疗,依靠自身的能力恢复了正常睡眠。为什么出版商施迈茨勒迟迟不付印《查拉图斯特拉如是说》?尼采在几次询问以后得到了答复:必须先为主日学校印行五十万本圣歌集。尼采只好继续等待,几个星期之后仍然没有消息。尼采再次询问,得到的却是另一番托词:在圣歌集之后还有大批反犹太人的小册子要印,以便这本小册子在全世界发行。6月到来的时候,《查拉图斯特拉如是说》付印依然遥遥无期。弗里德里希·尼采为此大动肝火,他为他的英雄感到痛苦,这位伟大的英雄竟然被虔信主义和反犹太主义这两种陈词滥调阻挠住了。

书籍无法出版让尼采感到泄气,他不再动笔,而且还将行李连同随身携带的足有一百零四公斤重的书籍和手稿留在了车站。他讨厌罗马的一切:人群嘈杂而又肮脏;私生子大量存在;教士让人无法容忍;如同"气味难闻的洞穴"一般的教堂。他天性中就带有对天主教的憎恶,每当走进天主教教堂,他在生理和心理上就都会产生不良反应。产生这种厌恶的原因并不是因为他是一个喜欢评判和指责的哲学家,而是因为他成长在一个宗教家庭,而家中的牧师,尼采的父亲一直信仰路德教,这令尼采无法忍受其他香烟缭绕、偶像罗列的教堂。

尼采强烈地想要离开这个城市,阿奎拉的美名传到了尼采这里,那里还居住着阿拉伯人和犹太人的君主,天主教教皇的敌人——弗里德里希·冯·霍亭斯托芬。尼采也想住到那里去,他在那里寻找到了漂亮的寄住房间,它在巴贝里利广场一幢房子的顶楼,位置极好。同时那个房间可以让人忘记自己身处于城市:广场上的泉水从一个半人半鱼的海神头角里流出来,水声淙淙,将繁杂的人声淹没,同时被淹没的还有尼采的忧郁。一天晚上,在那个房间里,尼采即兴创作出了抒发其绝望和孤独的感人诗句。

我是光,唉,我多么希望自己是黑暗!但这就是我孤独的见证,因为黑暗总是在光的包围之中。
唉,我真希望自己是阴影和黑暗!我会从光的乳房中吮吸营养啊!
但是我深居在自己的光芒内,我所吮吸的是我自己心中流溢出来的光辉!

《查拉图斯特拉如是说》，这本被尼采称作奉献给全人类而无人能懂的书终于在6月初出版了。

尼采写道："书的出版让我感到非常激动。我现在处于令人惬意的上流社会中，但是只要我离开人群，独自一人，激动的情绪就会涌上我的心头。"但是很快，他便看到了这本书的命运。他的朋友们谈论这本书的极少，评论界几乎未提起过这本书，没有一个人对查拉图斯特拉感兴趣，这个奇特的先知，用圣经训诫式的口吻教导人们要放弃信仰。伊丽莎白·尼采和弗罗琳·冯·梅森伯格在看了书之后说道："书中所说的让人多么痛苦啊！"这两位妇女是基督教的虔诚信徒，书中的言论也惹怒了她们。尼采在给彼得·加斯特的信中说道："她们都说我言论过激，但是我自认为我的书是如此的温和。"

盛夏到来时，罗马的社交圈因为天气状况而解散了。尼采不知何去何从。他一直憧憬着的是非同寻常的日子啊！他一度相信，那些有修养的欧洲人最终会被自己感动，会成为自己忠实的读者，或者（更确切地说，也许）他吸引的会是信徒和侍从们，他们要朝拜的不是虚弱的自己，而是强大的查拉图斯特拉。5月初，他给彼得·加斯特写信说道："我有一个避暑计划：我会在某个森林里选择一个城堡，这个城堡是从前本笃会的僧侣们为了沉思而布置起来的，我将邀请我的朋友们，当然他们必须是经过我挑选的，住进这座城堡……我必须继续寻找新的朋友们。"6月22日左右，在种种打击之下，尼采离开了阿奎拉前往恩加丁，那里是他最喜爱的隐居地。

伊丽莎白准备返回德国，因此她与尼采同行。根据伊丽莎白的记录，在这几个小时的旅行中，尼采心情愉快，才思横溢。他在路上进行了即兴创作，在妹妹的建议下，他创作了限韵诗，为了避免麻烦的人打扰他的欢乐，他在每一站都请卫兵进行护送。

自1881年，尼采在恩加丁构思了永恒轮回思想和查拉图斯特拉之后，他便再也没有回过这里。在回忆往日之后，孤单的尼采灵感迸发，只用了十天时间就写出了作品的第二部。

这一部分的内容满带痛苦，自去年冬天以来的怨恨在文字中显露无遗。"我不能大材小用。"这是查拉图斯特拉的口头禅，他从不将对手放在眼里。他在世人面前是个善良的施主，但是没有人认真倾听他的谈话。于是尼采决定让查拉图斯特拉转换语气，他在笔记本上记下了短促的话："查拉图斯特拉是法官，他是正义的化身，他要进行改革，而改革的结果便是摧毁。"

转变为法官的查拉图斯特拉说出的话满带侮辱和哀悼，他吟唱的歌是尼采在罗马的一个晚上为自己创作的夜歌。

真的，我的朋友们，我走在人群中，就如同走在人类的碎片和肢体当中。

我眼中的景色十分可怕，人们被肢解，碎片四处散落，就像屠夫铺子里的肉。

当我转过头去，看到的是一样的东西，碎片、肢体——独独少了人。

哎，我的朋友们，我最不能忍受的就是大地的过去和现在。如果我不是怀揣希望的话，是根本无法活下去的。

幻想家、创造者和通往将来的桥梁，哎，站在连接过去和现在桥梁上的跛子就是查拉图斯特拉。我行走于人群之中，四处都是将来的碎片，我一边沉浸于幻想，一边凝视着将来。

尼采曾经嘲笑过那些古代的道德戒律，他想在废除它们的基础之上建立自己的律法，但是我们能够活到建立新法则的那一天吗？尼采没有给我们答案。他这样写道："超人的品质越来越明确。"这是他的希望，但是就连他自己都陷于不满和痛苦之中，他能实现自己的承诺，阐明和规定一种新的有关善与恶的道德形式吗？他正在努力。他现在被痛苦和狂暴的情绪俘虏了，他所赞扬的道德是不加掩饰的赤裸裸的力量，摆脱了传统道德法则的削弱、改变或征服力量。他总是屈服于这种作用于他的诱惑力。

查拉图斯特拉如是说，炽热的太阳带来的奇观让我目不转睛，我欢欣鼓舞。它们是猛虎、是棕榈、是响尾蛇……真的，即使邪恶也有将来，但可怜的人类还没有找到自己的正午……终有一天，那些伟大的龙会降临世间……你们的灵魂远离伟大，以至于你亲眼看见超人时，会发现超人的美德是如此的可怕。

尼采在这一页加了着重号。这些话气势逼人但却缺乏真正的力量。也许尼采想用语言掩盖其思想上的困境：他搁下了这种有害的福音书，而选择中止他的先知就要宣布其法则的艰难时刻。查拉图斯特拉必须首先完成法官和消灭虚弱者的责任。他要身先士卒，但是他的武器是什么？在此，尼采的思绪又回到了他在第一部分取消了的永恒轮回的思想。他将它从一种精神生活的训练，一种启发心灵的过程改造成了一把锤子，他自己给它的新定义是一种道德恐怖主义的工具，一种消除梦幻的象征。

查拉图斯特拉召集齐他的信徒，向他们宣讲了这一学说，可是他却声音颤抖，陷入了沉默。这一刹那，同情心瓦解了他，在即将唤醒这一可怕思想的前夕，他被痛苦击中了，他犹豫了。他的敌人是对一个更好的将来的幻想，是一种对生活的期待，它们将人的悲惨境遇掩盖起来，让人们感受到所谓的精神至福。但是摧毁的过程让查拉图斯特拉焦虑不安。一个驼背从他的表情中察觉到了他的忧郁，带着讥笑插嘴道："为什么查拉图斯特拉自己表里不一呢？"这句话让犹豫中的查拉图斯特拉感到羞愧，于是他到一个新地方重新隐居起来。第二部分就这样结束了。

1882年6月24日，尼采前往希尔斯，7月10日前，他给妹妹写了一封信。

我请求你立即去找施迈茨勒，用你觉得最恰当的方式跟他达成口头或书面约定：以后查拉图斯特拉第二部分的手稿一旦交付，他就必须立即印刷。今天，第二部分已经完成了。试着想象一下，无论你用何种方式想象这种创作激情都不过分。但这种激情对我来说，就是危险。所以以上帝的名义，跟施迈茨勒交涉安排一下这些事吧，我太容易激动。

伊丽莎白很好地完成了哥哥的嘱托，施迈茨勒做出了保证，并立即付诸行动。8月，他给尼采寄去了校样，但是此时心力交瘁的尼采已经没有足够的精力校对了，所以他把这工作交给了加斯特和妹妹。他被他那已经说过的可怕想法以及他还必须要说的更为可怖的思想挫伤了。

尼采因为另外一些烦恼而显得更加忧郁。这件事是因为伊丽莎白的一个笨拙举动引发的，这件事又唤醒了去年夏天的那种不和。尼采和妹妹是在春天和解的，那会儿，基于对妹妹好斗天性的了解，他就曾对伊丽莎白说过："答应我，不要重提莎乐美和保尔·李的事情。"伊丽莎白对这件事保持了三个月的沉默。但仅仅三个月之后，她就食言了，开始旧事重提。她到底对尼采说了些什么呢？我们无从知道，资料的缺乏让我们再一次跌进了历史的迷雾当中。只是在给欧维贝克夫人的信中，尼采写道："伊丽莎白的目的只是想报复那个年轻的俄国人。"毫无疑问，伊丽莎白一定说了某些事实，这些事实是尼采之前不知道的。尼采被这件事激怒了。他给保尔·李写了一封信，下面就是已经找到的这封信的草稿。（李收到的信是否和这封信相似？无法肯定。）

真是太晚了，整整一年之后，我才得知你在去年夏天的事件中扮演了什么角色。一想到多年以来你一直自称是我的朋友，但实际上你却是如此阴险狡诈的骗子和流氓，我的内心深处就充满了憎恶。我认为你简直是在犯罪，这种犯罪不仅是针对我，还是针对友谊，针对这个空空的字眼"友谊"。

呸，先生，你诽谤了我的人格，而莎乐美小姐只是转述了你对我的评判，我不得不说她也是一个非常不得人心的代言人。因此，必然是你在我不在的时候，将我描述成了一个庸俗低级的利己主义者，随时准备着劫掠别人；也正是你，指责我在理想主义的面具之下干着卑鄙的勾当，这种龌龊的想法甚至影响了莎乐美小姐；也正是你，竟敢说我是疯子，不知道我想要的是什么。直到现在我才对你的勾当有详细的了解，亏我还把你当作我最亲密的人和朋友。在过去的七年中，我为了维护你而宁愿牺牲了我的前途。

这样看来，我在知人识人这方面还需要好好学习，无疑我的蠢钝必然也成了你的笑料。在你眼中，我是一个多么愚蠢的傻瓜啊！妙极了！对于像你这种人，我宁愿被你嘲笑，也不想和你走得太近。

在实用主义道德方面，我一定要用决斗的方式好好教训你，也许，如果形势大好，我会成功地永远打断你在道德方面的研究工作，阻止你从事这种工作，保尔·李博士，一个人还是需要保持自己双手的干净，不能让它们变得肮脏。

这封信并没有提供保尔·李有罪的证据。这是尼采在听了妹妹提供的情况之后，一怒之下写就的，我们知道尼采的妹妹缺乏理智，做事常常失之偏颇。这封信见证了尼采感情的变化，同时又是事情被曲解后的证据。保尔·李品行究竟怎样？事情的原委到底如何？1883年4月，在莱比锡困境过去六个月之后，保尔·李将一本讨论道德起源意识的书献给了尼采，这本书完全受尼采思想的启发。尼采拒绝了这种公开的敬意，他给彼得·加斯特写信说道："我再不愿被和某些人相提并论。"1888年，从乔治·勃兰兑斯写的一封信中我们可以知道，当时保尔·李和莎乐美小姐一起住在柏林，据他们自己说他们两个的关系像"兄妹"一样。这时的时间是将近1883年，无疑那会儿莎乐美小姐在李的帮助下正在写她那本关于尼采的书，这本书理性而又高尚。我们更倾向于相信这两个原本是好朋友的人的决裂原因是基于对同一个女子的爱情。

尼采开始写信，这些信数量巨大并且冗长。他抱怨朋友们的背叛和自己的单身。弗兰兹·欧维贝克对尼采的情况越来越担心，他来到希尔斯—马利亚看望尼采，希望通过陪伴使尼采从伤害和吞噬着他的孤独中转移一下。伊丽莎白是一个富有资产阶级情调的精明女子，她是这样回答尼采的抱怨的，她向哥哥建议道："你的孤独是事实，但难道你的孤独不是自找的？去某个大学求职吧，当你有了头衔和学生，人们就会承认你，你的作品就会有读者了。"尼采对于这个意见很宽容，他听从了妹妹的建议，还给莱比锡大学的校长写了信。那位校长毫不犹豫地对他进行了劝告，德国没有一所大学会允许其老师队伍中出现一个无神论者，尼采公开宣布反基督的行为将不能得到理解。尼采写信对彼得·加斯特说道："这种答复令我勇气倍增。"他又给妹妹写了一封措辞激烈、充满讽刺的信，伊丽莎白感觉到了尼采的不满。

受人误解是我的必需课程,可我仍用良好的心态去迎接诽谤和蔑视。从去年夏天开始,我就知道我"身边的人"将是首先反对我的人,而且,我非常清楚,我走的路是我自己的,因此当我走在路上感到"我再也不能忍受孤独"时,我就会因为自己的这种怯懦而感到一种难以言表的自我羞愧,因为我是在厌恶自己心目中最崇高的东西。

9月,尼采回到了瑙姆堡,打算在那里住几个星期。他对母亲和妹妹有着一种难以分析的复杂感情。他爱自己的家人,这不仅因为她们是他的亲人,还因为他总是对记忆中的人物报以温柔、忠诚,同时还极其敏感。但是他的每一个想法,每一个愿望,都让他觉得自己和她们存在着代沟,他在理智上轻视她们。但是无论如何,瑙姆堡的那所老房子是这世界上唯一的只要待上一小会儿就能感到生活的甜蜜的地方。

此时,尼采的母亲和妹妹正在争执。伊丽莎白爱上了一个叫福斯特的德国民族主义者和反犹太主义者,那时他正在巴拉圭创办一项殖民地事业。伊丽莎白想和他组建家庭,绝望的母亲则想要阻止她。因此尼采的归来让尼采夫人感觉是找到了救星,她将伊丽莎白的打算告诉了尼采,这个消息让尼采完全懵了,尼采知道福斯特及其思想,他鄙视福斯特身上那种靠宣传激发起来的低级乏味的感情,同时他更加怀疑这个人曾对自己的作品泼过脏水。而伊丽莎白,他的妹妹,竟要和这个人结婚,这是他万万不能接受的。他恶狠狠地把妹妹教训了一通。但伊丽莎白毫不示弱,在言辞上顶撞他。这个女子天生不具有纤细敏感的特点,她精力旺盛,这些特质是虚弱的弗里德里希·尼采所不具备的,因此他珍视她身上那些他所缺乏的品质,但对整件事情却感到无能为力。

深秋的时候,瑙姆堡大雾弥漫。尼采离开了那里前往热那亚。和妹妹的争执让他的自尊心大受打击。

10月,他在给弗罗琳·冯·梅森伯格的信中写道:"诸事不顺,原因在于我回了一趟德国。现在我只能停留在海边。其他地方的任何气候都会令我的情绪沮丧,影响我的神经和眼睛,还在我心中带出悲哀和郁郁寡欢的情绪,这对我来说是个可怕的包袱。在我的一生当中,我遭遇的忧郁比其他祸害和出名的怪物要多得多。而潜伏着的最危险的敌人则是平日的无聊,而经历了巨大的灾难之后,一个人的地位会被提高。"

11月中旬快来的时候,他离开了热那亚沿着西海岸前进,他为这个冬季寻找一个合适的住处。他经过了圣莱摩、门托尼、摩纳哥,最后在尼斯停了下来,这里的景色让他陶醉,而且还有新鲜的空气和充足的光线,这是必不能少的晴朗日子。他这样写道:"光,光,光,我在光里重新得到了平静。"

但是尼斯是一个世界性的城市,这让尼采深感不快。所以,他一开始在尼扎这座古老的意大利城市里租了一间屋。邻居们中有工人、泥瓦匠、职员,他们全说意大利语,纯朴可爱,快乐的情形让他想到了自己1881年在热那亚的场景。

他丢掉了心里各种徒劳无益的想法,全身心投入到了《查拉图斯特拉如是说》的创作中。但是一个巨大的不幸产生了。他在创作中遭遇了重重难以克服的困难。《查拉图斯特拉如是说》是一部庞大的作品,它必须是一部能够盖过瓦格纳所有诗篇的诗作;它必须是能使《圣经》被人遗忘的福音书。从1875到1881年的六年间,弗里德里希·尼采考察了所有的道德体系,他揭示了存在于道德体系根基上的幻觉。在他看来宇宙是一架盲目的机械结构,它永远转动、永无目的。他还想对各种道德及其目的进行宣告:"是我规定一千年的价值。"他的笔记迸发出了自豪感。"在千万年的时间上按下自己的手印就如同在柔软的蜂蜡上面按上指引,在千万年的意志上书写就如同镌刻黄铜,并且镌刻的东西要比黄铜更坚硬、更高贵,这就是创造者的幸福。"查拉图斯特拉将要这样说。

尼采想要的法律和规则是什么呢?他推崇或贬斥的价值是什么?是什么赋予它在一个机械秩序统治的自然中去选择和建立一种美和善的秩序?毫无疑问,是诗人的身份赋予他这种权利,他的对各种幻想进行创造的天赋将把爱或恨、善或恶强加于人类的想象之上。这可能是尼采的回答,但是他也认识到了其中的困难所在。在作品第二部分的最后几节里,他坦率地承认。

查拉图斯特拉说:"我看到了绝顶,同时我的手却不得不抓住并栖息于——空虚之上。我深处于危险之中。"

尼采想让自己的工作进入高峰。因为在夏天，他感到了高悬于头上的悲剧性的威胁，而这个威胁还在步步逼近。他急切地想要完成一部能够最终拿得出手的、表达其最后愿望和思想的作品。他曾打算只写三个部分的诗作内容，可是现在三个部分已经完成了，他却依然没有表达出自己想要表达的东西。尼采没有打过草稿，因此查拉图斯特拉不得不近距离地出现在了人们面前，他宣扬永恒轮回的思想，扶强凌弱、摧毁人性的原始方式。查拉图斯特拉是立法者，因此他完成自己的职责，定出了规则表，最后，当他沉思其作品的时候，在同情和欢愉中死去了。让我们对他的笔记做一下追踪：

查拉图斯特拉同时面临着极度的忧伤和巨大的欢乐，在大喜大悲中，他崩溃了。

历史有着神圣结局，但却最可悲。

查拉图斯特拉的地位越来越高，他的学说也随之一步步地在发展。

永恒轮回像阳光一样照耀在这最后的灾难上。

最后部分综合了创造、爱和摧毁的伟大。

8月，尼采为自己的作品设想了一个结局。当时他烦躁的心境影响了他的作品。现在他不得不重新开始起草，并想尽力把它写得最好。

这是他树立壮志雄心后的第一出戏剧。它拥有古代的框架，地点是一个被瘟疫洗劫过的城市。城市的居民想要开始一个新纪元，于是要寻找一个立法者，他们最后选中了降临到他们中间的查拉图斯特拉，查拉图斯特拉的弟子们尾随其后。

他对他们说道："去，去宣布永恒轮回。"

弟子们感到十分害怕，向老师坦率地承认了这一点。

他们问道："我们能够承受你的学说，但是这些群众能吗？"

查拉图斯特拉答道："我们必须实验真理，如果它会摧毁人性，那就由它去吧！"

弟子们还是犹豫不前。他命令道:"我已经给了你们锤子,用这把锤子敲击众人,去吧!"

徒弟们由于害怕群众,抛弃了自己的老师,于是查拉图斯特拉独自站出来向群众进行宣告,聆听的宣告群众惊恐万状,他们大发雷霆并丧失了理智。

一个自杀了,另一个发疯了。查拉图斯特拉有着诗人的神圣骄傲,它们激励着他:必须揭露所有的一切。但是就在他同时宣布永恒轮回和超人的那一刻,他陷入了同情。

所有人都在否定他。他们说:"我们必须要阻止这种学说的传播,并杀了传播者查拉图斯特拉。"

他低语道:"无人爱我,我如何热爱?"

他的工作是发现痛苦,而他则在发现痛苦的悲哀中死去。

"我在爱中招致了最大的悲哀,如今我屈服于自己所招致的悲哀。"

众人离开,独留查拉图斯特拉。他用手轻触自己的蛇,问道:"我在谁那里听到了智慧?"蛇咬了他一口。鹰扑上来把蛇撕成了碎片,而狮子则猛扑向鹰。在动物争斗之时,查拉图斯特拉死了。

第五场:颂歌。

追随者将自己献祭给查拉图斯特拉。他们曾经逃离查拉图斯特拉,如今看到他死了,他们继承了他的精神,并上升到了他的高度。

葬礼:"杀死他的正是我们。"——颂歌。

伟大的正午。日中和永恒。

这个方案闪着无限美丽的光彩,至今依然光彩夺目,尼采为什么放弃了这个?是他不愿表现这位英雄的屈辱吗?也许,我们应当注意到他在寻求的是一种成功的结局。尤其值得注意的是,他已经解决了一个根本性的困难,可能连他自己都没有清楚地意识到这一困难的性质。他的诗作建立在两个基础之上,永恒轮回和超人。但这两种象征在结合时会产生一种误解,而误解导致作品永不终结。永恒轮回的思想会抑制所有希望,它是痛苦的,而超人则象征着希望和幻觉。这两个象征完全相反，毫无过渡，中间产生了一个十足的矛盾。如果查拉图斯特拉讲授永恒轮回，那么人们就不会信仰超人，如果他讲授超人，那么与之矛盾的永恒轮回又该如何解释呢？然而，尼采同时担当起了这两个任务，他的思绪极为混乱，因此他在懵懂中走向了这种荒唐的处境。

他是否清楚自己所面对的是这个问题？我们不知道这个问题的答案。在这些问题面前，他从来都没有坦率承认过。但是，如果他没有彻底地意识到这些困难，那么至少也会有些感觉，他在下意识地寻求着某种避免的方法。

尼采写了第二份草稿，这份草稿相当巧妙。他保留了同样的场景、人物和起因，唯一变动的便是查拉图斯特拉的身份，这一次他是以一个施主的身份出现的，而他的宣告则显得谨慎。首先，他提出并使人们接受了他的法则，接着，在法则的铺垫之下他才宣布了永恒轮回。他提出的那些法则是什么呢？弗里德里希·尼采做了简要的说明。下面是这些珍贵的材料中的一页，从中我们可以看到他梦想建立的秩序。

（a）重新分割开的日子：老少皆宜的体育活动。以一种原则的竞赛存在。

（b）新的贵族阶层及其教育。联盟的形式。通过选举产生。作为每个家庭基础的节日。

（c）试验。（伴随着邪恶的处罚）。一种新形式的博爱，基于对下一代的关心。邪恶是必然的，它会产生力量，因此摧毁者就是可敬的。

要让自己在邪恶者中受到教育，正视他们的竞争。要利用堕落者——当为了试验的目的而利用罪犯时（为了一种新的食物），惩罚才是正义的。这样，才能把这种惩罚变得神圣。

（d）让妇女们保持其女性化，用这种方式拯救她们。

（e）奴隶（一个蜂房）。谦卑者及其道德。教导持久的宁静。增加机器。把各种机器转化成美。

为了你们的忠诚和奴役。

孤独时光分割了时间和白昼、食物、简单、贫富联合的征兆。

只有体验了不时的孤独，人类才能自省和专注于思考。

节日的风俗习惯，建立在一种宇宙体系之上，宇宙联系的节日，大地的节日，友谊和伟大的正午的节日。

查拉图斯特拉详细解释了自己的法则，人们接受了这个法则。他九次重复了他的训诫，在训诫之后他才宣告了永恒轮回的学说。他用祈祷者的虔诚语气对群众进行宣讲。

重大问题：

我已经讲出了法则，一切都已就绪只待超人诞生，这是庄严而可怕的时刻！查拉图斯特拉永恒轮回的学说已经得到了大家的认可，而他自己也认可了这一学说。

决定性的时刻是：查拉图斯特拉询问所有群众，他们都是为了节日而聚集起来的。

他说："你们可愿永久轮回这一刻？"众人皆答："是的。"

查拉图斯特拉在快乐中死去。

查拉图斯特拉紧紧拥抱着世界死去。虽然大家都保持沉默，但是大家都知道查拉图斯特拉死了。

这个结局很美好。但尼采很快就发现了它过于美好。他开始质疑这种快速建立的柏拉图式的贵族政治。它确实是他的愿望，但是它真的就是自己的思想吗？尼采的确准备要摧毁一切旧道德，但是他现在如此迅速地又提出另外一种道德真的就是他的权利吗？"所有的人都答道：'是的'"，这种情况真的会发生吗？不完美的群众生活在各种形态的人类社会中，只有法律和暴力才能约束他们。弗里德里希·尼采深知这一点，他在笔记本上这样写道："我是一个预言家，但是我的良心让我在看待世界时趋向于无情，而我自己还是一个怀疑者。"权衡之后，尼采放弃了新计划。他不赞同这种积极的人生和查拉图斯特拉的这种死亡。

我们不能在材料中看到尼采悲哀的秘密。也许我们可以把尼采的沉默看作他对自己忧伤和羞辱的默认。尼采一直想要创造经典，历史著作、有体系的著作或是一部诗作都可以，他希望他的作品能够与他的精神导师古希腊人的作品相媲美。但是他空有雄心，作品都未能成形。

1883年年底，他做了一次尝试，这次尝试全面而又绝望。这段时间他的笔记内容丰富而重要，我们能从文字中估量出这部作品所具有的广度。在这部没有结果的作品中，尼采没有找到自己的道德理想，又没法创作他的悲剧性的诗作。与此同时，他的作品的前两部都失败了，他的梦想灰飞烟灭，他只能眼睁睁地在一旁站着，毫无办法。他是谁？他命途多舛，只能在短暂的生命中努力、只能写抒情歌曲和喊口号。

1884年对于尼采来说是悲哀的。1月份出现了难得的好天气，这使尼采重新振作起精神。他又突然开始即兴创作，他的作品中没有城市、没有群众、没有法则，只有他混乱的情绪所投射出的抱怨、呼吁和道德碎片，仿佛是他在自己那部伟大作品的废墟中捡到的碎片。这就是查拉图斯特拉的第三部分。这部分中查拉图斯特拉的生活完全是尼采的投影，他隐退到了山上，孤独地生活。他自言自语，欺骗自己，忘记自己还是个人。他深知自己身体内有种奇特的人性，无论他恐吓还是忠告，这种人性都既不害怕他也不倾听他。他怂恿它轻视传统道德，崇拜勇气，热爱力量和新生的一代。但是这种人性却并不接受他的规劝。没有听众，他感到悲哀，渴望死亡。接着，生命女神由于对他死亡的渴望大感吃惊而来到了他的身边，为他打气。

这位女神说道："哦，查拉图斯特拉，不要把你的鞭子抽得"噼啪"作响，这很可怕。你知道，思想会被噪音所扼杀。而且正好现在，精美的思想正盘旋在我的脑海。听我说，你对生命不够虔诚，我知道，你心口不一，并不像你所说的那样爱我，因为你正打算要离开我去寻找死亡。"

查拉图斯特拉听着生命女神的责备，脸上带着微笑，内心却在犹豫。最后他说道："你说的没错，但是你也知道……"他们彼此凝视一阵，接着查拉图斯特拉在生命女神纷乱、乏味的黄鬈发覆盖的耳边说了一些话。他说："我死了又有什么关系呢？一切都不可分离、调和，因为每一时刻都会在未知的时间里重复，每一时刻都会永恒。"

女神答道："你知道了什么，查拉图斯特拉？你了解了别人不知道的东西。"

他们的目光再次相遇了。他们看着脚下绿色的草地，夜的凉爽在草地上弥漫。他们哭泣，接着古钟声在山间敲响，他们深知这种提示时间的钟声代表着十一条谚语：

第一下！哦，注意啦，人们！

第二下！这个深沉的子夜在倾诉什么？

第三下！我陷入到了睡眠之中；

第四下！我从深沉的梦中惊醒。

第五下！这个世界深奥莫测，

第六下！比任何白昼所能想象到的都要深奥。

第七下！深奥是它的悲哀——

第八下！比悲哀更深奥的是——欢乐。

第九下！悲哀说，离开吧！

第十下！一切快乐都在追求永恒——

第十一下！一切快乐都加深了永恒。

第十二下！

接着，查拉图斯特拉起身离开。安全感、温和与力量都重新回到了他的身上。他高举旗帜，且歌且行，向山下的人们走去。而这支由七个章节组成的赞歌在一组类似短诗的句子中结束了。

我从未找到过愿意与我进行肉体结合的女性，除非她是我所爱：因为我爱你，哦，永恒！

诗作的开篇，查拉图斯特拉走进那个大城市开始传道，他把它称作色彩斑斓的奶牛。在第三部分的结尾，查拉图斯特拉又重新来到了这个大城市，开始传道。

而弗里德里希·尼采，这个屡屡被击败的勇士，在艰苦努力了两年之后，已经感到畏缩了。1872年，他把他没有写完的关于大学未来的系列讲演稿寄给了弗罗琳·冯·梅森伯格，他对她说道："对于它，我很焦渴，这仿佛是一次漫长的长跑，而这次长跑之中，没有可以喝的东西。"这句话同样适合于他的诗作。

Ⅲ 海因里希·冯·斯坦因

1884年4月，《查拉图斯特拉如是说》第三、第四部分同时出版，这件事让尼采感到非常高兴。

3月5日，他给彼得·加斯特写信说道："当时机成熟时，一切都会到来。我二十岁时就为自己的四十岁设定了目标，我现在四十岁了，发现自己正好实现了当年的目标。这二十年正是美好、漫长而又艰难的二十年。"

而他在给罗德的信中说："以你这样的文人来说，我认为我在你面前可以毫不迟疑地宣布：德语已经达到了它完美的高度，这是我通过《查拉图斯特拉如是说》完成的。在路德和歌德之后，我们还有第三步要跨——想一想，我亲爱的老朋友，在我们的语言里，力量、精巧和音韵美从未像现在这样结合过。我的文体是一种舞蹈的艺术，我像舞蹈者一般摆弄着各种各样的对称，甚至在元音上，我也利用了这些对称。"

这种快乐持续的时间很短。要是无事可做，尼采又将变得漫无目的甚至无聊。他考虑自己是否应当整理一下自己的体系，描绘出一幅哲学前景。但是他发现自己已经花了太多的时间思考和写作，现在他最需要的是休息和音乐的滋养，但是他所喜欢的音乐已经不复存在了。意大利音乐软弱无力，德国音乐注重说教。尼采喜欢的音乐必须活泼抒情、庄重典雅、富于韵律、高傲激昂。他对《卡门》感到比较满意，但是相对于《卡门》来说，弟子彼得·加斯特的创作更让他喜欢。

此时彼得·加斯特正在威尼斯，尼采想到威尼斯跟他会面。但是威尼斯过于潮湿，他不敢在4月中旬前离开尼斯。显然，尼采越来越弱的体质对环境的要求正在变得越来越苛刻。阴天会让他情绪低落，而缺乏阳光的日子简直就会使他垮掉。

4月26日，尼采抵达了威尼斯。加斯特给尼采找了个住所，住所离里埃特不远，这个房子的窗子开向大运河的方向。这是尼采在四年之后重回威尼斯，所以这次到来让尼采拥有孩子般的喜悦，他迫切地想要重新结识这个可爱的城市。威尼斯是一座迷宫，它的精神中混合着阳光与水的魔力，而威尼斯的人们都欢快机智，有着优雅的气质，走在这座城市里，随意的一瞥就能看到意想不到的花园，花园里的鲜花和苔藓透过石头的缝隙往外乱蹿。尼采在笔记本上这样写道："威尼斯是由上百个渊博的孤独者创造的，因此它具有非比寻常的魔力。这象征着未来。"他每天要花四五个小时在小街上散步，就像他以前在隐居地附近的山坡上漫步一样；他有时独行，有时随意大利行人而行。

他一直都在思考工作上的难点。他想思考清楚接下来该写什么呢？他曾想给诗作中的一些诗句作注，结集成小册子，但是那时候，查拉图斯特拉说的话还没有被出版。而收到赠书的朋友们则一直都保持着沉默，每每想到这种沉默，尼采就感到惊心。只有一位叫海因里希·冯·斯坦因的年轻作家给他写了贺词。因此，尼采打消了写小册子的念头，他觉得自己圣经般的著作已被公众忽略，而现在为它作注的行为是荒唐可笑的。

他非常严肃地思考了"将来的哲学"，思考的结果是他打算放弃，或者至少推迟对诗作做进一步的工作，他想禁止自己长期进行的研究工作——"他想花五到六年来沉思和沉默，也许"——在一种准确明白的前提下系统地阐述一下自己的哲学体系。快到6月中旬时，他离开威尼斯去了瑞士，这期间，各种计划出现在他的心中。首先，他想到巴塞尔的图书馆里阅读书籍，他想看一些历史学和自然科学方面的著作，但是由于那里的气候十分闷热，再加上那些让他不快的朋友，最终尼采只在巴塞尔做了短暂的停留。那里的人们要么没有读过《查拉图斯特拉如是说》，要么完全没有理解。他给彼得·加斯特写信说道："对着他们，我宁愿置身于奶牛之中。"接着，他再次来到了恩加丁。

8月20日，海因里希·冯·斯坦因致信给尼采，表示想要前来探访。

那时斯坦因还不到二十六岁，是个年轻的小伙子。但是他却是所有德国作家中最被寄予厚望的。1878年，他就发表过一本名叫《唯物主义的理想，抒情哲学》的小册子。弗里德里希·尼采看了这本书，从中他发现作者的研究与自己的极为相似，因此他结识了这本书的作者。他认为他们的思想不谋而合，这位年轻人简直就是他志同道合的朋友，但是他失望了。弗罗琳·冯·梅森伯格曾因发现瓦格纳对斯坦因的影响而沾沾自喜。她的长处是乐善好施，而缺点也是乐善好施，她缺乏高瞻远瞩的眼光。多亏她出色的运作，斯坦因才走入了瓦格纳的大门，正如十年前尼采走进瓦格纳的大门一样，尼采给予了斯坦因警告——"你钦佩瓦格纳，这种做法无可厚非，但是不要让你的钦佩持续得太久。"斯坦因住进了那个家。瓦格纳侃侃而谈，能摆脱其老师的影响又不能反对其思想的斯坦因只好洗耳恭听。但时至今日，他那不曾平静过，而又异常丰富的精神探索已经走到了尽头。他合上了自己的笔记本，被一个对他而言过于伟大的人征服了、吞没了、吸干了。

斯坦因三十岁就英年早逝了，他后期发表的作品温和而又敏锐，但是缺少当年他第一篇作品中的勇敢大胆，这种勇敢虽然在当时还没有表达完善，但是却充满着激情。

尼采继续关注着斯坦因，他关注着这个年轻人的作品和交友。7月，他给欧维贝克夫人写信说道："海因里希·冯·斯坦因目前是莎乐美小姐的崇拜者，他和我很像，很大程度上他是在步我的后尘。"由于自身的经历，尼采对斯坦因的经历感到不安。但是正如尼采所知道的，斯坦因读过并且欣赏他的著作，他为此而感到高兴。

斯坦因的来信让尼采感到异常激动。因为斯坦因似乎已经读懂了《查拉图斯特拉如是说》，这次的来访可以看成是他寻求自由的开始。斯坦因的到来会补偿他失去朋友的损失，而且，一旦他能够征服这个瓦格纳的信徒，这个来自拜洛特的哲学家，那么对那些轻视的人来说，将会是怎样的一种报复啊！他立即给这个年轻人回信表示了欢迎，他在信末的署名是"希尔斯—马利亚的孤独者"。

但是尼采却万万没有想到过，斯坦因此行还有另外一种原因。

有个前提必须记住，斯坦因与科西玛·瓦格纳关系亲密，因此，很显然，他现在来看尼采肯定会考虑这个精明妇女的想法，并征得她的同意。而且，尼采本人只是和瓦格纳断交但二人却并没有交恶。在1882年7月，尼采似乎还表示出了愿意重修旧好呢。不管他是否授权梅森伯格进行种种努力，但至少她的努力让他认真考虑过这种可能性。1883年2月,瓦格纳去世后,尼采曾致信给科西玛·瓦格纳。至今为止,他还没有说过任何无可挽回的话,而且他断交后的所有作品,甚至包括《查拉图斯特拉如是说》的结尾那极富抒情意味的语句中都暗示了自己希望得到理解的渴望。这些是斯坦因对整件事的看法,所以他写信对尼采说道:

我多么希望你今年夏天能到拜洛特,听听《帕西法尔》啊!这部作品总是让我联想到一首纯美的诗歌,想到一次纯人性的精神奇遇,想到一个人由幼稚向成熟的发展。在《帕西法尔》中,我找不到伪基督教的东西,而且该剧带有更少的倾向性。我怀着既大胆又胆怯的心情给你写信邀请你,并不是因为我是瓦格纳的信徒,而是因为像你这样的人也能成为《帕西法尔》的听众,以及你这样的听众也有一部属于自己的《帕西法尔》。

科西玛·瓦格纳的判断是准确的,她懂得尼采的价值。瓦格纳的声望现在都压在了她的身上,她需要延续瓦格纳从前的传统,保持遗风。如果能把尼采召回到自己身边,她就可以一举两得,既帮助了一个在孤独的努力中耗尽自己稀有灵魂的非凡男子,同时也帮助了她自己。我们不敢说海因里希·冯·斯坦因作为使者是由她直接授意的,但至少她默许了这个年轻人的行为。

如果在事业心这个层面上来比较,只有斯坦因能和瓦格纳相匹敌,在瓦格纳众多的弟子中,他最虚心。对他而言,《帕西法尔》中那种性质可疑的神秘主义并不是宗教的权威性语言。在他看来,瓦格纳和席勒、歌德属于同一个文化传统,他们都是神话的创造者和所处时代、阶层的教育者。对他而言,拜洛特剧院不是艺术的顶峰,而是对未来的承诺。

斯坦因急于完成自己的使命,他想把自己的工作做得出色。但是他几乎没说什么话,而他却要求尼采本人不断地说着。我们也许可以描绘一下这次会面以及尼采所说的话。

你钦佩瓦格纳?谁又不呢?我曾经有和你一样的经历,甚至比你更了解他、崇敬他、听从他。我在他那里学到了他的生活方式——他的勇气和进取心。我很清楚，在别人眼里，我是一个忘恩负义的人，但我无法接受这个词。我一直都在进行我的工作。如果要考察"信徒"这个词的真正意义，我一直都是他的信徒。你经常去拜洛特，这对年轻的你来说实在是很合适，太合适了。为了让你高兴，瓦格纳会告诉你德国的、塞尔特的、异教徒的和基督教的，这是过去所有的传奇和信仰。我相信你会像我一样离开他，因为这种快乐会影响我们寻找真理的精神。你得注意，我从来都不反对艺术或宗教。而且我坚信，艺术和宗教时代会重新到来。终结不是旧价值的最终命运，它们将以新的形式出现，而到那时，世界将被科学之光完全普照，而且艺术和宗教将会得到美化，变得更加强大、更加剧烈。我们将会重新发现我们在童年和青春期热爱过的一切，重新发现我们父辈的支柱——诗歌、仁慈、最崇高的道德以及谦逊，它们全部带着自身的荣耀和尊严，激励我们的父辈向前。但是我们必须要接受黑暗的来临，我们必须要放弃一些旧的东西和寻求新的东西……这些可能性是闻所未闻的，只是我孤军奋战。因此，请给予我帮助，留在这里或再回来，这儿拥有比拜洛特更高的高度。

斯坦因倾听着，他在笔记中记录的是日趋生动的印象：

1984年8月24日，希尔斯—马利亚，晚上和尼采在一起。

27日，他才智奔放、语言形象，让我印象深刻。这天风雪交加。尼采头痛发作。夜里我看着他受病痛的折磨。

29日，此时他还没有睡，晴空万里，阳光明媚，尼采还有一个年轻人的激情。

这个过于年轻的使者只和尼采一起待了三天就离开了。他被深深地打动了，并和尼采约定在尼斯重聚，至少尼采认为有这样的约定。尼采感到了胜利的喜悦。斯坦因走后没几天，尼采就给对方写了一封信，说道："不久之后，我们的邂逅就会显示出它的深远意义。不管你现在所属的那个小联盟是好还是坏，它的命运都会与我的紧紧相连。"斯坦因回信说，他对希尔斯—马利亚的那些日子印象深刻,这是他一生中庄严神圣的时刻,接着他又谨慎地谈到了工作和职业对他的束缚,只有一句话他没有说,这句话是:"没错,我是你的。"

尼采是否精明地看出了信中的保留呢?答案不好判断,因为此时他正忙于制订各种各样的宏伟计划,而他"理想的修道院"的计划又被重新摆上了案头。他向弗罗琳·冯·梅森伯格发出了天真的建议,让她到尼斯来跟他一起过冬。

我们在偶然间得以发现了他的内心深处。9月他曾去巴塞尔,欧维贝克到旅馆看过他,那时尼采正因为剧烈的头痛躺在床上。此时尼采身体虚弱但却十分健谈。在这次谈话中尼采向欧维贝克讲述了自己永恒轮回的思想,但这明显让他的朋友感到了不安。他的声音低沉颤抖,他说:"总有一天,我们会再次出现在同一地点的,我还是我,像现在一样生病,而你还是会像现在一样惊讶。"欧维贝克只是听着,为了避免发生争论,他一直都保持着沉默,他是怀着不祥的预感离开的。从那之后,他便再也没有见过自己的朋友,一直到1889年。

此次尼采只是途经巴塞尔,自从前一年秋天之后,他就再也没有见到过伊丽莎白。伊丽莎白突然约尼采在苏黎世见面,宣布了自己的婚事,此时她已经是福斯特夫人了,并将随丈夫一起前往巴拉圭。此时,指责已是多余的了,尼采也放弃了论证,他想抓紧最后的时间和妹妹相处。福斯特夫人写道:"哥哥似乎相当满意,他很快乐,我们一起共度了六个星期的时光,无所不谈,十分快乐。"

她把这些自己眼中快乐的日子都记了下来,这很有可能是她自认为或者假装认为的。偶然间,尼采读到了一个通俗诗人弗雷里格拉特的作品,书封面上印着第三十八版,作者滑稽却又带着庄重的神态:"看吧,德国真正的诗人诞生了,所有的德国人都在读他的作品。"从那一天起,尼采便决定做一个优良的德国人,于是他也买了一本,但他最后读完时却是捧腹大笑——

"沙漠之王是狮子,

他将穿越自己的领地。"

他高声诵读着这些华而不实的诗,并以用弗雷里格拉特的风格即兴创作各种主题的短诗取乐,顿时,苏黎世的旅馆里就回荡着他孩子般的大笑。

一个老将军对这兄妹说:"嗨,是什么让你们这么高兴?我也想像你们一样尽情大笑，听到你们的笑声真让人妒忌啊！"

其实能让尼采感到高兴的事情不会太多。当他看到弗雷里格拉特诗集上第三十八版的字样时，我想知道，他是不是感受到了痛苦。在苏黎世期间，他去图书馆查找有关他的报纸和评论。要是能读到一篇有关他的作品的有水平的评价，或是看到他的作品引发了别人的思考，这对他来说便是一种莫大的宽慰。但是他的辛勤劳动压根儿就没有产生任何反响。

9月30日，他在给彼得·加斯特的信中这样写道："这种跟尼斯一样美丽的天空已经持续好几天了。妹妹现在在我身边，很长时间以来我们都在伤害着彼此，现在我们很乐于能够友好相处。我收到了斯坦因写来的一封信。今年我收到了许多好东西，其中最珍贵的要数斯坦因。因为他是一个新的、真诚的朋友。"

"总之，让我们充满希望地去生活吧，也许用老凯勒的话能更好地表达这种希望——让极目远眺的眼睛尽情地吸收吧，吸尽世界那饱溢的金色汁液！"

兄妹俩离开了苏黎世，一个前往瑙姆堡，一个去了尼斯。尼采中途在门托尼逗留了一段时间。他刚在那里安顿下来就写道："这是一个美丽的地方。我已经发现了八个地方可以散步。我需要完全的安静，所以我希望没有人来打扰我。"

也许他又想起了这年初夏时说需要六年的沉思和沉默这一计划。但是他缺乏长期沉默的沉思所要求的力量。然而，憧憬朋友和失去妹妹这两件事深深地刺激着他，所以他那按捺不住的激情冲破了种种束缚。他听凭自己的灵感，信手写了大量的诗歌——歌词、短诗和警句。事实上，他后来的作品里即将出现的全部诗篇——那部宏伟的《狄俄尼索斯颂歌》，《快乐的科学》第二版中插入的小诗和两行一节的讽刺诗——都是在这短短几个星期内构思完成的。同时，他还重新思考了那部尚未完成的《查拉图斯特拉如是说》。尼采这样写道："第四、五、六部分是必须的，无论发生什么，我都必须把我的儿子查拉图斯特拉引向一个崇高的结局。他充满活力，不肯给我片刻的宁静。"

10月底，尼采离开了门托尼。由于看到这么多的残疾人，他感到非常不安，于是他出发前往了尼斯。

在那里，保尔·莱兹克这个意料之外的朋友很快就来陪他了。莱兹克是个过着一种四处漫游生活的"知识分子",从出身来说是德国人,从趣味来说是佛罗伦萨人。他因为一个偶然的机缘读到了尼采的作品,而且他理解了这些作品。他向出版商施迈茨勒询问了这位作者的地址,得到的答复是:"弗里德里希·尼采先生住在意大利,一个人过着非常孤独的生活,通信地址是热那亚,并在信封上注明'存局候领'。"他给尼采的信寄出后,这位哲学家立即亲切地回了一封信:"请在今年冬天到尼斯来,到时我们可以谈谈。"这样看来,尼采并不是如此孤僻和不近人情的。这次通信发生在1883年秋天,但是那时莱兹克有事,只得请求原谅。1884年10月,他终于要去见尼采了。其时,他已有机会熟读《查拉图斯特拉如是说》的最后两个部分,并且在莱比锡的一份杂志和佛罗伦萨的《欧洲评论》上发表了关于这两个部分的精当摘要。

尼采到达尼斯的当天早上就有人敲他房间的门。一个温文尔雅的男子走进了他的房间,微笑着向他走来。"这么看来,你已经来了。"尼采拉着莱兹克的胳膊说道,好奇地打量着这位看过自己著作的学生,"让我看看你是由什么组成的!"

尼采凝神注视着他,尽管那双曾经美丽的眼睛由于长年累月的疾病和痛苦而蒙上了阴影,但却依然美丽。莱兹克感到很震惊。他原本是要来向一位可怕的预言家表示敬意的,可站在面前的却是一个和蔼可亲、极其单纯的人,而且在他看来,这个人似乎还是德国教授中最谦虚的一个。

当他们一起走出房间时,莱兹克坦率地说出了自己的惊讶——"老师。"他开口说道。

尼采微笑着说道:"你是第一个这样称呼我的人。"但是他对此并不细究,因为他知道,自己确实是位老师。

莱兹克继续说道:"老师,请告诉我,你的作品受到人们怎样的误解啊!"

"不,不,今天不谈这个,你还不熟悉尼斯,就让我带你看看这里的大海、山峦和可供散步的地方……如果你愿意,我们改天再谈。"

他们回来时已是晚上六点了,莱兹克发现这位预言家在散步时总是不知疲倦的。

他们共同安排了彼此的生活计划。每天上午六点是尼采给自己沏早茶的时间,那时他自己单独用茶。快到八点时，莱兹克就会来敲他的房门，问他夜里睡得怎样——尼采常常会失眠——以及打算怎样安排早上的时间。通常，尼采会去公共阅读厅看报纸，接着去海滨。莱兹克有时陪他一起散步，或者尊重他的意愿，让他独自散步。中午他两个都会在公寓里吃饭。

下午他们一起出去散步。晚上尼采要写作，或者让莱兹克给他朗读一些作品，这些作品往往会是某部法文书，比如加利尼神父的《书信集》，司汤达的《红与黑》、《阿芒斯》。

生活的艺术就是要学会谦恭，要不以常人的眼光去看待生活。尼采对这门艺术感到特别熟悉。事实上，他为自己制定的这一系列用餐方式是伪善而又狡猾的。莱兹克经常会对此感到不知所措。一个星期天里，尼采被年轻女士问到是否去过教堂。

尼采很有礼貌地回答说："今天还没有。"

莱兹克对他的谨慎感到敬佩。尼采解释说真理并不是适用于任何人，他还补充道："如果我让那位女士感到了不安，那么我会恐慌的。"

有时候尼采也会用憧憬未来的方式让自己感到愉悦。他曾经在吃饭时告诉他的邻居，说四十年后整个欧洲都会知道尼采的名字。

这些好心的邻居回答说："很好啊，那你就把写的书借给我们看一下吧！"

可是尼采却拒绝了，他对莱兹克说："我的书并不是为普通民众所写的。"

莱兹克问："那么老师，你为什么要出版它们呢？"

尼采没有对这个合理的问题做出任何解释。

尼采对莱兹克也会有掩饰的地方。他总是把自己的梦想一遍一遍地讲给莱兹克听——要建立一个朋友联合会，一个理想主义者共同的村庄，就像爱默生生活的地方。

他经常带莱兹克去圣让半岛。

尼采用圣经中的口吻对他说："我们将在这里扎帐篷。"他通常走得很远，直到找到他满意的小别墅。可是朋友联合会的事情没有定下来，他也没有告诉莱兹克自己想要的唯一信徒就是他唯一的朋友——海因里希·冯·斯坦因。

那时斯坦因并没有说要去，甚至连计划都没有。他没有对尼采做出任何表示。也许我们可以猜想，斯坦因之所以要到希尔斯—马利亚就是为了调节两个老师之间的关系。只是其中一个已经明确表态，他只能选择一个。或许他还为此感到苦恼。可是他仍然回到了德国，并见到了科西玛·瓦格纳。既然尼采要让他做出选择，他就选择瓦格纳。

尼采已经预料到了这样的结局，他感到害怕。他感到悲哀，并以一首诗向这个年轻人表达了自己的看法：

哦，生命的正午！哦，庄严的时刻！
哦，夏日里的花园！
我在那里带着不安的欢愉：倾听，等候！
日日夜夜，渴望着朋友，
你在哪里，朋友？来吧！是时候了，是时候了！

海因里希·冯·斯坦因觉得自己应该给他回信。他写道："对于你这样的要求，我想只有一个回答才是合适的。那就是我必须把自己完全献给你。就像是把生命献给最伟大的事业，用毕生的时间去理解你的宣言。可是我不能。我想我有一个主意。我每个月都要接待两个朋友，还要跟他们阅读瓦格纳专用词汇中的某些文章。我把这些文字当作课文来向他们宣讲。这些愉快的交谈变得越来越崇高，越来越自由。最近我们找到了审美情感的定义——那就是通过充实个性来找到客观的途径。我认为你会喜欢我们这样的聚会。要是尼采能够给我们提供课文那该多好。不知道你是否愿意用这种方式跟我们保持联系。通过这种联系，我想你可以离自己的理想更近一步。"

这封出自一个优秀学生的信激怒了尼采。毫无疑问，斯坦因在信中故意提到了瓦格纳。还有瓦格纳的百科全书，那是一部荒诞的神学作品，斯坦因竟然当作了教科书。又是瓦格纳挡住了我的路，这个谎言的艺术家，这个年轻人的骗子。夺走尼采妹妹的福斯特是一个瓦格纳主义者，而海因里希·冯·斯坦因也是因为瓦格纳的缘故离开了自己。尼采孤军奋斗得来的是一种残酷的自由，他要一个人承受。他写信对妹妹说道：

> 作为对我那首诗的回答，斯坦因写了一封愚蠢至极的信。我感觉自己受到了极大的伤害。我又病了，不得不求助于老办法（氯醛）。我厌恶所有我认识的人，包括我自己。我睡觉时很好，可是一旦醒来就会感到对人类的怨恨。有一些比我健康、仁慈的人活着是一件值得高兴的事。

莱兹克注意到了尼采的痛苦，但是却看不出原因。这是一个巨大的危机，尼采没有被打垮，仍然继续努力工作着。现在，他更加频繁地独自散步。莱兹克会看到他像一个舞蹈家一样轻快地在埃格莱斯林荫道上走过。尼采有时还会欢呼雀跃一番，然后停下来记下些什么。他是否是在写什么新的作品，莱兹克并不知道。

3月的一个早晨，莱兹克像往常一样走进了尼采住的小屋。已经过了起床的时间，尼采仍然躺着。莱兹克十分不安地询问这是怎么回事。

尼采回答说："我病了，我刚刚分娩完。"

"你说什么？"莱兹克充满了疑惑。

"我写完了查拉图斯特拉的第四部分。"

这第四部分没有给我们提供作品的最终结局，也没有让我们发现思想的升华。它只是像尼采所说的那样是一个奇特的片段，一个"插曲"而已。作品写到了这个英雄生活中的一段让很多读者感到汗颜的插曲。我们要是能把尼采受到的这次欺骗考虑在内，或许可以更好地理解这一部分。

有一些上等人爬上山，来到查拉图斯特拉隐居的地方。让查拉图斯特拉感到惊讶的是其中竟然有一个老教皇、一个老历史学家，还有一个老国王。他们都是一些可怜的人，有着自己的自卑，想要得到一个哲人的帮助。这个在拜洛特变得苍白无力的天资卓越的斯坦因，正是因为这个来到了尼采的面前。

查拉图斯特拉抑制住了自己的暴脾气，让这些上等人坐在了他的山洞里。他们的忧虑让他感到难过，所以他仔细地倾听着。尼采也是这样接纳了斯坦因。查拉图斯特拉的灵魂并不坚硬。他让自己受到了这些上等人的诱惑并对他们感到了同情，但却忘记了自己无法解救他们。他曾经寻找过朋友，也许随着他们的到来查拉图斯特拉真的找到了朋友。尼采不也曾希望从斯坦因那里得到帮助吗？

查拉图斯特拉离开了他的朋友们向山顶爬去。当他回到洞穴的时候，却发现那些上等人匍匐在一头驴子的面前。年迈的教皇在新的偶像前做着弥撒，被尼采惊呆了的斯坦因也是这样跟他的朋友解读瓦格纳圣经的。

查拉图斯特拉把他的客人们赶走了，想要为他的新世界找寻新的劳动者。可是他能找到吗？

我的孩子们，我的纯血统的人，我的美丽的人，是什么让我的孩子们待在他们的岛上呢？

这应该是他们回到父亲身边的时候了。我在风暴精灵的耳边低语着。我的头发因为等待他们而变得灰白了。

去吧，去吧，这些风暴的精灵，你们是不屈的。离开你的峡谷和山峦，去大海吧，在黑暗来临之前为我的孩子们祝福吧！

向他们表示我的像快乐的玫瑰花冠一样的祝福。让这些玫瑰落在他们的岛上，作为一种标记在那里飘洒，它们会问"这样的幸福来自哪里呢？"

他们会问："我们的父亲查拉图斯特拉还活着吗？什么，他仍然还活着吗？我们的父亲查拉图斯特拉还在爱着他的孩子们吗？"

微风轻拂，月光皎洁——哦，我遥远的孩子们啊，你们怎么不在父亲的身边？微风轻拂，月光皎洁，世界都睡着了。哦，快乐！哦，快乐啊！

尼采最后删掉了这一段，他也许会为这样坦率的告白而感到羞愧。

出版商都不接受《查拉图斯特拉如是说》的第四部分。几个月前，施迈茨勒就告诉他："公众不会喜欢这些格言式的作品的。"现在尼采对这个声明还是挺满意的。因为对他来说，这件事到此为止了。

当时尼采还提出过其他建议，可是这些建议也同样伤害了他的自尊心。于是他自己郑重地自费刊印了四十册手稿。说实话,他的朋友根本没有这么多。他只找到了六个人——可是没有一个是配拥有这部书的。我们可以猜测一下,第一个是他的妹妹——伊丽莎白,一直都让他感到心痛;第二个是欧维贝克——严格而又聪明,可是也谨慎保守;第三个是巴塞尔的历史学家布克哈特——他经常给尼采回信,可是措辞却过于礼貌了;第四个是彼得·加斯特——尼采忠实而又顺从的弟子;第五个是莱兹克——这个冬天里尼采的好伙伴;第六个是罗德——他对这些强加给他的礼物感到厌倦。我们猜测是这六个人,尽管他们可能收到了书却不是全都仔细阅读了这第四部分、也是最后一部分——这一个让《查拉图斯特拉如是说》结束却没有最后完成的插曲。

第七章 最终的孤寂

I 善与恶的彼岸

尼采没有继续写作他的那部抒情性作品,这使他感到遗憾,有时候想要重新拾起来继续写下去,不过这些都是他的一时兴起。"以后我应该自己表达意见了,而不是靠查拉图斯特拉。"尼采说道(这次他准确地预言了将来的情形)。

尼采知道,那部作品并没有完成,仍然有很多的想法没有被表达出来,对于这些,尼采觉得十分惋惜。他于是开始了其他方面的尝试。他重新走向了哲学的领域,试图利用抽象的语言来表达出那些隐藏的想法,这些都是作为诗人的他无力说出的。可是很显然,尼采这种做法并没有使他感到愉快。他在笔记本上写下了如下的标题:《强力意志,对大自然新的解释》、《强力意志,重新解释宇宙的一种尝试》。尽管这些标题都是第一次出现在他的笔下,但可以肯定,它们将会站稳脚跟。尼采通过这些尝试发展了叔本华的理论。他认为世间万物并不是靠盲目的生存意志而产生的,生存就意味着去征服和扩张。或许这个理论用盲目的强力意志来解释更加合理一些,因为人的大脑所生成的一些想法也能用强力意志来解释。

尼采充满恐惧地意识到，这是个庞大的工作，需要深思熟虑之后才能进行。应该怎么来判断心灵中的强力到底指什么呢？那么软弱又是指什么呢？也许亚历山大心中的愤怒就是软弱，而相信神秘主义的人所表现出来的兴奋就是强力。尼采曾经希望那些哲学家和语言学家们能够为自己的想法做出合适的分析。能得到海因里希·冯·斯坦因的帮助将十分可贵。可是现在没有人能够帮助他，他只能自己一个人承担起思考的任务。尼采变得越来越悲观了。他想要的不是没有激情迸发出来的思想。他渴望的是生命本能的力量，它们发出整齐、优雅而富有节奏感的韵律——他还渴望着威尼斯能够出现晴朗的天空，这样他就可以摆脱尼斯公寓中糟糕的伙食和人群了。他在3月30日给彼得·加斯特写了信，信中说道：

我亲爱的朋友，对于向别的城市迁移，我从来都没有像现在一样感到满心欢喜。这次，只要想到很快能跟你在威尼斯见面，我就感到十分激动。那种感觉就像是生病卧床很久，马上就要痊愈了一样。我发现到现在为止，威尼斯是唯一一个让我感到甜美、对我有益的城市。希尔斯—马利亚只适合作为我旅途中的一个落脚点，而不是一个恰当的居住地。唉，我要是能够成为一个隐士，或者是一个孤独的人合理地住在那里多好啊！并且你知道，希尔斯—马利亚开始变得越来越时尚了。

我亲爱的朋友，我在威尼斯将与你时刻保持联系。你能够长久地对这个城市保持着狼嚎的兴致，我对此感到十分欣慰。我们分别的日子里，我是多么的想念你啊。我现在正在读德·布罗斯关于威尼斯的回忆，还有艺术大师哈塞的回忆录。我希望你不要生气，我并不是要拿你们做出不恰当的对比。

我刚刚才给马尔维达写了信，信中说多亏了彼得·加斯特，那些低俗的戏剧家们和以天才自诩的音乐家们很快就会死去，不能再发出腐败的气息了。"很快死去"——这是夸张而已。在以前的民主主义时代，很少人能够辨别出真正的美，只有在罕见的人身上才能发现它们的踪影。我很高兴地知道，对你来说，我就是那"罕见的极少数的人"之一。我喜爱那些深沉而又快乐的人，喜爱那些因忧郁而变得疯狂的人，比如说司汤达和加利尼神父，他们要是不喜爱那些快乐的音乐家的话（司汤达喜欢挈玛罗萨和莫扎特，而加利尼喜欢普切尼），就没有办法生存下去。

你知道吗，我在这个世界上感到万分孤独。我必须在某些时候能够假装在表演生活的喜剧，这样才可以克制住自己由于烦躁而想要往别人脸上吐口水的冲动。幸亏虽然我有些疯狂，但是跟儿子查拉图斯特拉一样，我还有些谦卑留在身上。

只要我能在威尼斯同你一道，那些所谓的"谦卑"、"生活的喜剧"、"烦躁"还有对尼斯的诅咒都会消失得无影无踪，不是吗？

对了，可别忘了，我们还要在一起吃可丽饼。

真挚的弗·尼

在 4 月和 5 月里，尼采待在威尼斯，他重新找到了渴望已久的欢乐。他在一条条树木掩映的街道上散步，这是个美丽的城市。他聆听着朋友们的音乐。尼采散步的地方在圣马克广场的游廊下，他比较了以弗所的柱廊，知道赫拉克利特正是在那个地方忘记了希腊人和波斯帝国的威胁。他想："只要在这里，我就很容易便能忘掉那个阴沉的帝国，尽管那是我们自己的国度。但我们还是不要用言语来诋毁这个给我们提供美丽的避难所的欧洲了。圣马克广场就是我目前为止最好的工作室。"他写诗的欲望被这种短暂的快乐唤醒了。他想起了被自己淡忘的查拉图斯特拉，想起了他应该被称颂的胜利和死亡。这是他写的最后一个草稿，尽管它很快就被放弃了。

6 月，尼采回到了恩加丁。他一直生活在旅馆当中，偶然间有了一个叫作洛德夫人或者是其他什么名字的秘书，总之这个人给了尼采不少帮助。他口头向那个秘书讲述了自己的思想，并希望能更加准确地理解它。那么尼采这么做有什么目的呢？应该是要去批判那些对现代的欧洲人造成束缚的道德标准、道德判断和道德惯例，以此来评估它们的价值并确定一个道德的等级标准。他的最终目的是要实现"对一切价值的重新评估"。他说"一切"，因为要不是这样他的自尊心就会受到伤害。他在那个时候就已经意识到并成功解释了一些美德，这些美德是某些自称为道德学家们所无法评述的。比如说自我的控制、礼貌、掩饰自己的情感、服从、责任以及对危险事物的兴趣等。这些美德如今都已经受到了贬斥，因为它们是旧式贵族的生活习惯和外在趋向，是更加有力的道德源泉。

其实那时他有可能有过非常认真的阅读经历。他曾经研究过罗尔弗写的《生物学问题》，他在里面找到了一些关于生命成长的分析，这些分析可以作为尼采形而上学的基础。他当时还可能重新阅读了戈宾纳奥的某些作品，因为尼采敬佩这个人。我们完全有理由进行这些大胆的猜测。可是这对于他来说还有什么关系呢？尼采当时已经四十二岁了，完全超出了学习的年纪，而且他早已有了自己的思想。阅读只能促使他进行思考并令他的思考变得丰富，但是已经不可能再一次引导他产生新的思想了。

因为失眠，尼采十分艰难地进行着他的工作，但是最后他还是坚持下来了。尼采的妹妹伊丽莎白马上要跟着丈夫去南美了，他没有在送她的时候给妹妹一个拥抱，因为这会使他感到心情更加沉重。他在给妹妹的信中写道："你会在那里生活下去，而我则会生活在所有巴拉圭人无法想象的孤独之中，我们的母亲也是一个人生活的，所以我们必须要学会勇敢地去面对生活。我哭泣是因为我爱你。——弗里德里希。"

一周以后，他有了新的计划。他正在跟出版商谈判，看他们是否愿意重新购买自己写的书并且把原来的再版。他丝毫都没有隐瞒自己艰难的处境，他说："这些都只有我一个人去面对，它们就像是一个原始森林，很不幸，我在里面迷路了。我需要大家的帮助，需要一个老师和众多的学生。要知道，服从是一件多么好的事情啊！如果我在山里迷路了，我就会听从对那座山熟悉的人的建议。如果我生病了，那么我就会听医生的话。如果我能找到一个在道德层面给我启发的人，我将会追随他的脚步。可是我什么人都找不到，没有学生，更没有老师……我总是孤单一人。"尼采的妹妹再次提出了这个建议：弗里德里希应该回到大学里去，以前那些年轻人总是听他的话，现在也是一样的。"年轻人都是愚蠢的。"尼采回答说，"教授们更是无药可救了。再说，德国所有的大学都排斥我，我能去哪里呢?""苏黎世吧。"伊丽莎白建议说。尼采不同意:"我只能够接受威尼斯。"

他去莱比锡跟出版商谈判,可是出版商对他却是漫不经心的。在没有卖出一本书的情况下,他又回到了瑙姆堡,然后就出发去往他理想中的地方了。

他要去哪里过冬呢?由于上次在尼斯被那些聒噪的人们弄得十分烦躁,这次他想到了瓦隆布罗萨。目前正在佛罗伦萨等尼采的莱兹克曾经推荐过这个地方,它在塔斯肯的亚平宁山脉中。尼采经过慕尼黑时拜访了他之前的一个朋友——拜伦·冯·塞利兹,他向自己的妻子介绍了前来的尼采,并展示了自己那来自日本的藏品。塞利兹的妻子年轻而又迷人,那些日本藏品也深深地吸引了尼采。他喜欢那些来自异国的邮票,它们小巧玲珑、色彩鲜艳,与德国散发出来的忧郁和悲哀的现代情调并不协调。塞利兹懂得美,懂得如何去享受生活,这一点使尼采十分羡慕。他在给妹妹的信中说:"亲爱的伊丽莎白,或许你该帮我找一个妻子了。她得是一个年轻、漂亮、勇敢、可爱的人,一个阿莉妮·冯·塞利兹一样的人(我俩的关系已经好到可以互称你我了)。"

当他到达托斯卡纳的时候,莱兹克接待了他并陪同他游玩。他带领尼采走上圣米纽托高地的阿赛特天文台,那里有一个非常难得的读过尼采作品的人。莱伯利奇·坦培尔的桌上堆满了稀奇古怪的仪器,仪器的旁边就放着尼采的作品。有很多他都能够熟记。他非常高兴地为尼采背诵起来。在尼采看来,莱伯利奇·坦培尔是一个非常高尚、诚挚而且没有任何偏见的人。他们两个已经谈了半个小时,好像彼此间已经很了解了。尼采走时十分感动地对莱兹克说:"我真希望这个人没有读过我的书,他太聪明了,我的思想会伤害到他的。"

尼采知道自己思想可能带来的严重后果,所以他担心那些读过他作品的人会跟他一样痛苦。

因为从佛罗伦萨山顶上吹下来的寒风让他感到不舒服,所以尼采并没有在托斯卡纳停留多久。依然是对尼斯的记忆在起作用,那是一个大部分时候都充满阳光的城市。1885年11月15日,他从尼斯给妹妹写了一封信。

亲爱的妹妹，我的血管里流着奇怪的鼹鼠式和哈姆雷特式的血液，所以我要从尼斯写信给你的话，不要感觉到奇怪，为什么我不从瓦隆布罗萨写给你呢？对我来说，在同一时刻去感受一下莱比锡、慕尼黑、佛罗伦萨、热那亚以及尼斯的气候是很好的，起码没有坏处。我寄宿在去年住过的圣艾蒂安街道的日内瓦公寓里，发现它经过重新布置后显得更加漂亮了，尤其是新铺的地毯。吃饭时我身边坐着一个基督教的主教，他是说德语的，还被其他人称为阁下。我非常想念你。你的埃希霍恩王子。

尼采在另一封信中写道："我现在回归了理性，因为我回到了尼斯。"他甚至兴奋地以观察这个城市来作为消遣活动。他在给彼得·加斯特的信中说道："我的窗外就是腓尼基广场，这个称谓简直就是世界主义的代名词。你不觉得好笑吗？可是这却是真的，腓尼基人就生活在这里，一切都是真的。空气中充满了征服者们和自诩为'超级欧洲人'的人们的动静，他们给了我自信的力量，他们告诉我说：现在你在自己的家里了……我离德国是多么的遥远啊！'非德国'，我甚至不敢说出这个词语。"

他又重新拾起了以前的习惯，在阳光照耀下的小路上散步，从这里他可以看到远处的大海。过去七年里的记忆把他跟这里的风景联系在了一起，让他倾听、追随着心中的幻想。尼采没有虚度这样的时光，每一刻都是快乐的，因为尼采留下了诗歌、格言或者一些歌曲。

他把诋毁现代人作为乐趣，因为在他看来，一个可以预示未来的哲学家就必须否定他所处的时代，不管这个时代是好是坏。16世纪的哲学家应该歌颂那些服从的人与和谐的力量。而到了19世纪，欧洲遭受到了法国巴黎颓废派和德国瓦格纳主义的侵害，并且永远在寻找能够轻松生活的方法。在这样一个衰弱的地方，哲学家不得不歌颂其他美好的品质。尼采坚定地宣言说："只有那些知道怎样保持孤独与冷漠的人才能称得上是伟大的人。他知道怎么到达善与恶的彼岸，因为他有着强大的意志。这就是伟大。"他还必须要搞清楚："伟大真的能在当今社会中生存下去吗？"尼采在二十六岁时就发现了这个困境，因此他一直在寻求着解决之道。

不但诋毁现代人,他还诋毁德国人,这是他另一个更加活跃的兴趣。欧洲都已经德国化了,显得那么没有教养。它掩饰了之前存在的粗俗的恶意和狡诈。它应该像以前的法国人一样,要保持一种清醒,怀着一种强大的力量去生活。尼采写道:"我们应该学习地中海沿岸的国家,把我们的音乐、趣味以及生活方式都改变才行。"很明显,这种思想受到了他那"已故的朋友们"——司汤达和加利尼神父的影响。

他这样写道:"平时忧郁的人在欢乐的时候就会背叛自己。他们就像是由于嫉妒而紧紧地抓住了自己的幸福,甚至好像要将幸福扼杀。因为他们知道,欢乐很快就会飞走。"即将迎来新的一年,尼采好像已经看到了眼前的幸福,但跳动的思维与幻想带来的快乐不能彻底满足他。尼斯的人们和这里的腓尼基广场已经不能吸引尼采的注意力了。他想不出《快乐的军刀》以及普罗旺斯歌谣跟他有什么关系。他是一个德国基督教牧师的孩子,所以他总是等待着圣诞节和圣·希尔维斯特节的到来,那个时刻是神圣的,而尼采的心情却是压抑的。

他开始对自己住的公寓感到了厌恶:里面的家具有太多人用过,而客厅则因为是公用的地方而变得一团糟。很快,天气变冷了。尼采是贫穷的,所以他无法得到应有的温暖。德国式的暖炉和寒冷使他感到悲哀,因为他用不起。公寓里总是乱哄哄的,尼采从来不能得到片刻的宁静。右面是一个小孩,他总是把天平弄出"吧嗒吧嗒"的声音;楼上是两个业余的音乐爱好者,正在练习小号和小提琴。弗里德里希·尼采陷入了痛苦之中,他在瑙姆堡写了一封信给妹妹,日期是圣诞节。

这里没有一个人可以陪我欢乐,这是多么无聊的生活啊!如果我能更加富有,更加强大的话,我就会选择去日本找寻那些小小的乐趣。在威尼斯,我们可以毫不费劲地过上日本人的生活,所以我感到开心。而在欧洲其他的地方,到处都是令人不快的悲观主义者。最能体现这一点的就是瓦格纳对音乐的歪曲。

又是圣诞节了,我却还要继续像以前那样过着悲哀的生活,像是一个流浪的人、一个蔑视整个人类的愤世嫉俗者一样生活。没有谁会为我操心,喇嘛相信"会有更好的事要去做"，不管怎么说，这些事情是很多的……我写得不错吧？喇嘛万岁。

你的弗

你为什么不去日本过一下明智而又快乐的生活呢？

又过了八天，尼采写了第二封信，信中表现得比较轻快，或许是要为前一封信的拘谨而责备自己。

亲爱的，今天天气很好，虽然我必须要为你显出一副幸福的表情，但是我这段时间里每天都非常忧郁。这个圣诞节的确成了一个节日，好久没有经历过的节日。我在中午收到了你的礼物。我把表链挂了起来，把小巧的手表放进了口袋里。如果信封里夹了钱的话，很抱歉，我让它溜走了。原谅我这个眼睛不好的人吧，我把邮包拆开时正在路上呢。结果有东西从信封里掉出来了，我怕它就是"钱"。我希望当时正好有一个生活同样贫困的老太太走过,在地上发现了这些救命的"小耶稣"。然后我就走到了圣让半岛。我沿着海岸走了半天，停在了离玩九柱戏的年轻士兵们不远的地方。你知道，这里的玫瑰花和天竺葵刚刚开放。一切都不像北方那样萧瑟，而是显得这么温暖、生机勃勃。我在那里喝了三杯当地产的甜葡萄酒，我或许是喝多了。反正我已经开始对着海里的波浪说话了。它们就像对海岸有着什么仇恨似的猛烈地撞击着海岸上的岩石。我竟然像人们唤家禽一样对它们叫道："哦、哦、哦。"不知什么时候我回到了尼斯城。只记得晚上我坐在那棵巨大的圣诞树下，头顶闪着摇曳不停的烛光，像一个王侯一样用餐。你知道吗，在这里我找到了一个很有水平的面包师，他竟然知道什么是"奎克蛋糕"。他说乌腾堡国王在自己生日的时候订做了不少，这些跟我平时喜欢的糕点很像。这些都是我在写"像一个王侯一样用餐"时想到的。

你的弗

请注意，我不用麻醉药也可以好好睡觉了。

1886年的前三个月里，尼采的忧郁症好像是减轻了。他给那些在自己想象力驱动下写出的作品赋予了一种前所未有的形式。他有大约四年时间没有公开发表自己的随笔了。他打算从这些笔记中整理出一本书，因为这里面有着丰富的材料，而他现在要做的就是去好好选择一下哪些可以用。

难道他去年考虑的那部作品被抛到脑后了吗？显然没有，因为他总是觉得必须要写那部作品，很有必要。可是这部作品却被推迟了，现在也没有开工，他希望尽量不去受到自己良心的责备。因为他想要找到一些乐趣，可以通过写一部生动的作品来实现，这都是尼采要在写那部必要作品之前做完的。他已经想好了一个标题《善恶的彼岸》，当然会有一个副标题，叫作《通往未来哲学的序曲》。不久之后他就发表了这部被一拖再拖的重要的作品。

以前尼采对发表一部完整的作品会感到多么高兴和自信啊！可是现在，他的快乐和自信都消失得无影无踪了。因为他知道，没有人会读自己的书。人们碰到的坏运气总是比自己能预料到的更加糟糕，尼采以为没有人会读自己的书：可实际上他连愿意出版《善恶的彼岸》的出版商都找不到。莱比锡的出版商拒绝了他，柏林的出版商也同样没有接受他的书稿。这本书到处受到排挤，那么尼采会怎么处置它呢？他想如果把这本书拆成几个小册子出版的话，会不会更方便地跟读者见面呢？他写了一篇带有实验性的序言。

他原来打算说："这些小册子都是十年前我出版的《不合时宜的思想》的后续作品，我那时之所以出版《不合时宜的思想》只是为了能把'我的同志'邀请到我身边。可是那时的我是那样年轻无知，竟然想要找到伙伴。现在——用我自己的标准来衡量时间的话，起码过了一百年——我也没有丧失掉所有的希望和信心。"

只是不久后，尼采也不打算这样写了。他写信给妹妹说："我除了把手稿放起来，再也没有别的办法了。"

他在春天里也住在威尼斯城。可是他没有见到正在访问德国的朋友彼得·加斯特。这个朋友正想在德国找个合适的环境，能够"安置"自己的音乐。他写了一部叫作《威尼斯的雄狮》的歌剧，同尼采的手稿一样，这个剧目也遭受了被拒绝的命运。尼采在信中给了他安慰和鼓励。彼得·加斯特出生在德国，可是从他的兴趣来说确实是个地中海人。尼采和他一个住在威尼斯，一个住在尼斯，有着相似的不幸的命运。

尼采在信中对彼得·加斯特说："回来吧，像我一样跟孤独做伴吧，只有我俩才知道应该如何在孤独中生存。瓦格纳主义拦住了你的去路，挡在你面前的还有那种德国人的粗鄙和迟钝，正是'帝国'的建立使这些东西迅速成长。我们必须要小心翼翼地前行，否则会在沉默中消亡。"

弗里德里希·尼采觉得由于有这样一个同样处在困苦中的同志，他自己的孤独感被慢慢削弱了。彼得·加斯特跟尼采一样是不幸的，因此尼采可以跟这样一个难兄难弟倾诉。彼得·加斯特没有钱用了，尼采就会告诉他说："我俩可以共同享用我拥有的这一点点东西，当然包括钱包。"彼得·加斯特变得越来越沮丧，越来越没有信心。尼采知道自信对于人们工作的重要性，因为他也经历过这种巨大的痛苦。他在信中告诉彼得·加斯特："请不要垂头丧气，我是相信你的。因为我需要你的音乐，没有你和你的音乐，我是活不下去的。"尼采这样说的时候，是带着自己真诚的想法的。他可以用自己的爱和赞美使他这个唯一的朋友得到安慰，这种美好伟大的友谊也体现在彼得·加斯特的音乐中。

就算在威尼斯，尼采也同样是郁郁寡欢的。他脆弱的视觉神经被外面强烈的阳光刺伤了。他总是把自己锁在门窗紧闭的屋子里，就像他以前在巴塞尔一样，不会让自己去享受意大利晴朗的天气。要隐居在什么样的地方呢？他想起了德国的那片巨大的森林，里面阴暗凉爽，对他的眼睛十分有利。这样一来他又对自己的祖国怀有了一种愧疚的心情。虽然这种心情让他感到愤怒，虽然他也曾猛烈地批评过德国，可是他却阻止不了自己对祖国的热爱之情。要是没有了祖国那种可以给予他最初梦想的神圣的音乐，尼采从内到外一定是另外一种样子。要是没有那种足以表达思想的德语，那么尼采也不会产生现在的一些想法。他一直认为叔本华和瓦格纳是自己的老师，因为他们也是德国人。如果说尼采也有过自己的弟子或是信徒的话，那也应该是出生在德国，这个让他无法抛弃的残忍而又美好的国家。

尼采得到了罗德已经成为莱比锡大学教授的消息，这个消息令他感到高兴。他用优美得体的话语给罗德发去了祝贺，可是他由此又陷入到了一种很难过的情感之中。他写信给彼得·加斯特说："现在我的'好朋友'在哲学系教授的位子中已经占据了一半了，他们是查恩克、海兹、莱斯基恩、温得克、罗德等人。"他突然想离开这里回去见见自己的母亲了，因为两个孩子都不在她的身边。尼采还想去听一下他的朋友们的讲课，最重要的是要跟那些每年印两万册书而拒绝自己书稿的出版商进行交涉。于是他离开了威尼斯，出发前往莱比锡。

他去看望了罗德，可是很不凑巧，罗德正在忙碌之中，显得心神不安。罗德接待尼采时十分烦躁和局促，这个古怪的失败的人对罗德来讲是一个不速之客。后来罗德解释了他冷淡对待尼采的原因。他说："我看见了他，这个古怪的人让我感到十分不安。他身上开始有了一种我所不熟悉的东西，而以前的他好像已经消失了。现在看来，尼采是来自一个荒无人烟的地方的怪人。"尼采说："我想听你讲课。"罗德把尼采带到一群对他的名字和作品毫无所知的年轻人中间，让他听他们的谈话。尼采听完之后就走了。他给妹妹写信时说："我已经无法同任何人进行交流了。对我来说，莱比锡不是我的避难所，同样无法让我在此地休息。"

他本来可以像离开威尼斯和尼斯一样从莱比锡逃走，但是同出版商艰难的谈判把他困在了这里。他与各种出版商都交涉过，但都无功而返。直到最后，他的自尊让他无法忍受这一切了。他要自费出版这部作品，不管有什么代价。

尼采的母亲生活在瑙姆堡，伊丽莎白离开后，她就一个人生活在那里。尼采产生了对母亲的同情心，他知道母亲现在凄凉的生活，知道母亲对他作品的失望。他反复对母亲说："你不要去管我的作品说什么，甚至不要去读，因为它们并不是为你写的。"可是他的母亲有着强烈的好奇心，这使她一次次地读过尼采的作品后又一次次地产生了不满的情绪。尼采想要给自己的目前带来欢乐，他不想什么都没有留下就离开。他又在家里待了一周，可是却无法掩饰自己的烦恼。这使尼采的母亲感到心酸，最后尼采不得不在更加不愉快的氛围下走了。

他经过慕尼黑的时候去拜访了拜伦·冯·塞利兹一家，希望能从这两个和蔼的人身上得到一点什么补偿。可是很不巧，塞利兹并不在家。

尼采走了，从此以后再也没有回到过德国。他踏上了前往恩加丁的路途，很期待能从那里得到些对自己有益的东西。7月，他到达了被大雾包围着的寒冷的恩加丁，同时产生了一些不太好的病痛，这是他以后忧郁症的开始。

II　强力的意志

我们能否用"朋友"这个词来指代那些身份模糊的人呢，也就是说尼采是否真正遇到"朋友"了呢？还是说"朋友"可以对那些俄国、英国、犹太以及瑞士籍的妇女们适用。这些人习惯了尼采的离开与归来，并不会拒绝给他以稍稍的同情。她们是洛德夫人、玛拉索夫夫人、齐默恩小姐和弗罗琳·冯·萨丽斯—玛雪琳丝小姐，顺便说一下，玛雪琳丝是弗罗琳·冯·梅森伯格的朋友。或许除了这些人还有其他没留下姓名的人也说不定。

她们会怎么评价尼采呢？他总是避免说出那些会让女士们感到惊讶的话题，也不会提到他那种别人无法接受的可怕的思想。对她们来说，尼采是希望成为一个亲切的伙伴而不是一个无聊的哲学家，他博学而又含蓄地表达了自己恰当的想法。可是不管尼采怎么小心翼翼地保护着她们，她们还是可以从他的表现里发现一些东西的。尼采经常去看望她们中间的一个体弱多病的英国女士，她首先提及了这个问题。

"尼采先生，我想我知道为什么我们不能看你写的书。如果人们选择相信你写的东西，那么像我这样不幸的人就根本没有活下去的权利。"

尼采对这个感到不安，并尽力躲开了她的责备。

过了几天，又有一位女士对他说：

"我听说你写的书中有这样的句子：如果你到女人中去，别忘了带上你的鞭子。"

"我亲爱的女士，亲爱的朋友啊！"尼采痛苦地握着这位女士的手回答说，"请不要这样误解我和我的作品。"

这些人对他感到敬佩吗？其实要敬佩一个没有得到公众认可的作者，必须要有准确的判断能力。毫不夸张地说，这些女士并没有这个胆量。她们喜欢旅馆里的这个朋友，知道了他是个非凡独特的天才。用餐时，她们都愿意坐在尼采旁边——要是知道他现在的地位，仅仅这样是不够的。但是那时尼采并没有得到认可，所以这样对他来说已经是很大的安慰了。幸亏有这些女士们，尼采在恩加丁才慢慢恢复了他原有的自信。1886年的夏天，一批音乐家路过了希尔斯，他们发现尼采喜欢他们的音乐并十分高兴能看到尼采的身影。这种发自内心的欢迎使尼采感动了。他给彼得·加斯特写信时说："我知道，那些艺术家们是为了我而歌唱、演奏的，要是一直这么下去的话，我是会被他们宠坏的。"

有一个东方的故事这样说：一个国王化了妆之后在自己的领地上旅行，他不会被认出来，但是总能够引起别人的猜测，因为他天生有一种国王的尊严，这使人们不得不对他敬仰。在这个旅馆里，尼采就像是那个国王，虽然化了妆，但是仍能被别人给予尊重。

然而，这是一种十分卑微的安慰。这些女士们的尊重就能使尼采的痛苦得到缓解吗？尼采正处在他生命中十分重要的阶段，这时候无论他怎么逃避，终究会认识到命运给了他什么、拒绝给他什么。他不得不把心中留存的一点希望抛弃。他写信给彼得·加斯特说："最近我感到十分悲伤，忧郁经常让我睡不着觉。"这是一封很短的信。但是他给妹妹的信却很长。他的信中充满了可怕的力量，以及那些难以名状的孤独。

那些朋友们都在哪里，我曾经以为我们的关系是那么密切。我们好像生活在不同的世界中，没有共同语言让我们交流。我在他们之中显得那么突兀，像一个陌生人、一个流放者。我不能感受到他们给我的关怀，我只能保持沉默，因为没有人明白我在说什么。我知道，他们从来都没有理解过我。我有这么多的话要说，但是却不得不成为一个哑巴。难道我生来就要与孤独为伍，找不到能够理解我的人吗？无法交流其实才是最可怕的孤独，它让人们戴上了比铜面具更坚固的东西——所谓完美的友情只会存在于平等的人之间。平等。这是一个让我感到高兴的词语。它给了我这个生活在孤独之中的人怎样的希望和祝福啊！虽然我这么与众不同，也没有遇到过同类和知音。不过我是一个快乐的探索者，我愿意去探索未知。在过去的时光中，我自认为找到了朋友。我握着他的手，我拥抱他，这些都是无价之宝。可是一小时后，我就感到了厌恶，我抛弃这个朋友的同时也抛弃了我自己，就好像交朋友把自己给玷污了。一个思想深刻的人身边需要朋友，除非他已经有了一个上帝。可是我既没有上帝也没有朋友。唉，我亲爱的妹妹啊，你的那些朋友们，现在还是你的朋友吗？

抱歉我向你发了牢骚，这是我对上次旅行的宣泄。

我的身体不好也不坏，只是受伤的灵魂感到饥渴难耐。给我一些愿意理解我的朋友吧，这会对我的健康有利。

在这里我们得让生活自然地进行下去，那两个英国妇女和那位俄国的音乐家已经回来了，这位俄国女士病得很重。

这时，尼采又开始艰难地创作《强力意志》。回去德国的这件不幸的事改变了他原来的计划。他想："我为什么要写这种充满战斗精神的书呢？没有读者，没有朋友，既然欧洲继续堕落了下去，那我为何不顺其自然呢？我知道总有一天它会振作起来，可是我却看不到那一天了。到那个时候，我的作品就会被后人发现，我也会有读者了。为了后来的人们，我应该写下去，我应该确立我的基本思想。可是现在我不能参加战斗，因为我连敌人也没有。"7月初，当他离开给他带来磨难的德国时，他拟定了一个周密的计划。9月份时他写道：

接下来的四年里，我会把这部完整的作品分成四卷。只看题目就会让人感到震惊：《强力意志，对一切价值重新估价的一种尝试》。为此，所有的一切包括健康、孤独、好的心情对我来说都是十分必要的，或许一个妻子也是必要的。

尼采会隐居在哪里写他的这部作品呢？他在热那亚像一个处于康复期的病人那样充满活力地创作了《朝霞》和《快乐的科学》这两本书，拉帕洛和尼斯激发了他创作《查拉图斯特拉如是说》的灵感。现在他要去科西嘉，他对这个未经开发的小岛充满了兴趣,而且他想起了岛上的小镇科尔特——

在那里,拿破仑只是处在孕育之中,他还没有诞生——也许孕育才是最重要的。这是一个有着象征意义的地方。在那里,我能够对一切价值进行重新评估……对我来说,这个也是一个正在孕育的想法。

这是一部拿破仑式的作品,光看它的题目就能够吸引那些好战分子,作者也是其中之一。尼采一直在寻找着"由恶而产生的结果",他知道自己将被这结果导向何处。现在处于自然界中心位置的是一种贪婪的力量,其他任何与这种力量相对抗的行为都是错误和弱小的。尼采把这一点记了下来:当人们把心中的机警同他们天生的野蛮的本能相结合的时候,他们才会变得伟大。对于"道德"这个词,希腊人和意大利人都这样解释。法国的政治家,包括后来的腓特烈二世、拿破仑以及俾斯麦都遵从这个准则办事。尼采通过对各种疑难问题深思熟虑之后,得到了这样一条残酷而又可靠的真理。"一个人必须要有将真理说出来的勇气",他这样写道。他试着让自己朝这个方向发展,但是结果却并不能让他感到满意。尼采有着清晰的思想,但是内心却过于忧郁,这样一个强者和伟大的定义对他来说也是一件残酷的事情。他以前把席勒和马西尼当作自己的老师,难道现在他就不再敬重他们了吗?不是的,从没有一个人像尼采一样坚定不移地向着理想前进。他只是怕由于追随席勒和马西尼,自己的思想会变得软弱起来。所以现在他追随的老师是拿破仑和恺撒·波吉亚。

这时候他避开了自己长期从事的工作,是因为他怕自己随意断言什么是对什么是错。那个唯利是图的出版商弗利兹答应他说,要是有人资助,他就会将尼采的《悲剧的诞生》、《朝霞》和《快乐的科学》进行第二版的印刷。尼采早就想这样做了:他想为以前写的这些作品再加一个序言,或许还能做点增补的工作。他一开始着手这项工作就沉浸其中了。

他没有去科西嘉岛,而是去了热那亚海湾的鲁塔。鲁塔在菲诺港边,离拉帕洛并不远,那里有长满树木的山峰,它们一直突入到海中。他又回到了查拉图斯特拉对他诉说情怀时的地方,那些他常常散步的熟悉的地方。那时候他刚刚失去了两个朋友,感到十分悲伤,因为他们是露·莎乐美和保尔·李。可是他最悲哀的时候就是他最能够创作出思想深刻的作品的时候,所以尼采并没有放弃写作。弗里德里希·尼采正是在这里得到了往日愉快回忆的鼓励。

这时候他收到了一封即将使他成名的信件。1886年8月,尼采无法实现自己在德国出版《善恶的彼岸》这部作品的愿望,于是他把这部书寄给了国外的两个人。一个是丹麦人乔治·勃兰兑斯,另一个是法国人希波莱特·丹纳。乔治·勃兰兑斯并没有给他回信。而1886年10月17日,希波莱特·丹纳写了一封给尼采带来愉悦感的信。

看到你寄来的作品时,我刚刚旅行回来。像你自己所言,这本书中充满了"背时的思想"。里面那种生动、文雅的形式,那种充满激情的风格和那些像是悖论的转折点,应该能够让那些希望了解你的读者感到新奇。我要向那些哲学家们推荐你写的关于哲学的第一部分(包括第14、17、20、25页),向历史学家和评论家们推荐你的有价值的新鲜的思想(比如第41、75、76、149、150等页)。在第八篇论文中你提到的民族精神与特质对我有着很大的启发性。虽然我发现里面有一些对我的过分夸奖,但我还是想重新读一下这些。你在信中极力称赞我,认为我能够跟我敬佩的巴塞尔大学的M.布克哈特平起平坐。其实我自己认为正是我的敦促,才使他出版了那部伟大的《意大利文艺复兴时期的文化》。非常感谢你的来信。

你的真诚的

希·丹纳

保尔·莱兹克同尼采已经有十八个月没有见面了,这次他们在鲁塔相聚了,尼采身上发生的巨大变化让保尔·莱兹克感到意外。尼采的体重下降了很多,脸也变了不少。可是不论生活给尼采带来怎样沉重的压力,他总是面带深情而纯真的,孩子般的笑容。尼采带着莱兹克登上那座可以看到阿尔卑斯山雪景和远处壮观的大海的山峰。他们在风景优美的地方驻足，用老树木和葡萄藤的细枝点起火来，尼采大声欢呼着，向着腾起的火焰和烟雾致礼。

尼采正是在那个时候，在鲁塔的旅馆之中起草了《朝霞》和《快乐的科学》这两本书的前言。在前言中尼采用欢快的语言描述了自己精神上的冒险：特里伯森和瓦格纳的友谊；梅斯以及对战争的发现；拜洛特，希望和灾难；同理查德·瓦格纳的决裂；爱情受到的伤害；那些没有诗歌和艺术的缺少激情的岁月；把诗歌和艺术还给尼采的意大利；拯救尼采的两个城市，威尼斯和热那亚；还有查拉图斯特拉出生的利古里亚海岸。

尼采这样写的同时，也在与他沮丧的心情做着斗争，我们不能肯定他是否服用兴奋剂来提高自己的工作热情，虽然有些迹象说明了这一点。可是我们永远也不会找到确凿的证据来证明真的是这样。我们知道他当时服用过一种由水合氯醛和印度大麻组成的浓缩剂，这种药物小剂量服用的时候可以安神，但是剂量太大就会导致精神亢奋。或许他还买了别的药物，这是我们无法查证的，其实多数神经质的病人都会这样做。

弗里德里希·尼采很喜欢这个海岸。他在给彼得·加斯特写信时说道："你想象一下一个本属于古希腊群岛的岛屿被风吹到了这里，从此留在了这个充满了掠夺者、危险和欺诈的海滩上。"他本来想在这里度过下一个冬天，可是后来却改变了主意，想要回尼斯去。莱兹克试过劝说他留下来，可是尼采没有听从他的建议。

他对尼采说："你总是在抱怨说没有人理解你，这是为什么呢？你不是没有追随者，而是你总让他们感到没有前进的动力。你把我带到了这里，甚至还请了彼得·加斯特，你为什么要自己离开呢？"

尼采回答说："因为我需要尼斯，需要那里的阳光和空气，那里的海湾中住着我需要的天使。"

尼采一个人走了。他在这个冬天里写完了序言，重新审视并修改了原来的作品。那时他好像是活在一种特别松弛而又忧郁的气氛当中。他像往常一样把手稿寄给了彼得·加斯特，想要听听他的建议，这次不像以往，尼采带着一种不常见的不安和谦逊。1887年2月，他给彼得·加斯特写信说："现在读我的作品，要带着严重的怀疑才行。要给我提意见请直说；这里怎么改，那里怎么改，我喜欢这一段而不喜欢那一段，就这么简单。"

他现在也读其他的书，现在的他不像之前那样怀着严格的成见去看，而是带着一种奇怪的好奇心。

他熟读了法国颓废派的作品，也很欣赏波德莱尔提到理查德·瓦格纳的作品和保尔·波格特的《心理学沉思集》。他还读过莫泊桑的《短篇小说集》，对这位"伟大的拉丁语作家"十分敬佩。他对于左拉的一些作品只是浏览了一下，并且努力不让自己受到那种纯粹的大众化的思想作风和艺术的影响。尼采买了《不受任何约束及任何处分的道德之开端》，看的时候还用铅笔做了批注。与此同时，居友也想在广泛的生活中建立起一种道德体系，就像尼采所做的那样。可是居友用另外一种观念来进行解释，比如尼采理解的征服的力量在居友那里就变成了爱的力量。尼采对这位法国哲学家的作品评价很高，因为据说他在其中看到了一种纯粹的观念。那时一些俄国小说家的作品开始在欧洲流行起来了，尼采对那个年轻而又敏感的诗人特别感兴趣。他给彼得·加斯特的信中说："你知道陀思妥耶夫斯基吗？他是除了司汤达以外能够让我感到陶醉和满足的少数作家之一。他简直就是一个心理学家，跟我有着很多相似的观点。"在尼采跟其他人的通信中都毫无例外地提到了这个新生的作家。他对斯拉夫人充满激情的宗教观很有兴趣。尼采认为，那种宗教激情是一种能量的回复而不是衰弱的症候，现在这种能量正受到现代社会的无情制约，所以要采取一种革命的方式来反抗压迫。这些野蛮的斯拉夫人总是不知道该怎么办，现在他们已经陷入到了一场不太明显的危机之中。尼采这样写："他们的不知所措和自责是一种可以孕育新生命的疾病。"尼采之所以固执地反抗自己产生的厌恶情绪来保护自己的思想，是因为他总是怀有希望。他希望自己的思想能够保持一种自由、诚恳的态度，每当他产生一种对欧洲及其民众的厌恶情绪时，他总是担心自己会深陷其中无法自拔，这时他就会对自己说："现在的欧洲在思想和抱负上比以前任何时候都要好，它已经为以后伟大的事业做好了准备。那些表象总是错误的，我们必须相信民众能够做好一切，虽然他们身上散发着一种阻碍希望的可悲气质。"

1887年的头几个月里，弗里德里希·尼采同某个叫V.P.夫人的人关系相当密切。他们曾经一起去过圣雷莫和蒙特卡洛。我们没有尼采写给他的信，也没有她写给尼采的信，所以我们并不知道她叫什么。或许这是一个秘密，一个出于爱而产生的秘密。

V.P.夫人跟尼采一同去听了在蒙特卡洛举行的克西纳音乐会，它演奏了包括《帕西法尔》序曲在内的许多乐曲。尼采这时并没有产生痛苦的情绪，因为他感觉必须要对别人、对自己宽容一些。9月，他写信给彼得·加斯特说："我爱过瓦格纳和他的音乐，现在依然爱他。"尼采正在听瓦格纳的交响乐，显然他的确还想着瓦格纳。

"这种艺术是不是应该而且必须给某个目标服务，我并不十分肯定。"这是他给彼得·加斯特的信中说的，"我问自己，瓦格纳以前是否做好过？现在我看到：在表达和情感交流的方式上，他有着最严格的心理学上的精确；他有最简洁而又直接的方式；一个以警句式的短语做定义的感情上的细微差别；有着清晰的描述，让人在听音乐时能看到眼前出现的工艺精美的盾牌；最后，这是一种独特心灵的高尚的体验；一种'傲慢'；一种同情的、能够直刺人心的刀刃的感觉——还有一种对他在灵魂深处发现和评判一切的怜悯。这些美感除了但丁作品能带给我们之外，别人还能做到吗？没有哪个画家曾创作出这样忧郁的感情，像是瓦格纳序曲最后那个音符所表现出来的那样。"

尼采对圣贝甫的评价很高，对他来说，要成为一个跟圣贝甫一样优雅并且在见解上远远超过尼采的伟大的批判家是一件简单的事。他知道这一点，甚至觉得很难对"对分析做粗浅涉猎"这一评价加以抵制。读过尼采作品的人会注意到这一点。布克哈特经常说："你是一个多么出色的历史学家啊！"希波莱特·丹纳也说过类似的话，但是尼采并没有沾沾自喜，因为他看不起像历史学家或批判家的这种职业。他在尼斯遇到过一个年轻的德国人，这个年轻人对他说，蒂宾根的教授们把他看作一个有感染力的人。这使尼采感到悲伤。他没有让自己从同情和爱的浪漫主义中脱身，也没有让自己陷入浪漫主义的反面——暴力。他敬佩司汤达，但是不愿意去成为一个像司汤达那样的人。基督教信仰滋润了他的幼年，普尔塔的清规让他变得成熟，毕达哥拉斯、柏拉图和瓦格纳激励他有了自己的理想。他渴望成为一个诗人，一个道德学家，一个受人尊敬、安静平和的创造者。可是没有人、读者或者朋友能够理解他。修改《朝霞》时，他重新读了以前写的东西，这段文字依然是真实的。

我们根据古老的作为奴隶的习俗跪倒在权利面前，当我们要固定地得到尊重时，只有权利才具有决定性。我们必须要展开调查，是什么处在权力之上并把权力压制到这样的程度，使得权力成了这些东西的工具和手段。可是到目前为止，并没有人调查过这种情况。不仅如此，在多数情况下对于某些天才的评价还被当作罪恶的化身。这样也许世上最美的花朵依然得在黑暗中默默开放，并且开放之后还要凋谢在永恒的黑暗中。我说的是天才的人运用其力量产生的花朵一样美丽的景象，这种景象并不存在于他的作品中，而是展现在他发展的过程中。如果能把他的发展看作作品的话，那么这花就存在于艰难的自我控制之中，存在于奇妙的想象力之中，存在于他对自己工作的深思熟虑和选择中。这个天才在那些被人们崇拜的伟大事物之中仍然处于隐身状态，像天边那些遥远的星辰一样并不为人所见。他战胜强大力量的事实没有引起人们的关注，因此也没有任何赞美的颂歌和诗篇。

为了战胜强力，一个人必须要有外在的力量做支撑，它们是信仰或者理性。尼采已经否定了这两者，所以他正赤手空拳地站在强力面前。

3月初，尼斯发生了一场强烈的地震，这使旅居此地的来自世界各地的流浪者都感到十分恐惧。弗里德里希·尼采对这种大自然的力量感到十分敬畏，因为它可以告诉人们不要忘了自己是多么卑微。两年前那场吞噬了两千名爪哇人的喀拉喀托大灾难曾经给予了尼采过分的激情。当时他要求莱兹克把电文读给他听，然后感叹道："真是壮观啊！一下子就摧毁了两千人，真是一件奇妙的事情。人类会迎来这样的末日的——总会有一天，地球也会这样结束生命。"他甚至希望能有一场地震，至少可以把尼斯及其居民消灭掉。莱兹克说："要是这样我们也会完蛋的。"可是尼采回答说："这又有什么关系呢？"他对自己的这个即将实现的愿望感到好笑。

在3月7日，他写道："到目前为止，我怀着一种嘲讽的态度活在这些愚笨的人中间。可是人们无法对自己负责，因为不知道哪一天我们会失去理智。这是一个具有魅力的事件，我们无法控制。"

3月中旬，尼采就写完了他的序言。像他在其中一篇中提到的那样："尼采的疾病及其康复跟我们有什么关系呢？让我们坦率地表达，坦率地去做人吧！"是的，我们应该直接进入问题，我们应该在为自己设想的目标中抬高自己的目标，我们最终会取得对强力的胜利。3月17日，他写了一份计划：

第一本书：《欧洲的虚无主义》

第二本书：《对较高价值的批判》

第三本书：《一种新的评价原则》

第四本书：《训练与选择》

1886年7月，尼采也起草过一份相似的方案：有两本分析与充满批判性的作品，另外两本是论说和实证性的作品，一共四本，或者说是四卷。

每年春天里，尼采都会处于一种忧郁的、心神不定的状态。他在尼斯和恩加丁之间犹豫着，想知道在哪个城市会找到明亮而不感到炎热的地方，找到那种不会伤害眼睛的柔和阳光。1887年，尼采想到了意大利的湖泊。于是他离开了尼斯，去了马焦雷湖。刚开始的时候，这个四面环山的小型地中海使他感到兴奋。他说："我被这个比地中海更美丽的地方打动了。我想知道，我花费心思找到的这个地方究竟是什么样的。大海作为一种庞大的事物，有着它独特的愚蠢和粗鄙，但是马焦雷湖却没有。"他重新校对了《快乐的科学》，又读了一遍《人性的，太人性的》。这时他停了下来，思考着为什么他的作品不能得到大家的认可。

很快他就从这种令人伤心的思考中跳了出来，还是未完成的作品比较重要。他强迫自己开始思考，直到再次变得筋疲力尽为止。他想要再去一次威尼斯，但是马上又打消了这个念头。他写信对彼得·加斯特说："我的身体还不够健康，我或许没有福气去看那样的美景。"

他感到越来越无聊，甚至跟欧文·罗德在书信中发生了争吵。他给这位以前最亲密的朋友写信，忍不住说了一些恶毒的言语。尼采这样写道："我想我对于年纪较大的人比较合适，比如说丹纳和布克哈特。对我来说，你还太年轻。"欧文·罗德不喜欢尼采的这种语气。与尼采不同，他是一位教授，在欧洲学者中很有声誉。尼采只是发表了一些奇怪的作品，到现在也是默默无闻。他不能忍受尼采的这种无礼行为，因此在回信中他决定捍卫自己的尊严。或许是言辞太过激烈，后来欧文·罗德将这封信收回并销毁了。

这件事影响了尼采的情绪，同时也使他的身体感到不适。于是他决定去瑞士库尔的一个机构接受温泉治疗。之后他就去了那里，并打算听从医生的安排。

可是什么也阻止不了他的工作，他要去解释自己提出的不同的道德价值。可是无论尼采怎么努力，他的第三本书《一种新的评价原则》还是没有写出来。我们可以找到他的一份草稿，现在摘录如下：

第三本书：立法者的问题。我们要用一种其他的方式制约那些原来不受控制的力量，来避免让它们之间相互冲突而导致灭亡，还要标明力量的增长。

这段话说明了什么？它给我们指明了事物真正增长的方向了吗？或者说它指的是一种强度的增长吗？这就是说只要是强烈的力量就是好的。可是我们不应该从这种意义上去理解他。尼采为此做过选择和排除。这种增长在当时是指一种自然秩序和等级的标志，在每一等级中又有着区分各个级别的标准。我们想知道，这个标准究竟是什么。尼采以前经常说：我提出的定义一定是得到了我逻辑的肯定。难道他现在也是这么认为的吗？毫无疑问地说他并没有改变自己的思想。只不过他的胆量已经不如以前那么大了，他身上的批判精神因为犹豫不决而变得十分严格。他作为"哲学家的医生"似乎想要向科学要求一个基础，这个基础正是他原来的思想所不能提供的。

一个让他伤心的消息把他从深渊中带了出来。海因里希·冯·斯坦因死于心力交瘁，去世时还不到三十岁。

尼采写信跟彼得·加斯特说："这个消息简直让我发疯了，因为我是那么地爱着海因里希·冯·斯坦因。我不时想，总有一天他会理解我的。有些人的存在让我感到愉快，他就是这一小批人中间的一个，而且他也总是很信任我……正是在这里，我们欢快地游玩。他用了两天时间去了希尔斯，都没有看到瑞士的风光——他冲拜洛特过来，直接回到哈勒找他父亲去了——我将给他最高的敬意，这也是我最珍贵的回忆之一，它将被铭记在我的心中。他在旅馆跟我说过：'如果我来了，绝不是因为喜爱恩加丁。'"

又过了三个星期了，尼采仍然为好朋友的去世而感到心情低落。不过这时，他发表了一部新的作品。

尼采发表的不是《强力意志》。虽然他的思考因为伤心而变得迟缓，但是因为疲惫而加重了他的急躁心情。幸好他还有即兴创作和辩论的天赋，要不根本不知道该怎么办。一位瑞士评论家维德曼先生刚写了一篇关于《善恶的彼岸》的文章，他在这篇文章中只看到了一种无政府主义的精神。他说："这简直就是炸药。"弗里德里希·尼采立刻就不同意了，他在短短十五天里写了三篇短文，总的题目叫作《道德谱系》。他在扉页中写道："我写这些是为了解释我的最新作品《善恶的彼岸》。"

尼采这样写道："我说过了，我会把自己放在善恶的彼岸。这难道说我就可以不受任何道德的约束吗？不是的。我只是在挑战下面的事实：它把温顺当作善良，并加以褒奖，而把力量当作恶，还对其进行诋毁。可是人类整个道德的历史之中还有其他的大量我们不熟悉的道德价值，善也不只是以一种方式存在着，还有很多所谓的高尚或无耻的行为。现在人们必须要去探索，要去创造出新的道德。"

尼采又将自己的思想向前进了一步。过了几个月，他又写了一段话来解释这些："我曾希望自己发射过一枚具有更大爆炸力的炸弹。"他说两种道德的差别就是主人跟奴隶的差别，一种道德适用于主人，而另一种则用于奴隶身上。他还发掘了"善"和"恶"的词根，想在里面找到它们原来的意思。他说"善"来源于"战士"，而"恶"来源于"黑色"。希腊人金发碧眼的祖先亚联有用"恶"或者是"黑色"来制约他们的奴隶和臣民们。而他们的奴隶是由黑人和闪米族人组成的，都居住在地中海附近。弗里德里希·尼采不反对这样的原始观念，尽管它把高尚和邪恶混同起来。

7月18日，尼采正在希尔斯—马利亚，他给彼得·加斯特写了一封信，宣告了这部作品的诞生。

他说："最近我享受了一段很好的时光，这段时间里我起草了一部作品，它的篇幅虽然不大，但是我却能够说它更好地诠释了我之前所写的那本书。所有人都说他们并不能很好地理解我，这本书才卖出了一百本，这更能让我感受到大家对我的疏远。我在三年的时间里，为了支付出版我那本书所需的费用，已经花掉了大约五百泰勒。你也知道，我并没有拿到一点稿酬。现在我都四十三岁了，写过十五本书。另外通过我的经历让我感受到一个不愿说出口的事实，就是即便我愿意放弃自己的著作权，也没有任何一个德国出版商愿意睬我。可怜的弗利兹啊，我的作品要是积压下来的话，他又会有很大的压力了。或许我今天完成的小册子能让我的书多卖几本，或许有那么一天我的书可以让出版商赢利。对我来说，我是清楚的，当人们可以理解我的时候，我已经不能获得任何好处了，或许我早就离开人世很久了。"

7月20日，他用快递将书稿寄给了出版商。7月24日，他发电报要求退回书稿来增加一些章节。整个夏天里，他都是在不安和忧郁中度过的，当然还有对书稿的修饰。他对这部作品很看重，想使它能更有说服力，因此一直都没有停止过对它的增删和润色的工作。8月底的时候，尼采发现在第一部分的最后还有一小块空白，所以他添加了下面的按语。他指出了自己没有研究的问题，对于他来说，他并没有多少精力和时间去仔细研究它们了。

注——我发表这篇论文时有一个希望，这个希望我没有公开说过，只是偶尔在与一些学者的谈话中提到过。我认为我们这些研究哲学的人应当通过一些方式来观察一下道德的发展史，或许可以通过学术有奖征文的方式来激励大家。我希望我的这本书能够给大家带来一点推动力。我想提出下列问题：

究竟语言学，尤其是词源学研究可以为道德概念发展史提供什么样的线索。

另外，生理学家和医生们也会对这些问题产生兴趣。实际上，一切历史学和民族学研究的道德，在借助心理学进行解释之前，都应该要有生理学的阐释作为铺垫……那么这些乱七八糟的道德究竟有多少价值呢？我们必须从最广泛的角度来考虑这个问题。特别是"它们对什么可以产生价值？"这个问题，我们必须要有极其敏锐的洞察力才行。比如说，一个种族有着伟大的持久力，这与某个行为密切相关；那么到了需要创造一个新的人种时，这个行为应该有它的另外的价值。善的最大值和最小值应该可以作为评估的两个相对观点：如果我们让那些天真的英国生物学家来看，无疑前者有着更高的价值。所有的科学都是围绕以后的哲学发生的，未来哲学家的任务就是要探讨道德价值标准和划定价值的等级。

9月里恩加丁的气候开始变冷，尼采的校对工作也已经结束了。他总是在四处漂泊游荡，现在又是寻找新的住所和工作的时候了。

他给彼得·加斯特写信说道："说心里话，我对住在威尼斯还是莱比锡一直都很犹豫。我有一些现在必须要说出的伟大思想，这让我决定要去莱比锡工作，另外在那里我还要读大量的书，研究更多的问题。这不是仅仅度过一个秋天的事，我要在德国忍受一整个冬天。我权衡了一下，自己的身体不允许我再像今年一样了。那么我就只能去威尼斯或者是尼斯，这对我来说是比较好的选择。另外要说研究和探讨的那些问题，其实不过是我一个人孤独地思考而已。"

由于彼得·加斯特正在威尼斯，所以我们可以推测出尼采将会到那里去。这个城市号称有"上百个深刻的孤独者"居住在其中，尼采也在那里住了几个星期，成了一个基本快乐的流浪者。彼得·加斯特说尼采在那里简直就是在虚度时光，他什么也不做。他不愿待在莱比锡的图书馆里，也不打算让自己躲在威尼斯的某个小房间里。他经常出去散步，去光顾那些不太干净的"食品店"。在那里，那些身份卑微却又有礼貌的下层人民会聚在里面吃饭。一旦光线太过强烈，尼采就会到阴凉的地方去放松一下自己的眼睛。快到黄昏时，他就开始了他那没完没了的散步。那个时候，他可以一直凝望远处的圣马克广场和广场上成群的鸽子，还有环礁湖和教堂，这些并不会让他的眼睛感到不适。他继续思索着作品下一步该怎么写，他想让自己的作品符合逻辑又要自然生动，要简明扼要又有丰富的细节，每个字身上都刻着神秘的烙印但是叫人一看就会明白。总之，尼采就是想让自己的作品像他喜爱的威尼斯一样，有着最高的意志和优雅的狂想。

我们可以看一下尼采在1887年11月写的《威尼斯的阴影》中的一页，他表达得已经十分明显了。

一部需要完美思考的书：

（1）形式。文体。一种理想的独白，一切都要专注于深度，又要有渊博的外观。集中强调深刻的感情、虚弱以及不安。短暂的快乐、极度的平静——痛苦的减轻，白日的工作。要超越感情的表达，不能使用第一人称叙述，又得成为纯粹的个人性的抒发。可以说这是回忆录，但要用最具体最锐利的方式描述最抽象的事物。它好像是个人经历过和遭受过的全部历史。要尽量多一些准确的、随处可见的事物和例证。不要描述，应该把一切都转化为激情来做。

（2）表达与措辞。军事语言的优点。要找到可以替代哲学术语的表达方式。

10月22日，尼采到达了尼斯。

他在尼斯一共待了两个星期，期间发生了两件重要的事。一是他失去了一个交往很久的朋友，另一个则是有了一个新的读者。

尼采失去的朋友是欧文·罗德。他们两个去年春天就开始了争吵，现在两人的矛盾达到了顶点。尼采给罗德写信，他的初衷并不是想要伤害他。他在信中说要把最新的作品《道德谱系》寄过去，"请不要那么轻易地就离开我，我年纪不小了，又总是处在孤独之中，我无法忍受失去那些我所信任的、为数不多的朋友所带来的悲伤。"但是他不能只说这些话就完了。希波莱特·丹纳给他寄了第二封信，这是一封短信，信中语言的语气十分亲切。欧文·罗德在五月份给尼采的

信中十分无礼地批评了丹纳。尼采决定为他这位法国朋友辩护,就回信给罗德说:

请注意,我希望你能够不带任何偏见地去看待 M. 丹纳。你想的和说的那些关于他的刻薄的话让我很不高兴。我可以原谅国王拿破仑,但是不能原谅你——我的朋友罗德去说这样的话。我很难想象,你对这个有着高尚情操、严格精神的朋友能产生这样的误解,那么你就不可能理解我作品中的任何东西。并且,你对我遭受的那些悲惨的命运没有一点怀疑吗?关于这点你都不曾给我一点安慰与帮助,甚至连只言片语也没有。我已经四十三岁了,可是现在我却像一个孩子一样孤独。

这样,他跟欧文·罗德的关系就此破裂了。

他的新读者是乔治·勃兰兑斯。他回信感谢了尼采寄给他《道德谱系》这本书,他的回信充满了对尼采处境及观点的理解。

乔治·勃兰兑斯这样写道:

我从你的书中闻到了一种新思想的味道。尽管我并不是很理解你书中讲述的一切,也不总是明白你的思想指向何方,但是我知道你的很多观点都跟我的思想是相似的。我同你一样,也不赞同禁欲主义的理想,对那些民主主义的庸人们感到失望与痛恨。我很欣赏你这样的贵族激进主义。可是我不明白你为什么对怜悯道德进行蔑视。

我真的不了解你,没有想到你竟然是一个教授。不管怎么样,我要对你献上我最诚挚的敬意,因为你身上几乎没有教授那种难以接近的气息……我愿意与你交谈,要知道,你是为数不多的几个人之一。

到现在为止,尼采找到了两个愿意了解自己作品的人,这两个人都充满了才华,一个是勃兰兑斯,一个是丹纳。尼采应该为此而感到欣慰。大约在同时,勃拉姆斯也读起了《善恶的彼岸》,并且读得津津有味,他不知道发生的事情吗?

应该知道。可是他却心如死灰了，他没有办法再去想象和接受一切愉快的事物。当一个人没有能力去寻找欢乐时，他所散发出来的就只剩下忧郁了。

他整个人都陷入到了这个灾难之中，除了他敏捷的思维。彼得·加斯特把勃拉姆斯的《生命颂》改编成了一首管弦乐，而尼采在监督并指导他进行修改的时候不时地发出对勃拉姆斯作品的赞美，称赞这种新鲜的充满活力的形式。

尼采读了一部"非常有趣的新奇的作品"，是新近出版的龚古尔兄弟的日记；有时候还跟福楼拜、圣贝甫、戈蒂埃、丹纳、格瓦里和勒南一起在梅尼家里聚餐。他不会让这些消遣活动阻碍自己的创作灵感。他要写一部具有决定性意义的用智慧话语表达的作品，要写一部平静得使辩论性的话语都低下头的作品。尼采用下面的句子说出了自己不平凡的想法。

要让我的痛苦、骄傲以及欢乐占领每一个人的内心，使他们无法将之抛弃。总之，就是要努力超越以前的悲观主义，超越充满了爱意和善良的歌德式的想法。

在这个笔记中，弗里德里希·尼采把歌德看作激发他新的作品灵感的关键。因为歌德与尼采本身的天性有着天壤之别，这在尼采看来是十分不可思议的，然而就是这些巨大的差别使尼采坚定了创作的信念。歌德没有从负面评价过人类的诸多生产生活的观点，也没有否认理性社会的产生。歌德像是宽宏的贵族一样接受了人类留存下来的大批文化遗产。这些淫念就成了尼采最后的希望。他渴望着自己能在生命最后的日子里，像是即将落山的太阳那样放射出柔和美丽的光芒，去照亮尘世中的一切价值，去净化世人那沾染了些许灰尘的灵魂。

尼采很轻易地就找到了《欧洲的虚无主义》和《对更高价值的批判》的写作思想与理念。尼采在这四年间总是在分析和批判着世上发生的一切，好的或者坏的。他奋笔疾书，尽力大声呼喊着："我追求的是新鲜的空气，而欧洲荒唐的现状却在阻碍着思想的发展，不能再这样下去了。"可是最后这个呐喊被尼采强制地按了下去，并没有得到继续发展。尼采把懦弱扔到了一边，忍耐也遭到了同样的命运。他想要回答生命带给他的挑战，依靠爱的力量唱出了一首赞歌。此后他的思想按照自己的希望保持了平静的状态。然后他提出一个问题：

欧洲现状真的是荒唐的吗？或许是因为有一些逃过我们眼睛的东西造成了这一现象。我们必须要能在这原因之下认识到某种有用的值得保存下来的价值。这些都是后世所必需的，是今天的我们无法抑制的。它们毫无疑问地对以后的世界是有益的，可是在我们眼里，它们是可悲的。

沉思：如果有人认为以上那些取得了所谓胜利的价值能够反抗生物学的话，这无疑是一种疯狂的想法。这种想法要求人们必须要用一种利益去解释它，而这种利益又是能够维护人之所以为人的基本内涵，即使要获得这种利益意味着要用虚弱和以前存在过的力量去获取。或许说如果整个事情不是这样的话，那么人类是否会灭亡？——这是问题。

为什么类的提升会危及到种的存在呢？

一个强大的种族通常意义上说都是一个极度浪费的种族，这是一个经济的问题，是我们所无法回避的。

他压制住自己对此的厌恶情绪，尽量让自己不使用侮辱性的语言，而是静下心来慢慢考虑被谴责的对象。他曾提问说：难道群众就没有寻找真理和信仰的权利吗？尽管那些都是他们自己创造的。群众才是人类的基础，是他们创造了整个文化。没有群众，何谈主人？我们必须要有耐心，要学会对那些造反的奴隶的种种行为进行容忍，因为现在他们是我们的主人，我们得允许他们创造出自己喜爱的幻象。我们得让他们明白劳动也是有尊严的。要是这样他们就会通过劳动而变得更加温顺的话，那就说明他们现在的信仰对一切都是有好处的。

他这样写道：

可是问题也出现了，如果要想让别人变得可以人尽其用，要让他像一台勤劳的机器一样永远不会出错。那么他就得学会让自己拥有机器一般的美德，要学会如何忍受无聊的生活，并认为这种无聊是有着一定的魄力的。他一定要把那些让人感到愉悦的情感放到最底层去看待，而那种最高尚的、最高级的机械生存模式就该对它自己进行膜拜。

一种高级的文化要高于顽固的平庸状态，因此它就得建立在一个广阔的基地之上。

我们必须要创造这样一个广阔的基础，这就要求我们在很长的时期内减少人口，使得现有的人都变得强壮起来。

减少欧洲人口是一个无法阻挡的伟大的进程，我们不应当阻止它，因为我们根本无能为力。它可以产生一种强大的积极力量，能够让人类最终成为一种更加强壮的人种，这些新产生的人种有着以前那些衰竭的人所不具备的特质，包括意志、责任、信心以及确立未来目标的能力。

这样一来，到1887年年底，尼采已经将他打算写的那部综合性作品的基本框架创建好了。他赋予了以前曾经鄙视过、辱骂过的那些不同的动机以某种权利和尊严。《查拉图斯特拉如是说》的最后一批草稿早就给我们展示出来了一些类似的迹象。尼采写道："查拉图斯特拉的信徒们将幸福的希望赠予了那些底层的最卑微的人，而不是我们通常想象的他们自己。他们根据划分的等级制度来平等地分配那些体面和信任。"这时尼采写作的宗旨跟以前的十分相似："人道主义倾向并不以反生命为前提，他们适于用任何平庸的群众，也适用于要使群众得到满足的人们。基督教的各种不同的倾向也是仁慈的，我们无法找到其他什么别的东西能够像它们一样具有让人感到称心的恒久性。这是因为那些倾向适用于所有遭受苦难和衰弱的人，并且还有恭顺的态度而不是反抗的精神。如果有可能的话，满怀着爱去接受那些不可避免的痛苦和虚弱，这样对人们来说是有益而无害的。"1881年，尼采写信给彼得·加斯特说："不管我怎么谈论基督教的事情，我也不能去否定它带给我的精神生活中的绝大多数经验，我希望自己永远也不会对它做忘恩负义的事情。"尼采从来都没有放弃过这样的想法，他很高兴为自己童年时的宗教信仰说了一回公道话，直到现在，他也仍然把自己奉献给了这所有灵魂的信仰。

1887年12月14日，他给卡尔·弗挈斯写了一封信，这时尼采在巴塞尔指教的是一位笔友，信中尼采充满了骄傲的情绪。

我所写的东西几乎都不为人所知。在最近这几年中，我心中的焦虑达到了一种无可复加的地步。现在，我即将得到被人认可的机会，我首先要学会改变我自己，要为了更高的一种形式来使自己变得更加客观。

我不知道我现在是否已经老了，我也不知道哪一类青年时期的生活对我有益。

在德国的时候，人们对我的怪癖很不满。但是他们并不明白我的中心思想在哪，也不知道我在什么时候、如何变得这样怪。

笔记所署的日期是1888年1月份，尼采好像当时正在处理一些别的不同的问题。如果他在加以衡量并且承认了其权利的底层卑微的群众没有受到精英们的控制，或者说他们并不指向辉煌宏大的目标的话，他们就没有资格活下去。这样的话，那些上层精英们的美德又会是什么样的呢？他们所要求达到的目标又是什么样的呢？这样一来，尼采又回忆起那个让他感到棘手的问题。他是否能够给那个未知的伟大下一个恰当的定义呢，这个伟大一直被尼采从内心所渴望，但又或许它根本就无法实现。尼采又一次陷入了悲哀之中。他对自己的敏感和烦躁感到不满，可是事情已经发展到了这样的地步：当邮差来送达信件的时候，尼采总是双手颤抖着考虑要不要将信件打开。

1月15日，他写信给彼得·加斯特说道："对我来说，生活从来都没有像今天一样艰难。我已经不能同现实保持良好的关系了：如果我不能成功将它们遗忘，那么我就会被它们撕碎……一旦我陷入忧伤之中，我面前的就只有无尽的黑暗。我有那么多事情要去做，可以说是所有的事情，所以我必须要挺住。在每天早上，我都要去暗示自己好好生活。音乐给了我无法表达的感觉，它们让我得到了解脱，我不能再沉浸在自我当中了，我必须要去面对现实。我似乎站在一个更高的高度来面对自我、思考自我。这样一来，音乐让我变得强大起来，一般来说，在晚上听完了四遍《卡门》之后，我就能够得到一个充满活力和发现的早晨。真是不可思议啊！那种感觉就像是在一种纯天然的物质中舒服地洗了一个澡。如果我没有音乐，那我的生命就是一个错误的存在。"

我们可以试着追踪一下他创作作品的轨迹。他曾强迫自己去做一些历史性的研究，并且试图去发现那种可能产生更高尚人性的社会阶级、民族或者是团体。下面是他总结的现代欧洲人：

我们要怎么从一个由强健的人组成并有着古典趣味的种族中解脱出来呢？古典趣味就是指简化的和强化的意志，就是要真诚袒露内心的勇气。要让自己从这种类似混沌的状态中走出来并走上一个新的有机状态，我们就必须要受到一种强制性的约束。或者是消失，或者是强迫自己接受，除此之外别无选择。起源于恐怖和暴力的种族才有可能占据优势。这就是问题所在：20世纪究竟谁才是野蛮人？很显然，他们是出现在巨大的社会主义危机之下的，对他们来说，这些危机可以使他们显示出最持久的恒定性，也是最持久意志生成的保证。

欧洲人身上到底有没有这些可以让他们取得胜利的因素呢？尼采正在研究这个问题，并不断在笔记上记下自己研究的成果。

阻止现代性的最好障碍和治疗现代性的最好良药。
首先：
1. 与真正战争相关联的义务兵役制度，这样的战争可以不让他们的头脑变得更加轻浮。
2. 单纯集中的民族偏见。

尼采还有一些说法也可以证实上面几点。

我们唯一的手段就是要保持住军事狂热的状态，这可以为我们保存伟大的传统,也可以创造出更高级的人种。一切让敌意和国家之间存在永久性隔膜的情形都会这样为自己辩护。

那些跟尼采辩论过的人一定会感到不可思议。因为他曾经侮辱过民族主义,可是现在这个艰难的时候,尼采为了找到支撑点,又回到了民族主义之中。还将有一个更加意想不到的发现要产生。尼采在继续研究的过程中预见到了一种政党形式,这种形式只可能是实证主义民主形式或者是其改良后的形式。他对这种政党表示了赞同,还给它下了定义。他看到了这两种有能力训导人类的有力而又健全的组织的特征。

一个不会凭借感情做事的和平政党将拒绝自身以及其中成员之间进行的斗争,也拒绝他们走进法庭之中。它将会挑起对自身的斗争、反对甚至迫害。它至少在一段可预见的时间内会成为一个被压迫者的政党。不久后,这个伟大的政党就会出现反对怨恨和报复的情绪。

一个好战的政党将用相同的逻辑来严厉地反对自己。它会在一种对立的观念之中寻求发展。

我们能否在这两个政党中找到尼采所宣告的、即将对欧洲造成巨大伤害的有组织的力量呢?或许是可以的,但不要忘了,这个笔记是尼采草草写就的,因此不能过分夸大它的价值。它们在尼采的脑中一闪而过,当然也就不应该在我们面前掀起太大的波澜。尼采总是会观察四面八方的事物,而不将目光停留在一件事上。他对工人阶级的清教徒主义感到不满,因为他知道人类灿烂的文化是随着贵族政治而维持或者消亡的。民族主义也没能得到他的青睐,因为他热爱欧洲,热爱那里的传统。

尼采还能够找到什么途径呢?他曾经宣言说自己要在有生之年找到一个可以支撑更高级文化的基础。有时候他感觉自己找到了,可是并没有,这个基础强加给他一种无法容忍的狭隘倾向,因此他就放弃了这个虚无的基础。他在1875年(从年份可以看出这个问题已经困扰了尼采很久了）就写道："在一个思想家的脑中，总有一些很奇怪的东西。那就是可能同时会有两个相反的观点迫使他沿着两条不同的道路前进，每一条都会束缚住他的思想。一方面由于他渴望认识未知，因此他就会不知疲倦地反抗已有的价值，而要冒险进入到一个陌生的世界；另一方面他渴望不同的生活，所以他又要不间断地寻找适合他居住的地方。"尼采以前抛弃了瓦格纳，现在正在一个不确定的领域里徘徊。现在他又要去找寻一个可靠的支撑，那他找到了什么呢？他找到了民族主义，这成了他唯一的避难所。可是尼采却又要从中抽身：民族主义或许是一个粗俗的归宿，一个能够使民众团结的策略，或者是一个严酷的考验。也有可能不是，但一定不是欧洲精英们的宗旨，这是一种散乱的无法让人相信的宗旨，而他的思想却是以这种不存在的精英们作为出发点的。

尼采不去理会那些民族主义的思想，这在那个衰微的世纪不失为一种权宜之计。他又回头去追求自己的目标。对那些低下卑微的人有益的信仰跟尼采有什么关系呢？他想到了拿破仑和歌德，两个人都没有受到自己所处时代和国民偏见的限制。拿破仑看不起法国大革命，却能够把这场革命的力量收归己有。一个鄙视法国的人最终却统治了它。歌德同样看不起德国，对它身上发生的斗争也不感兴趣。他只是希望能够占有人们的理想而已，想要保存并且丰富欧洲早已存在的道德财富。拿破仑知道歌德的伟大之处，歌德也在观察着这个征服者和现实主义者接下来的生活。他们两个是如此不同，一个是战士，一个是诗人；拿破仑让人们去屈从和沉默，歌德则在观察和沉思。他们正是弗里德里希·尼采每次做重大决定时必定出现的一对形象。他曾经赞美过泰奥格尼斯和品达所在的希腊、俾斯麦和瓦格纳所在的德国。现在那段漫长而又曲折的道路又把他引回到了自己最初的梦想之中，引向那个充满力量和美的欧洲，大革命后的歌德和拿破仑就是这力量和美的代表人物。

尼采在1887年2月13日给彼得·加斯特写过一封信，从这封信中我们可以看出，尼采对他这一段时间的工作并不满意。他说："我还在尝试阶段。现在我已经完成了《对一切价值重新估价的尝试》的初稿，对我来说，这部作品也是一种折磨，我甚至没有再去想它的勇气。或许十年以后，我会做得更好一些。"他为什么会感到不满呢？难道他对这三个月来所做的一切（强加给自我的顺应虚弱者和群众需要的宽容与妥协）感到厌倦了吗？难道他这么急于表现出自己的愤怒吗？

他当时给母亲和妹妹写了几封信，这些信件到目前为止还没有完全出版，但是可以使我们用一种亲近的方式去接近他。他在给这两个人写信时无疑带着一种温柔，这样的感情无法完全被他所掩饰。他在信中宣泄着自己的感情，好像很乐意再次变成母亲膝下的幼子。他对母亲很是谦逊，他署名是"你的老儿子"。他跟妹妹则像是长年的伙伴一样交谈着，似乎忘记了以前种种的不满情绪。尼采知道她不可能从巴拉圭回来了。他爱妹妹，甚至为她而感到遗憾，因为她已经迷路了。她叫伊丽莎白，她充满了激情与力量，敢于冒生命危险。尼采对她身上具有的种种美德感到了钦佩，他把这些美德当作高于一切的东西。他甚至认为这些美德就是他的那个高贵的尼兹克伯爵家流传下来的。他写信对妹妹说："我通过你的言行举止，是这么强烈地感觉到了我们流着同样的血液。"尼采乐于听从妹妹的话，而妹妹也经常给他提出一些看似聪明的建议。当尼采抱怨自己是多么孤独的时候，她就会问你为什么不去当教授呢，为什么不去结婚呢？尼采很轻易就回答了这些问题："我该去哪里找我的妻子呢？如果我恰好找到一个，我想我并没有权利去要求她同我分担我的一切。"可是尼采也曾经说过，有一个妻子是多美好的一件事啊！

尼斯，1888年1月25日。

我讲一段奇遇给你听：昨天我像往常一样去散步的时候，听见不远处传来了欢快的笑声。那个高兴的人走近了我，我看到一个迷人的姑娘，她的棕色的眼睛像小鹿一样温柔。我想我的这颗衰老孤独的哲学家的心被这样一个温馨的情景感动了。这时我想起了你曾劝我结婚，所以我在剩下的时间里无时无刻不在想念着这个年轻的姑娘。我敢肯定，要是有这么一位亲切可人的姑娘在我身边，那对我来说将会是一件很好的事情——可是却不一定对她有好处。我不知道我的思想会不会伤害这个姑娘。如果我爱她，又看到她因为我而遭受痛苦的折磨，我会心碎的。所以我决定了，我绝不结婚。

这时他的脑子里全是稀奇古怪的想法。尼采每时每刻都在想着自己被别人剥夺了爱情和友谊的权利。他想起这些人就满心怨恨，首当其冲的就是理查德·瓦格纳。瓦格纳的天才总是能够得到丰厚的回报，尽管科西玛·李斯特已经结过婚，可是她仍然要走进瓦格纳的生活中去，还能够在他工作的时候提供一些帮助。尼采记得第一次在特里伯森见到她，那时的她是多么美丽啊！她温柔体贴，有着清醒的头脑，经常积极主动地提供帮助。瓦格纳以前也缺少安全感，正是她把瓦格纳渴望的安全感带入了他的心里。如果没有科西玛·李斯特，瓦格纳会变成什么样子，他能控制住自己容易冲动的性格吗？他可以让自己发表的作品显得那么逼真吗？多亏了有科西玛·李斯特抚慰、引导他，他才能完成那部四联剧，才能创建拜洛特剧院，才能写出《帕西法尔》。尼采也想起了他在特里伯森的那段美好的时光。科西玛·李斯特十分欢迎他，乐意倾听他的意见和计划，乐意阅读他的手稿，还总是和蔼快活地跟他交谈。尼采的记忆被他的痛苦扭曲了，他认为自己曾经疯狂地爱过科西玛·李斯特，而她或许也爱过尼采。尼采强迫自己相信这一点，他甚至开始相信这个谎言了。是的，他们产生过爱情，如果他们够幸运，科西玛·李斯特会提早认识尼采，并且像拯救瓦格纳一样拯救处在孤独中的尼采。可是现实对尼采来说是残酷的。瓦格纳占有了尼采渴望的一切，声誉、爱情和友谊。

弗里德里希·尼采在他后期的著作里，大体能体现出这样一种奇异的浪漫氛围。一则古希腊神话帮助他表达并掩饰了自己的思想。那是阿莉阿德尼、提修斯和巴克斯的神话。阿莉阿德尼在提修斯迷路的时候碰到了他，并把他从迷宫中带了出来。可是提修斯却忘恩负义地把这个救命恩人遗弃在了一块岩石上。要不是爱着阿莉阿德尼的巴克斯—狄俄尼索斯的到来，阿莉阿德尼将会在孤独与绝望中死去。或许这三个名字的关系就是这样的：阿莉阿德尼是科西玛·李斯特，提修斯是瓦格纳，巴克斯—狄俄尼索斯是尼采。

3月31日，尼采写了一封流露出低落情绪的信。

每天我都处在一种难以忍受的压抑状态中,我身担重任,同时也因为与完成这一重任对立的生活情形。毫无疑问,造成我痛苦的原因就在这里。

幸亏这是一个温暖的冬天,我有着良好的身体状况,每天还出去散步。除了精神不佳之外,哪里都感到不错。我也不会去掩饰下面的事实,即我的伟大的作品在这个冬天里获得了丰收。所以除了我可怜的灵魂外,我的脑袋没有病,我的身体也没有病。

第二天,尼采就离开了尼斯。他在去恩加丁以前,曾在都灵呆过几天。那里的气候干燥,街道宽广,这都已经传到了尼采的耳中。在路上尼采把行李弄丢了,他很生气,并跟脚夫发生了争执。然后他在热那亚附近的撒皮特伦纳病了几天,接着又去热那亚休息了三天。这三天里,他完全沉浸在了以前的回忆之中。他给彼得·加斯特写信说道:"我的运气把我带回了这个城市,我的意志已经够强大了,所以我不会再懦弱。我在这次感到了更多的激情,并对这里产生了感激之情。"4月6日,尼采到达了都灵,他都快累散架了。在同一封信中,他对彼得·加斯特说道:"我不会再独自旅行了,这让我感到焦虑不安,感到索然无味。"

Ⅲ 迈向黑暗之中

我想我们在这里应该先暂停一下。到目前为止,我们都在叙述尼采的思想历程,可是这个历程到现在就要结束了,因为一种来源于身体的力量对尼采造成了很大的影响。有时候人们会说:尼采早就已经疯了。或许他们是对的,因为谁也无法做出明确的判断。或者说他至少还保持着自己的思考能力,还能够在一定程度上控制住自己。1888年,这种能力也消失了。可是尼采的才华还是存在的,他写的东西还是那样的犀利、一针见血。他感到极度清醒,可是这种清醒对他来说是一个灾难,因为这会让他更快地毁灭。如果有人要研究尼采生命的最后几个月,我想他会看到某种失控的武器。

弗里德里希·尼采不再进行道德研究,虽说这些研究使他的作品上了一个台阶。我们可以看一下他在1888年2月写给彼得·加斯特的一封信,信中说:"长久以来，我总是在一种焦虑之中生活着，它在我情绪很好的时候赋予我一种复仇的心态——这种复仇总是表现得那么强烈。"这句话很好地解释了将要问世的三部作品：《瓦格纳事件》、《偶像的黄昏》、《反基督教》。

在剩下的几个月里，尼采已经不完全是他自己了。

大约是4月7日，在都灵的尼采意外收到了一封来信。那是乔治·勃兰兑斯发的，他告诉尼采说想要开设关于尼采哲学思想的一系列讲座。勃兰兑斯说道："在这里没有人知道你，我为此感到十分苦恼。我想你会突然间成为知名人士的。"尼采回复到："我亲爱的先生，太令我感到意外了，这是谁给你的勇气呢，竟然要向大家介绍我这么一个默默无闻的人。或许你认为我在德国有很多读者吧。可是，事实是他们把我当作古怪的疯子，根本不愿意好好去看待我的作品。"最后他又写道："我有着不平凡的骄傲，这是我与他们的对抗产生的。我是个哲学家吗？这没有什么关系。"

这封信应该是使尼采感到了快乐，巨大的快乐。如果这能够挽救他的话，或许还是个良好的机会。毫无疑问他感到了某种快乐，可是这是我们所不了解的。这时候已经太晚了，尼采不得不沿着他之前的命运走了下去。

在这些疲倦而又紧张的日子里，尼采找到了《人的法律》的译本，他想要知道自己所考虑的那些等级的细节。他看完之后感觉还是有希望的，这一段法律的研究成了他所有研究中极其重要的部分。因为书中有一部法典，这让尼采感到高兴，它确立了四个等级的秩序。而且语言优美、简洁明了，在严肃中又透出了人情味，当然还有一种高尚的持久性。整部法典给我们带来了一种超然独立的、安全可靠的印象。我们可以适当节录一部分：

在割断一个男孩的脐带之前，规定了一个要庆祝他诞生的典礼。读圣典的时候，他要从一个金碟子中尝一下蜂蜜和纯净的黄油。

他的父亲要在他出生后第十天或者是第十二天的有月光的吉日里，找一个令人愉快的时刻，为这个男孩举行命名仪式。

婆罗门混合姓名中的第一个姓氏表示祥和，刹帝利表示力量，吠舍表示富裕，而首陀罗表示谦恭。

让女孩的名字柔和、清晰、悦耳、吉祥，像是祝词一样，要用长元音结尾。

弗里德里希·尼采看完后十分赞赏。他整段地将这些文字摘抄了下来，因为在这本古印度的圣典中，他看出了"充满爱和善意的歌德式的关注"，他听到了自己追寻的非道德的旋律。

可是在赞赏的同时他也有批判。印度的种姓制度是以某些神话作为基础的，而那些解释神话的僧侣们却不会受到这些神话的欺骗。尼采说："这些僧侣们并不相信这个——或者说他们根本没有看到这个。"人们的法律其实是一些智慧的毫无漏洞的谎言。因为大自然本来就是一片混沌，没有任何观念和秩序。那些想要建立一整套秩序的人都会对大自然感到厌恶，因为他们想要的是一个虚幻的世界。那些伟大的创建者们，印度法典的制定者们，他们都是撒谎的艺术家。如果尼采没有任何提防的话，可能会被这些撒谎的艺术带上歧路。

那是一场危机之前，我们对于这场危机的起点和终点之外的东西毫无所知。尼采当时正在都灵，身边没有可以倾诉心情的朋友。那么他在想什么呢？他反复地研究了这本著作，因为这部古雅利安的作品说出了他心中的种种梦想，这是一个有着完美的社会等级又有理性的欺骗的最好作品。尼采对它肯定是又爱又恨，因为它，尼采一度暂停了工作。四年前，阻碍他完成《查拉图斯特拉如是说》的是几乎相同的困境。现在出现在他脑中的，已经不是超人或者永恒轮回的话题了。他放弃了这些天真的原则，可是它们却掩饰了种种倾向——其中之一就是对那些虚幻的秩序的渴望；另一方面则是对毁灭和清醒的渴望——这是一些不变的永恒，它们又对尼采的思想施加了影响。尼采犹豫了，他要不要听从这些婆罗门、这些狡诈的首领和这些僧侣们的话呢？或许在很久以后，几个世纪后，人们对于自己生命的价值、本能的起源和遗产机制有了了解之后，他们可以创造出新的法则。可是目前还不行，人们现在只能被这些古老的谎言所束缚。尼采开始讨厌这种思想了，尽管他以前曾花了六个月的时间来研究它。现在尼采对这些都无动于衷了，像他三十岁那年一样。

尼采曾经这样写道："我们必须让一切可疑的和虚假的东西都见到阳光，我们也许并不能过早地创建什么秩序，或者说不作为才是最好的。我不想成为悲观主义者，因为他们总是懦弱。"

尼采这样表达着自己的时候，他还有力量去思考那些原本艰难的工作。可是十年之后，尼采失去了希望，也就失去了力量。烦躁在尼采的心中滋生了，他的灵魂不愿意再去做什么抵抗。他没有继续去创作伟大的作品，而是改写了一本小册子。

现在的日子已经不平静了，尼采感到痛苦，想要对别人加以报复。而创作出《帕西法尔》的理查德·瓦格纳，这个虚伪的导致其时代堕落的幻想家成了尼采攻击的对象。他以前曾经为瓦格纳服务，可是现在由于愤怒和责任，尼采要攻击他了。他想："既然当初是我提出了瓦格纳主义，那么现在我就要恢复他的本来面目。"他想经过这样一次猛烈的批判，可以让那些比他更加软弱的同代人得到解放，同时还要继续对这种艺术的威望臣服。他要诋毁这个青年时代的恩师，想要让他颜面扫地。虽然尼采曾经爱过他，现在也还爱着他。如果我们没有猜错的话，尼采是想为他失去的幸福复仇。所以他攻击瓦格纳，称他为颓废的、庸俗的戏剧家，现代的卡里奥斯特罗。尼采的这些从未有过的粗鄙证明了那场灾难的降临。

他一点顾虑也没有，相反这种兴奋刺激了他工作的兴趣。精神病医生对这种异常现象很熟悉，这是全身瘫痪的前兆，此时的弗里德里希·尼采正沉浸在快乐之中。他却把这种奇异的现象归功于都灵的气候。

他给彼得·加斯特的信中说道："亲爱的朋友，都灵是个好地方。我想把心中的想法告诉你，也许你能从中体会到什么。我精力充沛，每天从早到晚都在工作。现在我在写一本关于音乐的小册子，我的身体感觉很好，不管夜里车马是多么嘈杂，我都能很好地睡上一觉。这些都说明都灵很适合我。"

7月份，恩加丁的天气有些阴冷，尼采的身体受到了很大的影响。他又失眠了，原来那种幸福的感觉变成了一种痛苦的情绪。弗罗琳·冯·萨丽斯—玛雪琳丝在一本有趣的小册子里回忆说，当时他们都已经分别了十个月，之后两人又相见了。她注意到尼采发生了变化：他独自走来，他的匆匆而行的马车，他快速的行礼——

尼采几乎不会停下脚步，他急匆匆地回到旅馆，写下路上抓住的灵感。尼采在拜访她的时候，毫不掩饰地说出自己的要求。他现在缺少必要的金钱，原来的钱几乎已经花光了，巴塞尔大学发给他的三千法郎的退休金根本不够他维持日常开支和支付大笔的出版费用。他尽量不去旅行，用最少的钱解决食宿问题，可是还不够。他已经到了山穷水尽的地步了。

他写完了《瓦格纳事件》，除了正文，他还加了一段开场白，一篇跋、再跋和后记。他使劲扩充着自己的作品，让它变得越来越尖锐。可是他写完后还是不满意，甚至有些后悔。

1888年8月11日，他在给彼得·加斯特的信中说："我希望这本具有冒险精神的小册子能让你感到满意。对我来说，你的意见不仅仅是一种安慰。总有些时候我觉得自己不可能会说出那些愚蠢而无情的话语，我在考虑一些段落的写法。或许我走得太远了，这是指我对这件事的表达方式，而不是指我写这件事。那些关于瓦格纳家庭的段落也许不能发表出来。"

大致也是同一时候，他给弗罗琳·冯·梅森伯格写了一封信。

尼采这样写道："我为整个人类写出了最深刻的作品，我已经付出了沉重的代价。我得先付出生命才能够成为不朽。而拜洛特的呆小症患者总是挡住我的去路。那个到处勾引人的瓦格纳已经死去了，可是他却依然能够把接受我影响的人从我身边抢走。可是在丹麦——而不是在德国，这是多么不可思议啊——我却已经出名了。乔治·勃兰兑斯博士很大胆地在哥本哈根大学开设了关于我的讲座，成果很好。听众总是超过三百人，听完之后也总是热烈鼓掌。纽约据说也在筹办这样的讲座，我是欧洲'最独立'的思想家了，而且是'绝无仅有'的德语作家，多么了不起啊！"

他在附言中写了这样一段话："要理解我的作品，一定要有一颗伟大的灵魂。这样我就可以很高兴地看到那些虚弱的和有道德的人一起站起来反对我。"当然，宽宏的弗罗琳·冯·梅森伯格在这些话语中看到了针对自己的观点。她还是跟往常一样很友好地给尼采回了信："你说那些虚弱的和有道德的人都反对你？请不要自相矛盾。道德不是虚弱的，而是有力量的，这个单词本身就能说明这一切。你自己不就是反例吗？因为你就是有道德的人，要是人们能理解这一点多好啊！我敢说，你的生活比你的作品还有说服力。"尼采回答说："亲爱的女士、亲爱的朋友，我带着真挚的感情读了你的信，当然你是对的，可我也是对的。"

尼采每天都是匆忙啊！他每天都在散步、寻找词语的节奏。他经常通宵达旦地工作，当旅馆老板早起去山野里寻找食材的时候，尼采还在工作。"难道我不是在寻找食材吗？"尼采这样想，然后就继续他的工作。

一写完《瓦格纳事件》，尼采就开始着手写另一本小册子了。这次他并不是针对某个人，而是把矛头指向了所有的观念——那些人们用来指导自己生活的观念。他认为根本就没有形而上学的世界，理性主义者都是些空想家；也根本没有道德世界，道德家们也都是些空想家。还剩下什么呢？"还剩下现象的世界吧。但是不是呢？我们已经用真实的世界取代了现象世界。""查拉图斯特拉"说过，除了能量之外，一切都不存在。弗里德里希·尼采为他的小册子命名：刚开始他想到了《一个心理学家的闲暇时光》，又想到了《偶像的黄昏》，或者说是《哲学之锤》。9月7日，他把手稿寄给了出版商。他这部短小精悍的作品一定能敲击、震撼人们的心灵，让他们为接受这部伟大的作品而做好一切准备。

他因为总是在想这部作品，而第二本小册子还没写完的时候，他就开始了这项艰巨的工作。他曾希望这是一部平静的、歌德式的作品，现在它已经面目全非了。他想了几个新的标题：《我们其他的非道德主义者》、《我们其他的北极人》，后来他又换回了原来的题目，并最终确定了下来——《强力意志——对一切价值重新估价的一种尝试》。9月3日到30日之间，他起草了第一部分《反基督徒》，这样一来，它就成了第三本小册子。这次他干脆利索地说出了是与不是、正确的路线以及对最野蛮力量的歌颂。一切道德都是谎言，不管是谁定下来的，摩西、摩奴、平民或者是贵族。尼采写道："公元16世纪初，当恺撒·波吉亚有望当上教皇的时候，欧洲几乎接近了伟大。"这是尼采最后表达出来的思想，我们可不可以把这个当作他总结性的思想呢？

起草《反基督徒》时，他想起了1884年草拟的《酒神狄俄尼索斯之歌》，现在他把这首诗完成了。其中明确表达了他的焦虑不安，造成这种结果的是他的预感。

太阳西沉，
你很快就不会感到焦渴了，
燃烧的心！
空气中有清新在弥漫着，
我呼吸着陌生的嘴里发出的芬芳，
一种伟大的凉爽就要来临了。

那里是正午的太阳，它在我头上灼烧，
我向你致敬，为了你的到来，
哦，迅疾的风，
哦，午后的清新的精灵。

空气在流动，安静而纯洁。
那向我投来的一瞥，
那摄人心魄的眼神，
不是在今夜才有？

坚强、勇敢的心灵。
不要问为什么？
我生命的黄昏！
太阳正在落山。

9月21日，尼采正在都灵。22日，《瓦格纳事件》发表了。到现在，终于有几家报社谈到了这本书。可是这些评论仍然把尼采激怒了。因为除了一位瑞士作家卡尔·施皮特勒以外，根本没有人理解他。那些评论的每一句话都让他觉得人们对他的作品一无所知。十年以来，他一直在探索自己发现的思想，德国评论家却不知道。他们知道有一个尼采，是瓦格纳的信徒，曾经是个作家。他们看了《瓦格纳事件》，猜测尼采跟他的老师闹了别扭。另外，他新结交的朋友也对他进行了指责。一向拘泥礼节的雅各布·布克哈特收到小册子之后就再也不跟尼采联系了，仁慈的梅森伯格写了一封语气严肃的信给他。

尼采回答说："在这些问题上，我不允许别人进行反驳。关于'颓废'的话题，我是这个世界上最有权威的人。现代人带着他们退化了的天性，应该为他们身边有这么一个人感到高兴。这个人在他们最忧郁的时候给他们提供了美酒。瓦格纳用谎言使大家都信仰他，他的确是个天才，一个说谎的天才。我作为他的对立面，一个讲真话的天才，感到十分荣幸。"

不管尼采究竟有什么样的不安，他的信中却流露出了少有的欢快情绪。信中他赞美一切能看到的东西。美丽的秋天、都灵的街道、娱乐场、咖啡馆。这里食物很充足，价格也不贵。尼采食欲好，睡眠也很安稳。他去听比较轻松的法国歌剧，没有什么比这些轻快的歌剧和"这座包罗了所有优雅的乐园"更完美的了。他听了一场音乐会，会上每个片段都给他带来庄严的感觉，不管是贝多芬、舒伯特、朗萨罗、戈尔德马克、范伯克还是比才。他写信给彼得·加斯特说道："不管是音乐的冠绝，还是其他各方面，都灵都是我所知道的最可靠的城市。一想到这些我就满含热泪。"

有人希望尼采因为这种精神上的陶醉而变得无法预测自己将来的命运，可是他的一句不同寻常的话却显示出了独特的洞察力。他已经意识到了那正在步步逼近的灾难。他的理智开始不受他的控制，最后肯定会消失。1888年11月13日，他希望彼得·加斯特能够待在他的身边。可是彼得·加斯特没有满足尼采的愿望，因此尼采又感到十分遗憾。这是他经常会有的哀叹，可是因为太经常，就没有了其中包含的意味。尼采知道这些，所以他经常在信中告诉他的朋友说："不要太乐观地看待我所说的话。"11月18日，他又寄出了一封语气看似很快乐的信。他提到刚刚听完的裘迪克和米列·梅尔的歌剧，他这样写道："亲爱的朋友，这种轻松的巴黎人的陶醉可以拯救我们的精神和肉体。"他在结尾时写道："我恳请你用悲观的观点来看待这封信。"

这种身体上的欢愉是由即将到来的疯狂引起的,所以尼采无法摆脱不祥的预感,也无法扔掉面前的痛苦。他希望能够创作出一部奇异而又绝望的作品,由他生活中的回忆来作为素材。看看他写的章节的标题吧:"我为什么这么聪明——我为什么如此智慧——我为什么能写出这样的佳作——我为什么是灾祸的集中地——光荣与永恒……"他最后把这本书命名为《瞧,这个人》。尼采有什么用意呢?他是一个反基督徒,还是另外一个基督呢?或许两者都是。像是基督一样,他把自己献了出去。基督既是人也是神,因为他战胜了自己的欲望。尼采是人,也是超人,他知道自己的每个懦弱的念头。在他以前,从没有人这样脆弱又这样强大,任何现实都不能使尼采感到害怕。他承担的是人类疯狂的激情,而不是我们通常所说的罪恶。他这样写道:"被钉在十字架上的耶稣是生活给我们的一个诅咒,而被撕碎了的狄俄尼索斯是新生活的一个承诺。"孤独的耶稣也会崇拜上帝,而尼采只有他自己;狄俄尼索斯也有朋友,而尼采则总是独自一人。可是他仍然在生活,仍然能够唱出狄俄尼索斯的颂歌。"我不是圣徒,我是森林之神。"他还说过:"我已经写了这么多优美的作品,我应该感谢生活。"

尼采只是一个受到了伤害、渴望死亡的圣徒,而不是森林之神。他说他会感谢生活,这也是假的,因为他的内心极度痛苦。有时候人要取得胜利就只有去说谎。阿里亚自刺身亡前把剑交给了丈夫,还告诉他说"这并不痛苦",她就在说谎,可是这个谎言是她的荣耀。我们可以把尼采对阿里亚的评语放到他自己身上:"她的谎言是那么的神圣,一切临死之人所说的真话都没有那样的光辉。"这是尼采1879年写的。尼采已经感到身心疲惫,可是他却不会承认。作为一个诗人,他希望自己因为痛苦而发出的呐喊会变为一首歌。最后一种狂喜的力量使他再次说了谎。

我生命中的太阳啊!
你已经没入了黄昏。

你眼中流动的微光
已经有些伤痕；
你滴下的露珠，
像眼泪一般洒落，
成为一条河；你灿烂的爱情
悄无声息，流进浑浊的大海，
你最后的，迟到的幸福……

四周，只有波浪和欢笑。
曾经艰难的一切
已经在蓝色中遗忘——
现今我的小船，它搁浅了。
风暴与航行——多么陌生
希望早已被掩埋，
灵魂像大海一样静卧。

第七重的孤寂。
我从来没有感受过
更甜美亲切的静谧，
更温暖的阳光，
——甚至是那闪耀的，峰顶的坚冰？

迅疾、洁白，像条美丽的鱼，
我的小船驶向远方。

　　尼采已经感觉到，他所期待的名誉即将来到。乔治·勃兰兑斯又打算开设关于他的讲座，还要发表讲稿。他甚至为尼采找到了一个新读者：瑞典的奥古斯特·斯特林堡。尼采很兴奋地写信跟彼得·加斯特说了这个好消息。他说："斯特林堡已经给我写了这封具有世界性、历史性意义的信。"他们在圣彼得堡准备翻译尼采的《瓦格纳事件》。希波莱特·丹纳在法国巴黎替尼采找到了一个记者：《辩论》和《两个世界的评论》的撰稿人吉恩·波尔多。尼采说："通向法国的巴拿马运河也开通了。"杜森给了他两千法郎，这两千法郎是一个不知名的人为尼采再版作品提供的资助。萨丽斯—玛雪琳丝小姐给了尼采一千。弗里德里希·尼采感到高兴，可是这些太晚了。

我们不知道尼采最后的时光是怎么度过的。他住在一个下层家庭的一套带家具的房间里，他们提供住宿。如果尼采需要的话，他们还提供饮食。尼采修改了《瞧，这个人》的书稿，在原文基础上增加了一篇附录，又写了一首赞美希腊酒神的诗歌。同时，他还准备出版一本叫作《尼采反对瓦格纳》的小册子。他给出版商写道："在我那本伟大的作品出版前，我们要让公众做好准备。因此我们要制造一种紧张的气氛——或许这又是一部《查拉图斯特拉如是说》。"12月8日，尼采写信给彼得·加斯特说："我又读了一遍《瞧，这个人》，对其中的每句话都做了详尽的思考，我把人性的历史分为了两个部分——这正是威力最大的地方。"12月29日，他给出版商的信中说："关于《瞧，这个人》，我跟你的看法是一致的，印数不要超过一千册。对那些德国人来说，这种严肃的书籍只印一千册是非常明智的。可是在法国，我希望发行四万册或者是八万册，没有开玩笑，我是认真的。"1月2日，在另一封字迹潦草的信中尼采写道："把那诗歌还给我吧，我们开始印《瞧，这个人》。"

还有一种无法证实的说法，就是在后来的日子里，尼采经常给旅店的主人们演奏瓦格纳的音乐。他还告诉他们说："我认识瓦格纳。"这样的事可能会发生，因为那时的幸福应该再次回到了他的脑中，尼采也许会将这些幸福的回忆拿出来，跟这些毫无关系的人共同分享。他在《瞧，这个人》里也写过这样的语言。

我应该为当时跟瓦格纳亲密的交往而感到荣幸，那是我最持久的快乐。我绝对不会把那些在特里伯森的日子忘记，那些愉快的、让我的思想大放光芒的日子。

我不知道瓦格纳对别人来说意味着什么，但是他曾经是我天空中的太阳。

1889年1月9日，在巴塞尔市弗兰兹·欧维贝克家的宁静房子里，两个主人正在窗口坐着。他们看见布克哈特站在门口按门铃，他们猜想可能是尼采让这个不熟悉的朋友前来此地。弗兰兹·欧维贝克已经有几个星期没有收到尼采的让人感到不安的信了。布克哈特给他带来一封很长的信，这封信带来了不好的消息。尼采疯了。"我是费迪南德·德·雷赛布，"尼采写道，"我是普拉得，我是张毕格（这两人是当时巴黎新闻集中报道的暗杀者），我在秋天里被埋葬了两次。"

不久之后，欧维贝克收到了一封类似的信，尼采所有的朋友都得到了这个消息。尼采给每个人都写了信。

他在给勃兰兑斯的信中写道："致我的朋友乔治，因为你发现了我，所以要找我就不是那么困难。但是要想摆脱我，那可不成。一个被钉在十字架上的人。"

彼得·加斯特则收到了一封电报，可是他没有看出其中的悲剧意味。

"致我的艺术大师皮尔特罗阁下。为我唱一首新的歌曲吧，让世界变得美好起来吧！"

尼采给科西玛·瓦格纳写信道："阿莉阿德尼，我爱你。"

欧维贝克在旅店里找到了尼采，当时旅店主人正看着他。而尼采用手肘弹着钢琴，高唱着他写的《狄俄尼索斯颂歌》。尼采被欧维贝克送到了巴塞尔的医院里，尼采的母亲也过去了。

尼采在剩下的十年里经常会回忆起自己的作品，他的病前几年比较严重，后来便有所缓和了。

他说："我没有写出过优秀的作品吗？"

也曾有人给他看过瓦格纳的肖像。

他说："我非常热爱他。"

本来恢复这样的记忆对尼采来说是很可怕的，但事实却并不是这样。有一次，陪着他的妹妹忍不住哭了。

他说:"伊丽莎白,你为什么要哭?我们不幸福吗?"

他的理智已经完全丧失了,可是他纯洁的心灵依然美好。

有一次他跟一个编辑出门散步,尼采被路边一个小姑娘吸引了。他停下脚步,走近了小姑娘,用手把她的头发向后面拢了拢。接着,他微笑着注视小姑娘那张真诚的脸,说道:

"这不正是一副纯真的图画吗?"

1900年8月25日,弗里德里希·尼采在魏玛逝世。

后　记

德国著名哲学家弗里德里希·威廉·尼采，1844年出生于普鲁士萨克森州洛肯村的一个乡村牧师家庭。在尼采4岁那年，他的父亲和弟弟接连离世，这令幼年的尼采深切地感受到了生命的无常，于是他开始变得孤僻而又敏感。少年求学时期，尼采的思维便得到了充分的发展，并且有着惊人的进步。在大学时期，他开始不再满足于科学世界的清晰与冷静，而是对精通和弘扬本国、本民族文化的重要性有了深深的体会，并且开始能够进行哲学沉思。24岁时，在导师里奇尔的推荐下，尼采出任了瑞士巴塞尔大学古典语言学教授。后来由于健康问题辞职，之后他一直都饱受着精神疾病的煎熬。1900年8月25日，这位生不逢时的思想大师在魏玛与世长辞。

尼采一生中的主要作品有《悲剧的诞生》、《人性的，太人性的》和《查拉图斯特拉如是说》等。在这些哲学著作中，尼采对自己哲学的主题——生命的意义问题——的解答被全面地展现出来，他那"靠艺术来拯救人生，赋予生命以一种审美的意义"的哲学思想，也在这些作品中有着很好的体现。

在西方哲学发展史上，尼采是最不能被忽略的人物，也是最富有争议的人物之一。由于观点和立场不同，人们对他毁誉不一。除此之外，由于尼采的思想采取了独特、强劲、充满隐喻和矛盾、甚至是"疯癫"的独白形式，还常常会遭到人们的误解，以致有人说过，"尼采的生平和著作是近代文学史和思想史上受到最严重曲解的表现。"尼采是西方现代哲学的开创者，他最早开始对西方现代社会进行了批判，但是在他所处的那个时代，他的学说却并没有引起人们的重视，直到20世纪，才激起了广泛而又复杂的回声。

那么，尼采到底是一个什么样的人？他的思想为什么会遭到人们的普遍误解呢？

法国作家丹尼尔·哈列维，通过对尼采和亲友们大量的往来信件以及亲友们对尼采的回忆进行整理，于1909年创作出了《尼采传》一书，全书以时间为线索，对尼采自出生到去世的整个生命过程进行了细致而又精准的描写。本书所依据的大多为第一手资料，具有相当高的可信度，是一本较为权威的尼采传记，向我们展现出了一个听从内心召唤的真正思想者特立独行的一生。